Josef Tal

Tonspur

*Auf der Suche
nach dem Klang
des Lebens*

Meinen Enkeln und Urenkeln,
vom Überleben erzählt

Josef Tal

TONSPUR

*Auf der Suche
nach dem Klang
des Lebens*

Autobiografie

HENSCHEL

DANK

Meinem Sohn Etan danke ich dafür, dass er das Andenken an seinen Bruder Re'uwen bildhaft ehrte, und Pola, die stets über das Wohl des irdischen Daseins wacht, dem Herausgeber Ulrich Eckhardt und dem Lektor Harro Schweizer für eine liebevolle Zusammenarbeit sowie nicht zuletzt der Stiftung Preußische Seehandlung, die das Erscheinen meiner Autobiografie ermöglichte.

Josef Tal
Jerusalem, im Januar 2005

Herausgegeben von Ulrich Eckhardt

Gedruckt mit Unterstützung der Stiftung Preußische Seehandlung, Berlin

Bibliografische Information der Deutschen Bibliothek
Die Deutsche Bibliothek verzeichnet diese Publikation in der Deutschen Nationalbibliografie; detaillierte bibliografische Daten sind im Internet
über http://dnb.ddb.de abrufbar.

ISBN 3-89487-503-8

© 2005 by Henschel Verlag, Berlin.
Der Henschel Verlag ist ein Unternehmen der Seemann Henschel GmbH & Co. KG.

Die Verwertung der Texte und Bilder, auch auszugsweise, ist ohne Zustimmung des Verlags urheberrechtswidrig und strafbar. Dies gilt auch für Vervielfältigungen, Übersetzungen, Mikroverfilmungen und für die Verarbeitung mit elektronischen Systemen.
Die Schreibweise entspricht den Regeln der neuen Rechtschreibung.

Lektorat: Harro Schweizer
Umschlaggestaltung: Günter Hennersdorf, Berlin
Titelbild: Etan Tal
Satz und Gestaltung: Ingeburg Zoschke, Berlin
Druck und Bindung: GGP Media GmbH, Pößneck
Printed in Germany
Gedruckt auf alterungsbeständigem Papier mit chlorfrei gebleichtem Zellstoff

Sie können uns 24 Stunden am Tag erreichen unter:
http://www.henschel-verlag.de
http://www.seemann-henschel.de

Inhalt

BERLIN

Das Keimen	8
Das aufgeschlagene Gebetbuch	12
Eine Welt voller Geheimnisse	18
Klang vor der Erschaffung der Welt	32
Missverstandene Psychoanalyse	41
Hagadah	49
Prüfung bei Prüwer	51
Erste Schritte in eine neue Welt	57
Das fehlende Wort des Tänzers	66
Sehet, ein Sohn	78
Abschied	92

JERUSALEM

»Stena schwoi, Chawadjah«	102
Ein Bild – nicht von dieser Welt	109
Nur a Klesmer is gekimmen	120
Pola	132
Belagerung der Platten	146

Saul und der Kantor	168
Moses hadert mit Gott	181
Von Ashmedai bis Massada	204
Und wieder Berlin	208
Die fliegenden Bücher	214

IM UNIVERSUM DER MUSIK

Komponieren ist Forschen	226
Der Weg zum Turm der Tonwelt	235
Musik im dritten Millennium	258
Der gleich bleibende Ton	263

Anhang

Werkverzeichnis	265
Personenregister	270

Bildnachweis:
David Harris 192; Meir Ronnen 196; Jacob Steinhardt 134; Josef Tal 47, 142, 144 alle, 145 alle, 182, 225, 232; Etan Tal 186, 188, 190, 199, 205, 233, 239, 246, 252, 262; alle übrigen Abbildungen Privatarchiv Josef Tal

Berlin

*Mein Vater, der Rabbiner und Direktor des Waisenhauses
in der Roscherstraße, mit seinem Sohn, etwa 1918*

Das Keimen

Das mitteilungsbedürftige Element in meinem Leben zeigte seine Spuren schon sehr früh. Gleich zu Beginn gab es deutliche Zeichen. Mit ihrem wenige Monate alten Säugling fuhr die junge Familie in einer Droschke vom Bahnhof Charlottenburg in die nahe gelegene neue Wohnung. Auf dem Schoße seiner Mutter soll das Baby so furchtbar geschrien haben, dass die Straßenpassanten stehen geblieben sind und besorgt der Droschke nachgeschaut haben. Meinen weltfremden Eltern war dieser dramatische Einzug in Berlin sehr peinlich. An die Gründe für das aggressive Verhalten konnte sich zwar niemand mehr erinnern, doch meinte Mutter später, ich sei von Anfang an ein Dickkopf gewesen, der sie gleich nach dem ersten Anlegen hautnah spüren ließ, dass er gewickelt werden wollte.

Dies erinnert an das Markenzeichen von His Master's Voice: der Hund, der ein Hinterbein am Lautsprecher hebt. Ich bin aber sicher, dass weder ein Witz gemacht, noch ein dickköpfiger Charakter demonstriert werden sollte. Weder das Schreien in der Droschke noch das schlechte Benehmen an Mutters Brust erlauben Rückschlüsse auf ideologische Widerstände, viel eher auf Unzufriedenheit mit der näheren Umgebung, wofür ich später allerdings neben defensiven auch offensive Maßnahmen einzusetzen wusste, sehr zur Besorgnis meiner liebevollen Eltern.

Jener Einzug in Berlin ging darauf zurück, dass Vater, nachdem er in Lauenburg in Pommern amtierte, zunächst in Pinne bei Posen, meinem Geburtsort, als Rabbiner tätig war. Vater war ein vollkommen in seine Arbeit und seine Gedanken versponnener Mensch. Obgleich im Einhalten der religiösen Gesetze einem orthodoxen Glaubensbekenntnis streng folgend, basierte für ihn

Frömmigkeit auf Liebe zu Gott und nicht auf Furcht vor Gott. Liebe zu Menschen war die natürliche Folge dieser Weltanschauung und so erhielt er den Ruf als Direktor eines Waisenhauses in Berlin-Charlottenburg, Roscherstraße Nummer 5.

Vater und Mutter waren sehr verschiedene Lehrmeister. Vater personifizierte Geduld und Toleranz, Mutter Aktion und schnelle Einschätzung der Realitäten des täglichen Lebens. Vater hasste es zu telefonieren, und wenn dieser scheußliche Kasten an der Wand zu klingeln begann, musste Mutter den Hörer bedienen, was sie mit resoluter Intonation vollzog, sehr zur Bewunderung meines Vaters. In Pinne klingelte das Telefon sehr selten, wenn es überhaupt eines gab. Aus Pinne stammt eine Erzählung meiner Mutter, die den Vater wieder lebendig vor Augen erscheinen lässt.

Der Amtsantritt war verbunden mit einem offiziellen Abendessen in der elterlichen Wohnung für die Vorsteher der jüdischen Gemeinde und ihre Ehefrauen. Den Tag über arbeitete Vater am Schreibtisch seine Antrittspredigt aus, und Mutter war in der Küche beschäftigt. Plötzlich kam sie in großer Panik in sein Arbeitszimmer und sagte voller Verzweiflung: »Vatelchen, etwas Schreckliches ist passiert. Die Zitronencreme ist angebrannt.« Den Vater konnten solche Dinge nicht aus der Ruhe bringen, er hatte tröstende Worte für die unglückliche Hausfrau.

Wenig später saßen die ehrenwerten Gäste um den feierlich gedeckten Tisch; die Gespräche lebhaft und voll anregender Gedanken, zumal Vater ein vortrefflicher Erzähler war. Schließlich wurde die Zitronencreme gebracht, fein serviert in hohen Kristallgläsern, jedes mit einer herrlich roten Erdbeere auf der zitronengelben Creme, und wie nun diese delikate Speise auf allen Zungen zerging, verstummten die Gespräche. Mitten in die lukullische Ruhe ertönte meines Vaters Stimme: »Muttelchen, was willst du eigentlich? Die Creme ist doch gar nicht angebrannt.« Mit hochrotem Kopf verstand Mutter, das Gespräch auf ein anderes Thema zu lenken.

Aus späterer Zeit eine nicht weniger charakteristische Episode: Freitagabend, Vorabend des Sabbatfestes, waren fast immer Gäste im Hause. Oft ein Familientreffen, denn Mutter hatte eine unverheiratete und drei verheiratete Schwestern in Berlin, außerdem Verwandte in Holland, England und Belgien. Die Familie pflegte einen engen Zusammenhalt und das Haus meiner Eltern war ihr geistiges Zentrum. Dann kamen auch Studenten, denn Vater war als Dozent an die Hochschule für die Wissenschaft des Judentums in Berlin berufen worden, wo er altphilologische Fächer lehrte. So erstreckten sich die Unterhaltungen auf einer Skala von Familientratsch bis zu Gelehrtendiskussionen, je nach Art der Gäste.

Die Familienangelegenheiten interessierten Vater natürlich weit weniger, und so geschah es während einer dieser Tanten-Onkel-Nichten-Plaudereien, dass er völlig verstummte, sich auf seine eigenen Gedanken zurückzog und abwesend ins Weite blickte. Als dann Kaffee serviert wurde und für einen Moment die Unterhaltung stockte, stand er auf, bemerkte vermutlich nur die Mutter im Zimmer, sagte: »Muttelchen, ich geh jetzt schlafen« – und verschwand im Schlafzimmer. Wenn offizielle Gäste eingeladen waren, mussten wir aufpassen, dass sich so etwas nicht wiederholte.

Vaters wunderbare Geduld und Bereitschaft zu verzeihen, wenn er durch ein Ereignis direkt oder indirekt angegriffen wurde, stellte Mutter oft auf eine harte Probe. Da sein Sohn ein notorisch schlechter Schüler war, kam es vor, dass der Mathematiklehrer die väterliche Unterschrift unter eine misslungene Klassenarbeit verlangte. Schweren Herzens legte ich dem Vater einmal eine solche schändliche Arbeit vor. Im selben Moment kam unglücklicherweise Mutter ins Zimmer und sah die Bescherung. Vater unterschrieb sofort stillschweigend, sogar mit einem gewissen Mitleid, Mutter dagegen schimpfte gewaltig und verlangte sofort das gleiche vom Vater, worauf dieser gelassen sagte: »Muttelchen, man kann nie wissen, wozu auch das gut ist.« Mutter musste irgendwie ihren Zorn abreagieren und ehe ich mich versah, landeten rechts und links zwei Backpfeifen. Mutters Liebe war also weit realer auf die wirklichen zukünftigen Anforderungen gerichtet. Diese äußerliche Gegensätzlichkeit war im Grunde nur eine Vervollständigung der großen Liebe der Eltern zu ihren Kindern, wobei meine Schwester Grete ein viel besseres Kind war als ihr von früh an ungeratener einziger Bruder.

Diese pädagogische Beziehung zu seinen eigenen Kindern übertrug Vater auf die Erziehung der Waisenkinder. Er war kein gelernter, sondern ein geborener Pädagoge. Jedes Voll- oder

Halbwaisenkind, meist aus zerrüttetem Familienhaus, war für ihn Teil der alles umfassenden Gottesliebe. So machte er auch keinen Unterschied zwischen seinen eigenen und den Waisenkindern, woraus sich ganz natürlich ergab, dass seine beiden eigenen Kinder ihre ganze Jugend mit dreißig Brüdern und Schwestern gemeinsam verlebten. Vater war für alle diese Kinder mehr ein wirklicher Vater als der Direktor des Waisenhauses. Manchen zweifelhaften Eltern gegenüber zeigte er mit harten Worten weit weniger Geduld. Kinder mit psychopathischen Symptomen nahm er unter seinen besonderen Schutz. Ganz ohne methodisches Wissen, nur durch die absolut beständige Liebe zu jedem Gotteskind erlangte er das volle Vertrauen der Zöglinge, gab ihnen ein Gefühl der Geborgenheit selbst in Fällen, die minimale Strafen unerlässlich machten. Wurde dann ein Kind zur Aussprache in sein Arbeitszimmer gerufen, so kam es nicht etwa voller Wut weinend wieder heraus; es war eher um ein neues Erlebnis bereichert.

Während der Hungerjahre des Ersten Weltkriegs waren dreißig hungrige Mäuler zu stopfen – eine äußerst schwierige Aufgabe für meine Mutter, die die Wirtschaft des Waisenhauses verwaltete. Unter den Kindern war ein kleiner, sehr kräftiger Bursche, schon in den Pubertätsjahren. Wir saßen alle um den langen Esstisch herum und bekamen, von drei Dienstmädchen ausgeteilt, den ersten Gang des Mittagessens, eine warme Suppe. Sie war schwer definierbar und bestand aus einer Substanz, die das Waisenhaus offiziell zugeteilt bekam. Mutter war glücklich, dass sie überhaupt etwas zum Magenfüllen hatte, aber dem kleinen Burschen schmeckte es gar nicht. Plötzlich zog er mit aller Kraft an der Tischdecke, so dass alle Teller auf den Boden fielen und die Suppe sich ergoss. Wir saßen wie versteinert. Selbst Mutter, die sonst immer schnell und praktisch reagierte, blieb still und tatenlos auf ihrem Platz. Alle Augen waren auf Vater gerichtet, der an der Stirnseite der Tafel saß. Dieser schickte den Jungen in aller Ruhe in das Spielzimmer und ließ die verbliebenen Reste gerecht neu verteilen. Das alles vollzog sich völlig reibungslos und ohne Furcht erregende Strenge. Der Delinquent bekam bis zum nächsten Morgen nichts zu essen, was er stoisch hinnahm.

Das aufgeschlagene Gebetbuch

Die früheste Kindheitserinnerung geht zurück auf den Ausbruch des Ersten Weltkriegs, also das vierte Lebensjahr. Vater wurde eingezogen und zum Meldebüro bestellt. Er war zwar alles andere als ein begeisterter Soldat, aber in einem deutschen Juden dieser Tage war das vaterländische Pflichtgefühl ebenso stark wie in jedem anderen Deutschen. Nach dem Frühstück verabschiedete sich Vater von uns allen. Mutter nahm ihm die Brille ab und küsste ihn wortlos auf beide Augen. Er setzte die Brille wieder auf und ging. Dieser Abschied war das Ergreifendste, was in meine Kinderseele drang. Doch am Abend kam Vater wieder zurück, denn als Waisenhausdirektor wurde er für unabkömmlich erklärt.

Wenige Wochen danach wurde der vierte Geburtstag gefeiert. Mutter rief mich zum Fenster von Vaters Arbeitszimmer, das zur Straße hin lag. Unten stand ein Lieferwagen des Warenhauses Wertheim von der Leipziger Straße; man brachte das Geschenk der Eltern: eine Offiziersuniform, bestehend aus einem Brust- und einem Rückenstück aus Hartpappe, die mit schwarzen Bändern zusammengeschnürt wurden. Auf dem gewellten Bruststück waren goldene Knöpfe, rechts und links zwei funkelnde Orden. Dazu gab es einen schwarz lackierten Kunstledergürtel, in dem ein veritabler Säbel hing, den man ungefährlich aus der Scheide ziehen konnte, da er stumpf war. Zu allem kam noch ein silber- und goldumrandeter Pickelhelm. Mir gingen die Augen über. Bald schlug ich in dieser Uniform siegreiche Schlachten, während die Eltern den verdienten Mittagsschlaf hielten. Doch beinahe endete der Geburtstag noch tragisch: Als ich abends ins Bett musste, wollte ich um keinen Preis die Uniform ausziehen. Es gab ein großes Geheule, bis Mutter ihre volle Energie entfaltete, um den jungen Offizier mit Gewalt aus der Uniform herauszukriegen. Aber sie hatte die Rechnung ohne den Wirt gemacht. Mein mörderisches Geschrei ließ Vater zu Hilfe kommen und ein salomonisches Urteil fällen: »Lass ihn doch in der Uniform schlafen. Wenn es ihn drückt, wird er von alleine alles abnehmen.«

Selig schlief ich in der Pappgarnitur inklusive Pickelhelm und träumte wahrscheinlich von großen Siegen.

Ostsee-Strand. Mutter in weißer Bluse, Schwester Grete im weißen Kleid, Josef im Matrosenanzug, Vater ganz links; dazwischen Bekanntschaft

Ostern 1915 war Einschulung. Meine Schwester besuchte das Fürstin-Bismarck-Lyzeum, ich begann diese einschneidende neue Periode meines Lebens am Kaiser-Friedrich-Realgymnasium, das auch eine humanistische Abteilung hatte. Beide waren wir also im Schoße der Hohenzollern wohl geborgen – charakteristisch für das Ideal eines deutschen Juden dieser Zeit. Aber es sollten sich aus diesem Ideal auch Komplikationen ergeben: zum Beispiel der Schulbesuch am Sonnabend als Wochentag, der gleichzeitig der Sabbat eines religiösen Juden ist. Kaiser Friedrichs Schuldirektor war nicht einverstanden, den Sohn des Rabbiners prinzipiell am Sonnabend vom Schulbesuch zu befreien. Aber er erlaubte, dass ich nicht zu schreiben brauchte, und erließ mir auch andere Tätigkeiten, die mit den orthodoxen Glaubensregeln im Konflikt standen. Auf diese Weise blieb ich während der ganzen Schulzeit ein exotischer Außenseiter, was mitunter zu peinlichen Situationen führte.

Die religiösen Regelungen des täglichen Lebens haben dem Sohn des Rabbiners schon viel früher Schwierigkeiten bereitet, bedeuteten sie doch in der allgemeinen gesellschaftlichen Umgebung etwas Fremdes. Das muss das junge Kind wohl empfunden haben, und daher geschah ihm gleich während des ersten Schuljahrs ein schwerer Lapsus: Irgendetwas hatte mich eines Sonnabends während der zweiten Stunde von den besonderen religiösen Einschränkungen dieses Tages abgelenkt und mich wie alle anderen Klassenkameraden schreiben lassen. Plötzlich kam mir diese Tat zu Bewusstsein und versetzte mir einen Schock, denn das Geschehene konnte ja nicht rückgängig gemacht werden. In der Ausweglosigkeit reagierte zunächst der Magen und ich erbrach mich über Tisch und Anzug. Der Lehrer unterbrach sofort die Stunde und wollte den Fall ergründen. Aber außer Tränen und Mageninhalt kam nichts heraus. Ich wurde sofort nach Hause geschickt. Wegen des Sabbats durfte ich auch nicht fahren, sondern musste den langen Schulweg zu Fuß gehen. Völlig verstört erreichte ich die Haustür, klingelte, eines der Dienstmädchen öffnete und hat sich wohl über mein Aussehen zu Tode erschrocken. Sie rief »Frau Doktor« (unsere Dienstmädchen durften niemals »Gnä' Frau« sagen), »kommen Sie schnell, dem Jungen ist etwas passiert.« Mutter stürzte herbei, sah die Bescherung und bestürmte mich mit Fragen. Aber ich schwieg. Schnell wurde der Hausarzt geholt, der trotz sorgfältiger Untersuchung, die ich mit viel Interesse erduldete, nichts finden konnte. Sicherheitshalber verordnete er zwei Tage Bettruhe und dazu noch dreimal täglich Fiebermessen.

Meine eigene Besorgnis war ganz anderer Natur: die Furcht vor göttlicher Bestrafung. Mit Vater würde ich bestimmt ins Reine kommen, aber mit Gott hatte ich bisher solche Erfahrungen noch nicht gemacht. Und Gott war ein schwer zu berechnender Faktor. Also war es ganz angenehm, ins Bett geschickt zu werden, zumal es das Bett der Eltern war, wo unter dem Schutz einer wärmenden Daunendecke das Donnerwetter Gottes abgewartet werden konnte. Aber es kam nichts. Außer den sich abwechselnden besorgten Blicken von Vater und Mutter ereignete sich absolut nichts. Doch ich traute dieser Ruhe nicht. Ich begann nach Hohlräumen zu suchen, unter dem Bett, zwischen zwei Schränken, in einer altmodischen Waschkommode, wohin ich mich im Notfall hätte retten können. Bis heute bewahre ich im Gedächtnis einen genauen Plan von der Innenarchitektur des elterlichen Schlafzimmers. Dem großen Doppelbett gegenüber hing das Bild eines jungen englischen Lords an der Wand. Ein Onkel erzählte, Mutter habe während ihrer Schwangerschaft dieses Bild betrachtet in der Hoffnung, die Schönheit des jungen Lords könne sich auf den erwarteten Sohn übertragen. Genützt hat es wenig, doch sei dieses ästhetische Training meiner Mutter als beachtenswerte Leistung anerkannt.

Die beiden Tage der Inkubationszeit meiner Sünde gingen vorbei. Gott scheint das Verbrechen nicht wichtig genug gewesen zu sein, aber bald wird zu sehen sein, dass sich aus diesem Gotteserlebnis eine Gottesversuchung entwickelte. Nichts geht verloren in der Natur. Noch blieb ich ein gottesfürchtiges Kind und machte – zumindest in dieser Beziehung – den Eltern keine Sorgen.

Zu den Feiertagen gingen Vater und Sohn Hand in Hand in die Synagoge in der Pestalozzistraße, im Hinterhof, wo nach orthodoxem Ritus gebetet wurde. Es gab keine Orgel, weil in der Diaspora das Instrumentalspiel im Gotteshaus verboten war. Erst später entwickelten sich Reformgedanken, die auch in die Synagogen Einzug hielten. Im Tempel in der Pestalozzistraße war nur strikter A-cappella-Chorgesang erlaubt. Allerdings war der Chor vorzüglich – unter dem Dirigenten Winawer. Vater wurde als Würdenträger betrachtet und hatte einen Ehrenplatz, sein Erscheinen war immer mit einer gewissen offiziellen Aura umgeben. Ich saß neben ihm und bemühte mich, ihm durch inbrünstiges Beten keine Schande zu machen. Oben auf der Empore saß die Mutter, denn nach orthodoxem Ritus müssen Frauen und Männer getrennt in der Synagoge beten. Sie schaute mit Stolz und Behagen auf die beiden männlichen Vertreter ihrer Familie hinunter.

Vater war kein großer Freund dieser Art des Betens, eingerahmt in persönliche Ehrenbezeugungen. Deshalb bevorzugte er eine kleine Privatsynagoge in der Clausewitzstraße. Auch diese Synagoge lag im Hinterhof und war nicht größer als eine Privatwohnung. Alles war sehr einfach und bescheiden, ohne Chor und selbstverständlich ohne Orgel oder Harmonium als Orgelersatz. Hier blieb Vater mehr oder weniger anonym; in dieser Umgebung fühlte er sich viel wohler. Mutter begleitete ihn niemals dorthin, ich dagegen ging gerne mit. Hier nun geschah an einem Sabbat ein Ereignis, das mein religiöses Gleichgewicht störte. In der kleinen Clausewitz-Synagoge, wo Vaters Verhältnis zu Gott am intimsten war, folgten wir gemeinsam im traditionellen Singsang der Führung des Vorbeters. Vor uns lagen die geöffneten Gebetbücher – Hebräisch konnte ich bald fließend lesen, ganze Abschnitte auswendig hersagen, verstand allerdings kein Wort außer den ständig wiederkehrenden Wortsymbolen für »Gott« oder der »Ewige« und noch einigen anderen. Das war ganz üblich, denn Hebräisch war eine heilige Sprache und nicht für die tägliche Kommunikation bestimmt. Vater jedoch verstand jedes Wort, konnte fließend Hebräisch sprechen, wie übrigens auch Aramäisch und Latein. Plötzlich bemerkte ich, dass auf seinem aufgeschlagenen Gebetbuch noch ein anderes Buch lag, eine altsyrische Grammatik in deutscher Sprache. Da Vater ohnehin alle Gebettexte automatisch mitsprechen konnte, blieb der nicht automatisierte Teil seines Denkapparates frei für neue Studien. Und so betete und lernte er zugleich, wenn auch das, was er lernte, nichts mit der heiligen Lehre zu tun hatte. Das war wohl sein eigenes Abkommen mit Gott, und so nutzte er jeden Moment, um sein Wissen zu erweitern. Im Tempel Pestalozzistraße hätte er sich so etwas nicht leisten können, weil er beobachtet wurde; in der Clausewitzstraße war jeder mit seinem Gott allein. Was ich beobachtet hatte, konnte ich nicht so einfach hinnehmen. Jedoch wagte ich nicht, Fragen zu stellen. Mit den geweckten Zweifeln musste ich selbst fertig werden.

Es plagte mich lange Zeit und gipfelte schließlich in einer veritablen Versuchung Gottes. Wie gewöhnlich am Sabbat folgte dem Synagogenbesuch das Mittagsmahl und danach der obligatorische Mittagsschlaf, die Stunde wahrhaft heiliger Ruhe. Statt zu schlafen, drehte sich in meinem Kopf ein teuflischer Plan. Das Gesetz der Sabbatruhe bezieht sich auf alles, was einer durchschnittlichen wochentäglichen Arbeitsleistung gleichkommt. Dazu gehört auch das Anzünden von Feuer oder das Einschalten von elektrischem Licht. Die Eltern schliefen bereits tief, was bei vorsichtig geöffnetem Türspalt an Vaters Schnarchen festgestellt werden konnte. Und nun war der Weg frei für mein kühnes Unternehmen. Es juckte in den Fingern, das elektrische Licht anzuknipsen und den Weltuntergang heraufzubeschwören. Schon das Berühren des Lichtschalters war der Anfang einer Sünde, und ohne viel zu überlegen, knipste ich das Licht an. Schon einmal ins Bett geschickt wegen eines ähnlichen Verbrechens, legte ich mich sofort hin und wartete. Aber es geschah nichts – nur mein Gewissen wurde gemartert. An Schlafen war nicht zu denken. Bis zum Abend hatte niemand bemerkt, dass im Kinderzimmer das Licht brannte. Zum abendlichen Schlafengehen kam Vater ans Bett, wir sprachen zusammen das Nachtgebet und Segenssprüche auf Gott. Er gab mir den Gutenachtkuss. Normalerweise entschlief ich danach in meine Traumwelt. Diesmal aber wartete ich, bis Vater die Tür hinter sich geschlossen hatte, und begann dann eine Unterhaltung mit Gott – nicht in der offiziellen Gebetssprache, sondern in der täglichen Umgangssprache. Mit Verwunderung und Freude stellte ich bald fest, dass Gott keineswegs furchtbar war, sondern gütig und liebevoll, mit großem Verständnis für die Kümmernisse eines Buben, der ihm alle die kleinen Sünden ganz offen anvertraute. In Vielem glich Gott eigentlich dem Vater, der auch immer ein Trostwort in schwerer Lage zur Hand hatte, nicht ein Vormund, dessen Idealen ich mich anpassen musste, sondern ein Freund mit Verständnis für alles, was mich bedrückte. Er wurde so der erste Freund in meinem jungen Leben, und er ist es geblieben. Als später schlimme Dinge geschahen, stand er immer zur Seite und gab neue Kraft. Ähnlich muss auch Vaters Gottesglaube gewesen sein, der ihm erlaubte, während des Betens Grammatik zu studieren. Was konnte schöner sein, als sich lernend mit Gott zu unterhalten?

Vater war noch vor Kriegsausbruch nach Holland ausgewandert, wo die Familie meiner Schwester lebte. Alleine musste er emigrieren, weil Mutter bereits verstorben war. Als die Nazis nach Holland kamen, wurde die Familie inhaftiert und ins Lager gebracht. Jeder wusste, was dies bedeutete. Zuletzt sagte Vater zu meiner Schwester, dass es keinen Gott geben könne, wenn so etwas wirklich in der Welt geschehe. Er hatte zum Ende den Glauben an seinen Gott verloren. Für Vater war das viel schlimmer als ein physischer Mord. Es war ein langsamer geistiger Mord. Von meinem frühen Gotteserlebnis bis zu diesem nicht begreifbaren Ende meines Vaters spannt sich ein weiter Bogen. In jener Nacht in San Francisco, als ich einige Jahrzehnte später zum ersten Male wieder meine Schwester sah, die lebend aus dem Konzentrationslager herausgekommen war und nach Amerika emigrierte – in jener Nacht, als sie mir von dieser Verzweiflung des Vaters an seinem Gott erzählte, musste ich mich mit demselben Gott wieder auseinandersetzen. Was verlangst du, Gott? Weitermachen!

Eine Welt voller Geheimnisse

Es kam die Zeit des frischgebackenen Sextaners mit der traditionellen Kopfbedeckung, einer roten Mütze mit schwarz lackiertem Schirm und schwarzem Lederband. Ein Blick in den Spiegel, einige erläuternde Worte des Vaters zur Bedeutung der Mütze – und es war klar, dass mit dieser Kopfbedeckung eine ganz andere Verpflichtung verbunden war als seinerzeit mit der Offiziersuniform aus Pappe vom Kaufhaus Wertheim. Die Mütze eines Gymnasiasten der Kaiser-Friedrich-Schule war kein Spielzeug mehr; sie war Symbol für Methode, Disziplin und Treue zu einem noch unbekannten Ideal. Damit ließen sich während des Mittagsschlafes der Eltern keine imaginären Siege erfechten.

Meine schlechten Zeugnisse schon während des ersten Jahres trafen auf eine empfindliche Stelle im Status der Juden zu dieser Zeit. Der Primus der Klasse und auch der Zweitbeste waren Söhne jüdischer Ärzte. Sie durften hinten auf der letzten Bank sitzen. Der Sohn des Rabbiners jedoch musste immer weiter nach vorne rücken. Vater schämte sich für seinen Sohn. Für Juden war intellektuelle Auszeichnung wichtigstes Mittel zur Selbstbehauptung. Vom Sohn eines Rabbiners und wissenschaftlichen Dozenten war entsprechendes Niveau zu erwarten.

Der schwächliche, unterernährte Knabe konnte oft nur unter Schluchzen und Weinen die von der Mutter mit viel Fantasie zubereiteten Speisen hinunterwürgen. Zwang steigerte nicht den Appetit. Der schreckliche Medizingeschmack der Margarine,

Schwester Grete mit ihrem kleinen Brüderlein

die zum Kochen und Braten und als Brotaufstrich verwendet wurde, ist noch heute in meiner Geschmacks- und Geruchserinnerung lebendig. Der widerlich süßliche Kunsthonig war im Nachgeschmack gallig bitter. Hauptgetränk war Tee, der mit Namen »Deutscher Kaisertee« in schwarz glänzenden Tüten mit aufgedruckter goldener Kaiserkrone verkauft wurde; sein Geschmack war das Ergebnis der Fantasie eines Parfümingenieurs. Kochend heiß serviert war er dennoch die Rettung während kalter Wintermonate ohne Heizung und bei schlechter Ernährung. Nur eine Lieblingsspeise gab es: Dörrgemüse. Mutter verstand es, daraus delikate »Fleischklopse« zu zaubern. Zwar war der Mund immer voll mit Zellulosefusseln, aber es waren auch knusprige Körnchen dabei, und würzige Zutaten bewirkten das ihrige. Davon konnte ich zu jeder Tages- und Nachtzeit essen. Mutter wusste, wie wenig Nährwert dieses Zeug hatte. So klagte sie ihr Leid dem Hausarzt und machte ihn auf die Spindeldürre ihres Sohnes aufmerksam. Doch der Herr Sanitätsrat meinte, der Knabe sei kerngesund, und solche Typen könnten sehr alt werden. So blieb es denn bei meiner einstigen Leidenschaft für Dörrgemüse.

Nach Beendigung des Ersten Weltkriegs kamen Hilfspakete aus Amerika, speziell für Waisenhäuser und ähnliche Institute. Das waren Leckerbissen, bei deren Anblick sogleich die Augen übergingen. Große Glaskübel in Strohbehältern enthielten Malzextrakt. Unvorstellbar die Begeisterung, die dieses sich zähflüssig um den Löffel schlingende Produkt auslöste. Dann gab es noch große Blechdosen, auf denen in Gold und Silber die Worte »Nectar and Ambrosia« aufgedruckt waren. Das war eidottergelber Puder, aus dem Eierfladen, Rührei, gebackene Arme Ritter, Auflauf und vieles mehr gezaubert werden konnte. Die größte Sensation in Holztonnen: gesalzene Pökelbrust. Dass oft die Maden drin waren, konnte man erst beim Kochen feststellen, wenn das Gewürm oben schwamm. Solche Sendungen meldete Vater sofort beim Gesundheitsamt. Das schädliche Zeug wurde abgeholt; die Mieter in anderen Stockwerken sahen aus ihren Fenstern entsetzt, wie man pures Gold einfach vernichten ließ. Die Maden hatten schließlich auch ihren Nährwert.

Vom Krieg hat man sonst nicht viel zu spüren bekommen. In Berlin fand das Schießen nur in Erzählungen statt. Fachmännische Kriegsinformationen erhielt ich durch das Kino. Wenn am Sonntag zwei der drei Dienstmädchen Ausgang hatten, blieb das dritte zu Hause mit der Aufgabe, nach dem Mittagessen mit dem Jungen an die frische Luft zu gehen. Sie bekam etwas Taschengeld, um Kinobilletts zu kaufen, was wir natürlich nie versäumten. So sah ich den Ersten Weltkrieg im Kino. Es fiel mir auf, dass sich die Soldaten sehr schnell und zackig bewegten; sie flogen nur so über die Schlachtfelder. Meine Begleiterin erteilte bei dieser Gelegenheit ersten Physikunterricht: Sie erklärte, dass die modernen Gewehrkugeln so ungeheuer schnell fliegen, dass man sich nur durch schnelles Laufen vor ihnen retten könne. Von Filmtechnik wusste sie natürlich nichts.

Wir gingen aber auch spazieren. Ein Lieblingsziel war der Flughafen Eichkamp, ein kleiner Reparaturflugplatz für einmotorige Doppeldecker. Der Platz war an drei Seiten von den Kiefern des Grunewalds umgeben und hatte eine offene Seite, wo die Eisenbahngleise der Stadt- und Fernbahn verliefen. Wegen der Bäume gab es dort Unglücke beim Starten und Landen. Im Gedächtnis blieben drei Abstürze, die ich miterlebte. Das war grausig anzusehen, und dennoch oder gerade deshalb zog es mich magnetisch zu diesem Ort.

Manchmal allerdings – besonders während der ersten Kriegsjahre, wenn das »Berliner Tageblatt« in fetter Überschrift die Nachricht von 200 000 gefangenen Russen brachte – spendierte auch Vater einen Sonntagnachmittag, um mit seiner kleinen Familie einen Ausflug »ins Freie« zu unternehmen. Dann fuhren wir mit der Straßenbahn 176 den Kurfürstendamm entlang in die

Hubertusallee. Ausflugsziel war das berühmte »Café Grunewald«, wo Familien ihren eigenen Kaffee mitbringen und kochen lassen konnten. Mutter schmierte Stullen mit der scheußlichen Margarine und Kohlrübenmarmelade, womit das festliche Ereignis auch gastronomisch aus dem Alltag herausragte. Im Nachbarlokal gab es ein Karussell und Schießbuden mit unwiderstehlicher Anziehungskraft. Meinen Wunsch, auf einem hölzernen Pferd Karussell zu fahren, fand Mutter höchst überflüssig, es würde mir davon doch nur schwindlig. Wieder musste Vater vermitteln.

In späteren Jahren entwickelte sich daraus der Drang zur Berg- und Talbahn, die während der zwanziger Inflationsjahre im großen Luna-Park am Halensee gebaut worden war. Mutter durfte von solchen Selbstmordabenteuern nichts wissen, aber wir hatten nicht genug Geld, um die Fantasiepreise für die Eintrittskarten zu bezahlen. Glücklicherweise hatte ich jedoch einen wesentlich älteren Vetter aus Belgien, dessen Vater Präsident der Diamantenbörse in Antwerpen war. Leo studierte an der Berliner Universität deutsche Literatur. Mit seiner Valuta hätte er wohl halb Berlin aufkaufen können. Mit Leo war ich ein Herz und eine Seele, und zu zweit fuhren wir sogar einmal insgeheim in einem Landauer zweispännig von der Roscherstraße zum Luna-Park.

An einem Sonntag brachte uns Vater in den Zoologischen Garten. Gleich vorne waren die Elefanten. Mehr wollte ich gar nicht sehen. Die Familie aber drängte weiter und bald saßen wir in einem großen Gartenlokal unter freiem Himmel. Da allerdings geschah etwas Faszinierendes ganz anderer Art: Eine große Militärkapelle spielte. Ein elegant uniformierter Mann stand vorne in der Bühnenmitte, das Gesicht den Spielern und ihren spiegelblank geputzten Messinginstrumenten zugewandt. In der rechten Hand hatte er einen Stock, mit dem er aus der Luft heraus die unglaublichsten Klänge zauberte. Die Tiere interessierten mich überhaupt nicht mehr. Als das Programm der Blaskapelle beendet war, wollte ich nur nach Hause. Ein Platzregen kam zu Hilfe und wir flohen in den Bahnhof Zoo. Zu Hause suchte ich sofort in der Rumpelkammer nach einem Stock. In der Badestube versuchte ich den Zaubertrick zu wiederholen – vergeblich; nichts ertönte aus dem Stock, und ich war todunglücklich.

Die Welt war voller Geheimnisse, die mit allen möglichen Mitteln erforscht werden mussten. Demgegenüber war die Schulzeit in der Sexta enttäuschend. Jeden Morgen in Dunkelheit und Kälte raus aus dem Bett – das war ein schlechtes Vorspiel zum Lernen. Die neuen Lehrer waren rigoros systematisch und nur auf ihr eng begrenztes Fach bedacht. Häufige Klassenarbeiten mit schlechten Zensuren entwickelten sich zu einem Moloch, einem Kinder fressenden Riesen. Der einzige Lichtblick war der Deutschlehrer. Seine Methode war es, kleine Geschichten aus dem Lesebuch vorzutragen, die dann aus dem Gedächtnis schriftlich nacherzählt werden sollten. Er ließ die Geschichten auch von Schülern vorlesen, was ich ganz besonders gut konnte und mich unumstritten zum besten Vorleser der Klasse machte.

Aber es unterlief mir ein charakteristischer Fehler: Wenn beim Nacherzählen eine Einzelheit der Geschichte dem Gedächtnis entschwunden war, saß ich niemals am Federhalter kauend in der Bank, wie es andere taten, sondern erfand kurzerhand etwas anderes. Irgendwie brachte mich das Erfundene immer wieder auf den Gang der Handlung zurück. Das erboste den Lehrer ungemein. Er nannte das »Schwindel« und schrieb entsprechende Bemerkungen unter die Zensuren. Im Rechen- oder Naturkundeunterricht, in Grammatik oder Pflanzenkunde konnte man nicht schwindeln. Deshalb blieb das Geschichtenerzählen im Fach Deutsch für mich die einzige interessante schulische Tätigkeit.

Vom Singen im Schulchor war ich befreit als so genannter »Brummer«; das ist einer, der völlig unmusikalisch ist, nie den richtigen Ton trifft und deshalb beim Singen die ganze Umgebung durcheinander bringt. Am Donnerstag durfte ich eine Stunde früher nach Hause gehen – zum blanken Neid der Kameraden, die im Chor sangen.

In Berlin brach indessen die Revolution aus. Die Roscherstraße grenzte an einer Seite an ein großes Schulgebäude mit hohem Turm in der Sybelstraße und auf der anderen Seite an den Lehniner Platz, Ecke Kurfürstendamm. Dort lag das »Café des Westens«. Auf dem Turm der Schule saßen die Spartakisten, im »Café des Westens« lagerte die Reichswehr. Beide Gruppen beschossen sich heftig entlang der Roscherstraße. Wir durften deshalb das Haus nicht verlassen und nachts schliefen alle Kinder unter den Betten aus Furcht vor Querschlägern. Die Schießerei war ungeheuer aufregend und ich lauschte gespannt auf die Einschläge. An Schlafen war nicht zu denken. Ich dachte an die sonntäglichen Erklärungen des Dienstmädchens über verschiedene Kugelarten und versuchte, die Kugelvarianten zu identifizieren. Einen Tag und eine Nacht dauerte das Schießen und endete mit dem Sieg der Reichswehr.

Als die Schule wieder begann, kam der Deutschlehrer mit einem neuen pädagogischen Einfall. Wir sollten nicht eine vorgelesene Geschichte nacherzählen, sondern einen freien Aufsatz über die Spartakistenkämpfe in Berlin schreiben. Da war ich nun mit meinen Kriegserfahrungen aus dem Kino in meinem Element; ich schrieb und schrieb und benannte sogar die Kaliber der Geschosse. Die Arbeit kam einige Tage später zensiert zurück mit dem Vermerk, dass sie eigentlich die Note »Sehr gut« verdient hätte, die erwähnten Kaliber der Geschosse in diesen Kämpfen aber nicht eingesetzt worden seien, weshalb der Aufsatz nur mit »Gut« benotet werden könne. Vater lächelte darüber, und Mutter meinte, sie habe mich in Verdacht, wieder geschwindelt zu haben, die Note »Gut« aber sei doch ein Stück Kuchen wert.

In diesen Jahren begannen erste ernsthafte musikalische Erlebnisse. Die ältere Schwester bekam – wie es sich geziemte – Klavierstunden und übte oft nach dem Abendbrot, während der Bruder schon schlafen gehen musste. Durch die Wand des Kinderzimmers lauschte er ihren Übungen, imitierte den Dirigenten aus dem Zoologischen Garten und tat so, als käme die Musik aus seinen fuchtelnden Händen. Bald genügte ihm das nicht mehr. Wenn seine Schwester am Tag übte, setzte er sich neben sie, um herauszufinden, ob es eine Verbindung zwischen den schwarzen Notenköpfen und der Klaviatur gab. Wenn sie guter Stimmung war, erklärte sie etwas. So konnte ich in langsamer und hartnäckiger Arbeit Zusammenhänge entdecken, die es mir ermöglichten, am Sonntagnachmittag, wenn alle weggegangen waren, die Bisping'sche Klavierschule vorzunehmen und mit ein bisschen Gedächtnishilfe einige Phrasen nachzuspielen. Bald kam mir die Idee – wie beim Nacherzählen von Geschichten im Deutschunterricht –, das aus den Noten nicht Entzifferbare selber auszudenken. Es dauerte nicht lange, da saß ich stundenlang am Klavier, improvisierte und baute Akkorde zusammen. Es waren tief beglückende Stunden, die aber leider auf Kosten der Schularbeiten gingen. Die neue Leidenschaft beschränkte sich nicht nur auf den Sonntagnachmittag. Ich nutzte jede Gelegenheit, wann immer das Klavier frei war.

Jetzt entstand der erste wirklich ernste Konflikt mit den Eltern. Es wurde mir verboten, ans Klavier zu gehen. In diesem Punkt waren sich Vater und Mutter völlig einig. Der Junge war aber kein kleines Kind mehr, er musste lernen, sich zu verantworten, und hörte zum ersten Male, dass er mit böser Miene als »schlechter Lümmel« bezeichnet wurde. Das traf tief. Es ging auf die turbulenten Inflationsjahre zu und niemand hatte Geduld, sich mit pädagogischen Problemen zu beschäftigen. Wenn Vater für eine Wintermütze zum Schulbesuch anderthalb Milliarden Mark bezahlen musste, konnte er der musikalischen Exzentrik seines elfjährigen Sohnes kein Verständnis entgegenbringen.

Eine verheiratete Schwester der Mutter lebte mit ihrer Familie in Schroda, einem kleinen Nest bei Posen. Die Tochter namens Hertha lernte Klavierspielen am Konservatorium in Posen und erwarb dort sogar ein Klavierlehrerdiplom. Im Gefolge des Versailler Friedensvertrages konnten die Menschen in der Provinz Posen für Deutschland oder Polen optieren. Wie die meisten aus der jüdischen Bevölkerung entschied sich auch meine Familie für Deutschland. Der Onkel löste sein kleines Galanteriewarengeschäft auf und zog nach Berlin, wo er mit seiner Familie am Olivaer Platz eine Wohnung fand. Bald hatten sie Nahrungssorgen, ihnen musste geholfen werden. Mit geliehenem Geld eröffnete der Onkel einen kleinen Zigarettenladen, und auf der Suche nach Schülern für Hertha lag es nahe, mich als Versuchskaninchen für Klavierunterricht einzusetzen.

Nach meinen zurückliegenden Erfahrungen freute ich mich riesig auf die erste Unterrichtsstunde. Hertha, eine dickliche junge Dame, war die Gutmütigkeit in Person, kinderlieb und permanent gefühlsschwanger. Bei Hertha begann meine musikalische Laufbahn mit dem Noten-ABC, was ich mir aber schon selbst erarbeitet hatte, dann kamen erste Fünffingerübungen mit präziser Fingerhaltung – und so weiter. Von Musik war keine Rede. Gegen die Fingerhaltung hatte ich Einwände, die starre Methode überzeugte mich nicht, denn auf meine eigene Weise war ich schneller. Ich stellte Fragen, auf die Hertha keine Antworten wusste, da sie am Posener Konservatorium nicht gelehrt worden waren. So verging keine halbe Stunde, und Hertha brach in herzzerreißendes Schluchzen aus.

Ich wusste weder, was ich verbrochen hatte, noch wie ich sie trösten sollte, und ging schließlich von ihren Tränen bedrückt nach Hause. An der Haustür erwartete mich schon der entsprechende Empfang, denn übers Telefon war unter Weinen bereits von meinem Benehmen berichtet worden und damit war auch schon das Ende des Klavierunterrichts besiegelt. Das Klavier wurde abgeschlossen; nur die Schwester hatte den Schlüssel.

Hertha, die Klavierlehrerin, sah ich erst wieder in den Siebzigerjahren in New York. Dort fand die amerikanische Erstaufführung meiner Oper »Ashmedai« statt. Hertha kam natürlich zur Premiere und stellte den »schlechten Lümmel« stolz als ihren ersten Klavierschüler in Berlin vor. Nach der Aufführung richtete sie ein Gala-Diner für den Freundeskreis aus und überreichte mir bei dieser Gelegenheit ein kostbares Geschenk. Unser gemeinsamer Großvater mütterlicherseits war der Großrabbiner Bloch vom Bezirk Jarotschin in der Provinz Posen, als Kulturberater ein hoch angesehener Mann am Hofe des Fürsten Radolin. Aus Dankbarkeit schenkte ihm der Fürst ein wertvolles Tischservice aus Silber für festliche Anlässe. Davon war nach den Kriegs- und Emigrationsjahren nur ein großer kunstvoll geschmiedeter Suppenschöpflöffel erhalten geblieben und dieser kostbare Gegenstand wurde mir als Familienerbstück überreicht. Ich empfing ihn mit dankbaren Händen und einem ironischen Seitenblick als ehemals »schlechter Lümmel«.

Das verschlossene Klavier zwang mich zur Offensive. An einem der stillen Sonntagnachmittage, scheinheilig getarnt mit Schularbeiten, brach ich das Schloss des Klavierdeckels auf. Doch das Spielen bereitete nicht viel Vergnügen, denn die Folgen waren unausweichlich, sie waren schrecklich. Zum ersten Mal gab es Prügel vom Vater. Wer von uns beiden mehr gelitten hat, lässt sich nicht sagen. Ich war erschüttert und kroch unters Bett, von wo ich auch nachts nicht hervorkam; die Eltern begannen zu verzweifeln.

Glücklicherweise gab es im Waisenhaus eine pädagogische Hilfskraft, Fräulein Rahel Goldschmidt aus Hamburg, die mich liebte, mich oft in ihr Zimmer nahm und abenteuerliche Geschichten erzählte. Sie war ziemlich ungeniert und wusch sich in ihrem Zimmer, wobei ich erstmalig mit der überraschenden Anatomie des weiblichen Körpers bekannt wurde. Diese Rahel bewog mich, aus meinem Loch unter dem Bett wieder hervor zu kriechen. Die Eltern waren erleichtert. Der kriminelle Vorfall wurde nicht mehr erwähnt. Was nun, kleiner Mann?

Anfang der Zwanzigerjahre wurden alle Nebenfachlehrer der Kaiser-Friedrich-Schule zu einem Fortbildungskurs abberufen. Für Herrn Müller, den Chordirigenten, kam als Vertretung ein junger Mann ohne Bart, sportlich gekleidet und ganz ohne Formalitäten. Wir wussten nicht recht, was das nun bedeuten sollte, aber wir beobachteten ihn mit wohlwollender Neugier.

Als erstes nahm er sich der »Brummer« an. Wir waren eine kleine Gruppe verschiedener Altersstufen und wurden zweimal wöchentlich nachmittags zur Behandlung bestellt. Das bedeutete, dass die »Brummer« zwar von der wöchentlichen Chorstunde befreit waren, stattdessen aber zweimal nachmittags speziell in die Schule kommen mussten. Der Lehrer entwickelte eine Versuchsreihe mit Gehörübungen, ganz ohne Singen, interessante, ungewöhnliche Klangkombinationen, verbunden mit einfachen und komplexen Rhythmen. Nach zehn Minuten ließ er die Übungen aus der Erinnerung wiederholen.

Bei alledem stellte sich heraus, dass der Brummer Josef sehr genau hörte und ein recht präzises Erinnerungsvermögen hatte, allerdings beim Singen nach wie vor danebenlag und die Töne nicht traf. Am pädagogischen Seminar der Hochschule für Musik lernte ich dies später als motorisch-sensorielle Störung der Stimmbänder kennen, und heute würde man es wohl als psychosomatisches Syndrom bezeichnen, was es wahrscheinlich auch war. Der Lehrer führte Entspannungsübungen für die Stimmbänder durch, die im Wesentlichen auf Atemübungen beruhten. Das war alles sehr lebendig und hing eng mit musikalischen Abläufen zusammen. Der Erfolg kam schnell. Für »Brummer«, die wirklich nicht hören konnten, nutzte er Gedächtnisübungen, die lustig wie Gesellschaftsspiele waren. Alle gingen gerne zu dieser »Behandlung«. Als der Musiklehrer Müller nach wenigen Wochen wieder zurückkam, stand ich bereits als Sopran im Schulchor.

Kurz darauf wurde eine Chorkomposition für ein öffentliches Schulkonzert vorbereitet: »Die Glocke« von Schiller, vertont von Romberg. Darin gab es ein Solo-Quartett, mir fiel die Sopranpartie zu. Müller hatte ein erstes Auge auf mich geworfen, und bald sollte er Gelegenheit haben, auch das zweite Auge auf mich zu werfen. Das aber geschah unter dramatischeren Umständen.

Der Mathematiklehrer Doktor Barsch erscheint mir noch heute hin und wieder als Alptraum. In einer seiner Mathematikstunden ging mir irgendwelche Musik durch den Kopf, wofür ich immer Notenpapier bei mir hatte. Ich versuchte im Schutz der Bank meine Musik zu notieren, war vollkommen abgelenkt und merkte nicht, dass Barsch wie ein drohendes Ungeheuer neben mir stand und beobachtete, was ich auf meinen Knien kritzelte. Erst die eintretende Stille brachte mich in die Realität zurück. Es war zwecklos, das Notenblatt zu verstecken. Er fasste mich an beiden Ohrläppchen, kniff kräftig hinein, was an einem kalten Wintertag besonders schmerzte, und zog mich so aus der Bank. Schlagen der Schüler war nicht mehr erlaubt, sonst hätte er vielleicht seinen Zorn abreagiert.

Stattdessen brachte er diesen unerhörten Vorfall vor die Lehrerkonferenz. Nach wenigen Tagen kam ein Brief vom Direktor und die Eltern wurden in die Schule bestellt. Das war wieder Mutters Aufgabe. Geharnischt trat sie ihren Weg an. Und siehe da, statt von Barsch wurde sie von Müller empfangen. Mutter bekam einen genauen Bericht des ganzen Vorfalls. Das Herz blieb ihr fast stehen, doch die Folgerungen, die Müller daraus zog, waren höchst überraschend. Er bat um die Einwilligung der Eltern, dem Sohn zweimal wöchentlich Nachhilfeunterricht in Harmonielehre zu geben, gratis und franco. Da konnte sie ja schlecht Nein sagen, obgleich die Situation sie verwirrte. Statt hart bestraft wurde der »Lümmel« noch belohnt.

Mutter berichtete beim Mittagessen über das Gespräch und die Komplimente, die der Musiklehrer ihrem Sohn gemacht hatte. Auf dem Weg von der Schule nach Hause muss sich etwas in ihr gerührt haben; ein »second thought«, denn ihr Bericht war eher stolz als abweisend und für mich von einschneidender Bedeutung. Es entspann sich eine Freundschaft zu Herrn Müller, diesem kleinen und dünnen Mann mit seinem viel zu großen

Kopf, mit gezwirbeltem Schnauzbart und großer Brille. Ich saugte seine Lehre auf wie ein trockener Schwamm. Zum Höhepunkt unserer Freundschaft kam es, als er mir ein gedrucktes Exemplar seines »Spreewellen-Walzers« mit handgeschriebener Widmung schenkte. Die grünliche Nymphe in Spreewellen auf dem Titelblatt verglich ich oft mit Rahel Goldschmidts Physis. Oben herum war sie zwar ähnlich, aber einen Fischleib konnte man an ihr denn doch nicht entdecken.

Nun schrieb ich unter Aufsicht des Meisters Märsche für die Schule und anderes mehr. Das kam alles bald in Gebrauch als Hintergrundmusik für Schulaufführungen und festliche Gelegenheiten. Solche Erfolge brachten jedoch das pädagogische Konzept der Schulleitung in Verwirrung. Die Schule hatte einen Direktor, dessen markante Persönlichkeit unvergesslich ist. Von Geheimrat Zernik sagte man, dass er im Krieg ein hoher Offizier gewesen sei. Das passte vollkommen zu seiner Art zu sprechen: Befehlston, kurze, abgerissene Satzteile, scharf artikuliert, selbst in seinen Ansprachen. Wenn er im Krieg gefallene Schüler der Kaiser-Friedrich-Schule betrauerte, klagte er noch im Befehlston.

Zernik war gefürchtet wegen seiner unbeugsamen Strenge. Aber er war gerecht und zollte jeder Leistung die ihr gebührende Achtung. Nur einmal sprach er mich an, am Ende seiner pädagogischen Laufbahn. Zernik wurde pensioniert. Ein feierlicher Abschied wurde in der großen Aula der Schule inszeniert. Nicht nur alle Lehrer und die vielen hundert Schüler des Gymnasiums, auch offizielle Gäste waren anwesend. Müller saß am Flügel und umrahmte die Feier mit der Nationalhymne und einem Choral, den alle mitsangen. Es wurden viele Reden gehalten; keiner der Anwesenden wagte, sich zu räuspern.

Als Letzter sprach Professor Zernik in seiner bekannten ruppigen Art. Aber man konnte doch erstickte Tränen in seiner Stimme hören. Diese nie zuvor an ihm wahrgenommene Mischung von Gefühlen, die ihn übermannten, und eiserner Disziplin, mit der er dagegen ankämpfte, war atemberaubend. Er stand vor einem Ehrenfries, dem Bild eines kriegerischen Engels mit ausgebreiteten Flügeln, unter denen die Namen der im Weltkrieg gefallenen Schüler in goldumränderten Buchstaben eingemeißelt waren. Alle waren von der Feierlichkeit des Augenblicks benommen.

Nach seiner Rede mussten wir uns erheben, und nun geschah etwas Außergewöhnliches: Der alte Herr ging durch die Reihen der Aula, drückte jedem Schüler die Hand zum Abschied, blieb hie und da stehen und fügte noch eine persönliche Bemerkung hinzu. Als er zu mir kam, erwartete ich das stereotype »Auf Wiedersehen«. Doch er blieb stehen, schaute mich kurz an und sagte: »Schade um dich, Junge.« Worauf ich in strammer Haltung antwortete: »Jawohl, Herr Professor.« Er ging weiter, ohne »Auf Wiedersehen« zu sagen.

Der Knabe kommt allmählich in die Jahre der Pubertät. Innerlich stark aufgewühlt, ohne nach außen schützenden Panzer stürmt er vorwärts wie ein schnelles, blindes Raupentier. Die Ereignisse um ihn herum türmen sich, er ist begierig, alles zu sehen und alles zu hören.

Eine andere Schwester meiner Mutter lebte mit ihrer Familie in Danzig. Der Onkel hatte einen Großhandel für Damenstrümpfe, war unendlich gutmütig und stand vollständig unter dem Pantoffel seiner Frau Gemahlin. Er war von einer rührenden kaufmännischen Untüchtigkeit, die durch den maßlosen Ehrgeiz meiner Tante in intellektuellen Dingen und ihre vielseitige Bildung ausgeglichen wurde. Dorthin wurde ich nun jeden Sommer während der großen Ferien eingeladen. Die Wohnung in einem alten Haus in der Frauengasse mit verschachtelten inneren Stockwerken war schon für sich ein abenteuerliches Erlebnis. Hier konnte ich nicht nur nach Herzenslust Klavier spielen, mit reichlich lobender Bewunderung wurde ich geradezu ermutigt. Vetter Friedel spielte recht gut Violine und ich komponierte für uns beide.

Mit Vetter Friedel, der auch sehr gut zeichnen und malen konnte, bauten wir in den Ferien ein herrliches Puppentheater. In einem Antiquariat in der Pfefferstadt fanden wir uralte, halb zerfledderte Sagenbücher, die wir für wenige Groschen kauften. Ich dramatisierte Geschichten von Rittern, Überfälle von Ungeheuern, Liebesabenteuer, von deren hintergründiger Realität ich weniger als eine halbe Ahnung hatte, und sorgte auch für musikalische Untermalung. Zusammen mit der gleichaltrigen Cousine Hilde lernte ich mit Puppen umzugehen, die Friedel mit rührender Sorgfalt genäht, geklebt, bemalt hatte. Die Technik der leicht auswechselbaren Kulissen war Friedels Erfindung. Im Dachgeschoss gab es eine weitläufige Abstellkammer und eine Mansarde mit schräg abfallender Decke und einem Fenster voller Blumen. Hier wohnte ich, lebte Tag und Nacht sozusagen hinter der Bühne zwischen Requisiten.

Wir fuhren auch nach Oliva, Glettkau oder Zoppot zum Baden in der Ostsee, was ich aber für Zeitverschwendung hielt. Blaubeeren sammeln im Olivaer Wald war mir viel lieber. Immerhin beteiligte ich mich einmal an einem Wettbewerb für Sandburgen. Am Strand gab es Algenzeug, das ich benutzte, um die Geschichte des Rattenfängers von Hameln darzustellen. Der Rattenfänger war eine Art hoch aufgerichtete Don-Quixote-Figur aus nassen Sandklumpen, an der alles Reale nur angedeutet war. Wo der Mund sein sollte, steckte quer ein kleines Holzrohr, auf dem er seine Flötenmusik spielte. Die Ratten waren aus Algenzeug, das er an seinem Fuße mit sich schleppte. Manchmal umherblickend, was die anderen Kinder so bauten, sah ich prächtige Burgen mit allen Schikanen und schämte mich, dass ich mich auf diesen Wettbewerb eingelassen hatte.

Nachmittags machten die Preisrichter der Stadtverwaltung von Zoppot ihren Rundgang, jeder mit Schreibzeug bewaffnet und emsig Notizen schreibend. Bei mir wussten sie natürlich nicht, was das alles zu bedeuten hatte. Eine wohlbeleibte Dame vom Komitee wollte von mir Erklärungen haben. Ich beschrieb ihr den von Musik besessenen Rattenfänger und die vielen, vielen armen Algenratten, die nicht anders konnten, als sich an des Rattenfängers Füße zu hängen. Es war wohl der Reiz der Neuheit, der mir schließlich das Zoppoter Wappen mit meinem aufgedruckten Namen und mit Danziger Goldwasser gefülltes Schokoladenkonfekt einbrachte.

Wenige Tage später fand im großen Salon die Premiere unseres Puppenspiels statt. Tante Ida mobilisierte die Danziger Jüdische Kaufmannsgilde, es gab einen riesigen Zustrom von Publikum, die Wohnung war völlig überfüllt. Vor der Aufführung wurden Kaffee und Kuchen gereicht, so dass alle in guter Stimmung waren. Der Erfolg führte dazu, dass wir ambitiös wurden und richtig Theater machen wollten. Noch vor der Rückreise nach Berlin wurde das »Danziger Künstlertheater« gegründet und es wurden Pläne für Berlin ausgeheckt – ein weiterer Störfaktor für die Anforderungen der Schule.

Inzwischen war ich zwölf Jahre alt, ein Jahr vor der großen Einsegnungsfeier, die bei den Juden am Sabbat nach dem dreizehnten Geburtstag stattfindet. Dann sollte ich mannbar werden mit all der Verantwortung, die ein Junge zu tragen hat. Die Einsegnung des Sohnes von Rabbiner Dr. Julius Grünthal galt in den jüdisch-intellektuellen Kreisen Berlins als Ereignis, das sorgfältig vorbereitet werden musste. Mein Privatlehrer für die Erfüllung des religiösen Ritus war kein Geringerer als mein Vater selbst.

Das Jahr der Vorbereitung bezog sich auf Mannbarkeit und Verantwortungsbewusstsein. Um die schulische Verantwortung unter Beweis zu stellen, wurde für mich Klavierunterricht beschlossen. Meine Lehrerin war Susanne Fischer, die älteste Tochter des Berliner Domorganisten Walter Fischer. Bei ihr konnte ich ungehemmt musizieren, Fingersätze oder Etüden waren bestenfalls Mittel zum Zweck. Rückblickend waren die Stücke, die sie mir zu spielen gab, viel zu schwer. Doch habe ich mir mit Wonne die Zähne daran ausgebissen. Die Literatur, die ich kennen lernte, war ein Meer ohne Ufer: Ich übte ständig für die Klavierstunde und gab mein Taschengeld aus für die billigen Einzelausgaben von Schott mit Bearbeitungen von Orchesterwerken für Klavier.

Das Vom-Blatt-Spielen wurde schon früh mein Steckenpferd. Musikalischen Ausdruck unterrichtete sie äußerst sparsam; man müsse selbst die Musik verstehen und nicht jemanden nachäffen. Nur einmal hatte sie Einwände: die »Träumerei« von Schumann sei doch ein gesangvolles und ruhiges Stück und kein wilder Traum. Worauf ihr Schüler nur ganz zurückhaltend fragte: »Warum nicht?« Da lachte sie aus vollem Herzen.

Der Weg zweimal wöchentlich zu ihrer Wohnung in der Wittelsbacherstraße wurde für mich zur lieblichsten Landschaft. Die Passion musste sich auch im Komponieren entladen. Erst war es eine »Rosen-Sonate« in D-Dur, noch ganz schwelgend und um Liebe werbend, dann wurde es bald eine »Sturm-Sonate« in a-Moll, in der die Fluten in hoher Brandung brachen. Diese Stücke habe ich ihr niemals vorgespielt, sie blieben mein ureigenstes Privatissimum. Susanne Fischer war für mich Lebenselixier und ein Organ, das mich mit Sauerstoff versorgte. Ob sie es je ahnte?

Klang vor der Erschaffung der Welt

Rosen-Sonate, Sturm-Sonate – die Erinnerung brennt noch immer lichterloh. Kann man dabei Schularbeiten machen, seine Zeit auf trockenes Lederzeug verschwenden? Zum Teufel mit dem ganzen Verantwortungsbewusstsein! Aber dem Vater wehtun, das geht auch nicht.

Früher musste ich mich von Dörrgemüse ernähren, nun war es Sturm und Drang! Also habe ich die Vorbereitungen zur Einsegnung sehr ernst genommen und mit Vater judaistische Themen bis tief in die Nächte hinein studiert. Eine ganz neue Welt eröffnete sich mir. Den Religionsunterricht in der Schule konnte ich nur noch mitleidig belächeln. Ich versuchte tatsächlich, meinen Schülerstatus zu verbessern. In manchen Fächern gelang mir das auch. In Zoologie habe ich es zu etwas gebracht. Botanik mit seiner statistischen Aufzählung der Blüteneingeweide hat gelangweilt. Dagegen war Chemie faszinierend. Aber Mathematik blieb nach wie vor der große Kummer.

Eines Abends besuchte uns ein älterer Herr, ein Rechtsanwalt, Spezialist für Finanztransaktionen, die die Inflationsjahre mit sich brachten. Beim Abendbrot hörte er von meinen Problemen mit der Mathematik, worauf er spontan sagte: »Ich übernehme es, ihn in zwei bis drei Monaten auf die Fahrbahn zu bringen. Dann sollen Sie mal sehen, wie er davon rollt.« Wenige Tage später erlag er einer Herzattacke und in meiner Erinnerung blieb nur noch der Titel eines Buches: »Äpfelchen, wohin rollst Du?« Doch ich rollte – nicht gerade auf der Fahrbahn, dafür auf vielen Seitenwegen und mit großer Vehemenz.

Wir bekamen einen neuen Mathematiklehrer, Dr. Westphal. Er trug einen hohen, schneeweißen Stehkragen mit glänzender schwarzseidener Krawatte und auf der Nase einen Pincenez als Brille. Aus irgendeinem Grunde hatte er Sympathien für mich. Ich stieg auf von »Ungenügend« zu »Nicht genügend« – immerhin ein kleiner Lichtblick.

Westphal war unser Klassenlehrer, weshalb ihm auch Programm und Durchführung der Klassenausflüge oblag. Diese organisierte er mit sehr großer Sorgfalt und genauer Planung. Zum

Ausflug brachte er immer eine große topographische Karte der Gegend mit, und es war aufregend, mit Hilfe des Kompasses die kleinen Waldpfade, markanten Bäume, einzelnen Häuser und Hütten zu finden, wie sie in der Landkarte eingezeichnet waren. Auf Ausflügen trug er Knickerbocker, eine hochgeschlossene Lederjacke, grüne Jagdstrümpfe und kompliziert verschnürte, hohe braune Lederstiefel. Beim Rasten am Waldrand ließ er sich von uns mit Zuckergebäck verwöhnen. Er war freundlich, auch zu schlechten Schülern. Auf einem dieser Ausflüge erzählten ihm meine Kameraden, dass ich Lehrer nachahmen könne. Westphal ließ sich das nicht zweimal sagen, wir zogen in die nächste Waldschänke, ich musste auf die kleine Bühne steigen und meine Nummern zeigen. Westphal wischte sich immerzu die Lachtränen ab, die Mitschüler schüttelten sich vor Gelächter; es war der Höhepunkt des Ausflugs.

Allerdings waren die Vorstellungen nicht immer nur komisch. Wir hatten einen Lateinlehrer, der eine Vorliebe für Schüler hatte, die beim Übersetzen von Ovids Metamorphosen mit Hilfe einer Kladde auf den Knien mogelten. Wie ein Jäger pirschte er sich heran und schlug zu. Eine solche Szene spielte ich in seiner Gegenwart pantomimisch vor. Die Kameraden trauten sich nicht, offen zu lachen, umso gespannter war das unterdrückte Gelächter. Der Lateinlehrer, der sonst oft herzlich lachte, blieb steif und ernst, aber er wiederholte niemals mehr seine Jagdunternehmungen. Der Erfolg des Theaterspielens trägt auch seine Gefahren in sich.

Um diese Zeit ging ich zum ersten Mal in ein richtiges Theater, eine Nachmittagsvorstellung für Schulen im Schiller-Theater. Gespielt wurde »Wilhelm Tell«, den wir zuvor im Deutschunterricht durchgenommen hatten. Das Schiller-Theater war als überdachtes Amphitheater gebaut. Von mittlerer Höhe schaute ich auf die Bühnenarena hinunter. War schon allein diese Umgebung aufregend, so vergaß ich die Außenwelt, als der Vorhang aufging. Den Gessler hätte ich ermorden können, mit eigenen Händen; so gefährlich auch der Apfel für den Jungen war, der Vater tat mir noch mehr Leid. Wie gut, dass ich beten konnte.

Das Theater hatte mich aufgewühlt. Zu Hause habe ich dann alle möglichen Rollen nachgespielt. Das war ganz anders, als in der Schule mit verteilten Rollen zu lesen – eine imaginäre Bühne, ein Publikum im Dunkeln, vorgestellte Kostüme und fantasierte Landschaft. Das imaginäre Theater war transportabel und nach Wunsch gegenwärtig. Ich führte für mich selbst Dramen auf, die ich in Vaters Bibliothek fand.

Die Schule ermöglichte es, verbilligte Karten für Schülerkonzerte zu erhalten. Es gab damals noch kein Radio, Grammophon und Schallplatte waren erst an ihrem Beginn – als Privileg weniger reicher Leute. Für ein Orchesterkonzert – ich hatte noch nie zuvor eines besucht – bekam ich ein Billett geschenkt und erwartete den großen Tag. Das Berliner Symphonieorchester spielte im großen Blüthnersaal in der Potsdamer Straße ein Nachmittagsprogramm klassischer Musik. Es war ein schneidend kalter Wintertag mit hohem Schnee und ich fuhr den langen Weg mit der Straßenbahn. Im Saal war es mollig warm. Schon das Stimmen der Instrumente war verwirrend.

Dann wurde es plötzlich ganz ruhig, und ein weißhaariger Herr kam aus einer Seitentür auf die Bühne, der Dirigent, dessen Funktion ich bereits kennen gelernt hatte. Das Publikum applaudierte, der Dirigent verbeugte sich, wandte sich dem Orchester zu, und die Musik begann: Beethovens Egmont-Ouvertüre. Mit dem Erleben im Schiller-Theater war das nun nicht zu vergleichen. Da gab es keine guten und keine bösen Menschen, niemanden, mit dem man sich identifizieren konnte; man wurde entrückt in eine Klangwelt, die sich mit nichts vergleichen ließ. Der ganze Körper vibrierte mit diesen Tönen, man war in sie verstrickt und taumelte mit ihnen in einen unfassbaren, endlosen Raum. Es war himmlisch und schwer erträglich zugleich. Am Ende brach das Publikum in Jubel aus.

Zwar wusste ich, dass dies der Anfang des Programms war, doch war ich außerstande, länger sitzen zu bleiben und noch mehr zu hören. Ich stürzte hinaus aus dem Saal, stapfte durch den hohen Schnee im Tiergarten, rannte atemlos keuchend völlig außer mir bis nach Charlottenburg. Der Heimweg zu Fuß hatte etwa die Länge des Konzerts. Zu Hause konnte niemand bemerken, dass ich das Konzert vorzeitig verlassen hatte. Ich legte mich zu Bett und schlief erschöpft ein.

Weiterhin galt der meiste Spaß dem selbst gemachten Spielzeug. Im Zimmer entstand ein Luna-Park aus alten, kaputten Spielsachen, jeder Art Schrauben, alten Kartons, die ich mit ausgeschnittener Zeitungsreklame beklebte, alles war brauchbar, um auf Bett, Tisch, Stühlen und Schrank den Luna-Park einschließlich seiner fesselnden Maschinenräume aufzubauen. Stundenlang konnte ich in diesem Park spazieren gehen und alle Attraktionen in Ruhe genießen. Am echten Luna-Park war mir nicht mehr so sehr gelegen.

Am anderen Ende der Roscherstraße wohnte ein befreundeter Klassenkamerad – ob er christlich oder jüdisch war, weiß ich nicht mehr. Sein Vater besaß eine Fabrik zur Herstellung elektrischer Glühbirnen. Die kleine Familie Bloch bewohnte eine ganze Flucht von großen Zimmern. Gleich vorne kam man vom Foyer in den Hauptsalon, der aus zwei durch eine riesige Glasschiebetür getrennten Salons bestand. Große Arbeitsräume schlossen sich an, in denen allerhand technische Apparaturen standen. Solche Wohnflächen konnten in den schweren Nachkriegswintern kaum beheizt werden, außer bei festlichen Anlässen. Dann brannte im großen Salon ein riesiges, hell loderndes Kaminfeuer, das merkwürdigerweise keine Hitze abgab. Bei näherer Betrachtung entdeckte man viele große, rote Glühbirnen, deren Purpurlicht in einem kunstvoll gebogenen Reflektor gebrochen wurde.

Bei aller Suggestivkraft blieb es trotzdem kalt im Salon. Aber ich liebte diesen Salon; denn darin stand ein veritabler Blüthner-Konzertflügel, den niemand anrührte. Verglichen mit dem Klimperkasten, den ich zu Hause hatte, verführte dieser Blüthner zu sinnlicher Lust. Susanne Fischer hatte einen Bechstein, der zwar härter, aber präziser war. Ich fand heraus, dass bestimmte Stücke besser auf diesem oder jenem gespielt werden konnten. Keines aber war gut auf meinem Klavier, das ständig repariert werden musste, weil einige Hämmer immer auf die benachbarten Saiten flogen. Daran gewöhnte ich mich mit der Zeit; wenn Cis klingen sollte, habe ich eben C gespielt. In der Klavierstunde blieb es dann eine Frage der Konzentration und schnellen Umstellung. Mit Blochs Blüthner-Flügel entdeckte ich Neuland.

Vater Bloch hörte mir beim Spielen gerne zu. Der große, stattliche Mann unterhielt sich gern über Künste und verfügte über großes Wissen in Physik und Chemie, was er alljährlich bei Geburtstagsfeiern seines Sohnes mit Experimenten demonstrierte. Sein Sohn muss ihm wohl von meinen Lehrerimitationen erzählt haben, jedenfalls schlug Vater Bloch eines Tages vor, eine Gruppe von Klassenkameraden zu rekrutieren, die Lust am Theaterspielen hätten. Er wolle für alle Unkosten aufkommen, für Dekorationen, Kostüme, Beleuchtung, für alles, was eine Aufführung mit sich bringt. Er selbst wollte Regie führen, und ich sollte eine Doppelrolle bekommen, sowohl Klavier als auch Theater spielen. Ich war begeistert von dem Plan.

Die Gruppe war bald zusammengestellt, und wir trafen uns zur ersten Besprechung mit Vater Bloch. Sein Vorschlag für die Wahl des Stückes: »Philotas« von Lessing, weil das Stück kurz ist, wenig Aufwand für das Bühnenbild und nur wenige Mitwirkende benötigt. Für Krankheitsfälle wurden die Rollen doppelt besetzt. Die Einnahmen aus verkauften Billetts sollten an das Winterhilfswerk des »Berliner Tageblatts« gehen. Alle waren einverstanden und die Arbeit begann. Zuerst Leseproben, dann erste Spielproben noch mit Textbuch, dann alles auswendig. Einen Souffleur gab es nicht. Wir gewöhnten uns schnell an eigene Sicherheit. An den Kostümen half Mutter Bloch mit, sie war auch bei den Proben anwesend und spielte die so wichtige Rolle des Lob spendenden Publikums.

Für die Generalprobe wurde ein leibhaftiger Maskenbildner engagiert, der Schminke und Bärte fachmännisch montierte und wieder abnahm mit Hilfe von Salben und Wässern. Das war unerhört aufregend, weil wir uns nicht wieder erkannten. Ich beobachtete den Friseur bei der Maskierung der Kollegen, seine raffinierte Technik, den Ausdruck eines Gesichtes nach Bedarf zu variieren. Er wusste, welche Rollen wir darzustellen hatten, welche Charaktere dabei zum Ausdruck kommen sollten und arbeitete sorgfältig an unseren Gesichtern, ohne uns zu quälen. Die Aufführung war ein Riesenerfolg, musste mehrmals wiederholt werden und wurde dabei immer besser.

Meine Eltern waren natürlich auch eingeladen und sahen das Spiel mit Interesse, aber auch großer Besorgnis. Jetzt ist der »Lümmel« – was inzwischen zum Kosewort geworden war – nicht nur Musiker, sondern auch noch Schauspieler. Was soll nur daraus werden? Schließlich muss er doch einmal einen Beruf ergreifen und eine Familie ernähren können. Was er da macht, sind doch Beschäftigungen der Halbwelt!

Auf mich hatte dieses Philotas-Erlebnis einen unmittelbaren Effekt. Ich spürte, was Regie und Theatertechnik sein können. Ich hatte Blut geleckt.

Unterdessen kam der Sabbat meiner Einsegnung – Barmizwah. Sie fand in der Synagoge Pestalozzistraße statt. Mir oblag die Ausführung dreier Kernstücke in der Gebetsordnung des Gottesdienstes nebst einigen anderen Gebeten. Zuerst erfolgte die Aushebung der Thorarolle, auf welcher die Heilige Lehre geschrieben ist, aus der festlich illuminierten Bundeslade. Im feierlichen Umzug wird sie zu einem Platz getragen, wo ein sitzender Betender sie in Empfang nimmt und auf seinen Knien hält, damit ein anderer sie ihres Festschmuckes entkleiden kann – erst die silberne Krone, dann die reich bestickte Sammethülle. Sie wird auf den Altartisch gelegt und bis zu dem Abschnitt aufgerollt, der an diesem Sabbat vorgelesen wird.

Der Vorleser, der in einem traditionellen Akzentsystem liest, steht zwischen einem Betenden, der mit einer kunstvoll silbergeschmiedeten Hand mit ausgestrecktem Zeigefinger den Vorleser entlang der Zellen führt, und einem anderen Betenden, der entsprechend der Länge der Abschnitte die Rolle weiter öffnet. Das Vorlesen aus der Thora wird von besonders geschulten Vorbetenden vollzogen, denn ein Irrtum beim Lesen kommt einer unentschuldbaren Ehrverletzung gleich. Nach dem Verlesen des Abschnittes wird die Thora wieder zusammengerollt, bekleidet und im festlichen Gesang zur Bundeslade zurückgebracht. Der Vorbeter bleibt nun allein auf dem Altar zurück und singt noch einen Abschnitt aus der Gebetsordnung dieses Sabbats. Der melismatische Singvortrag dieses Gebetes kommt fast der Wortbedeutung gleich, da die Melismen symbolischen Inhalt haben. Wenn ein Betender der Gemeinde mit besonderer Ehre ausgezeichnet werden soll, so wird er zum Vortrag dieses Gebetes aufgefordert.

Vater hatte mich sehr gründlich für diesen Tag vorbereitet. Ich hatte nun alle drei Funktionen zu erfüllen, die meist von drei verschiedenen Vorbetern ausgeführt werden. Glücklicherweise zeigten sich bei mir noch keine Anzeichen von Stimmbruch, sodass die Sopran-Knabenstimme wie jubilierender Vogelgesang über der andächtigen Gemeinde schwebte. Ich war meiner Sache sicher. Die Aufgabe war nicht leicht. Zweifellos beruhte die Sicherheit zu einem guten Teil auf der Theatererfahrung.

Es folgte die Einsegnungspredigt des Rabbiners Emil Levy – eine unvergessliche, inhaltsreiche Predigt von nahezu einer Dreiviertelstunde. Ich stand am Altar und er sprach von einer erhöhten Kanzel zu mir herunter. Er hatte sprühende Augen, das Gesicht von einem dichten schwarz-grauen Bart eingerahmt. Im vollen Ornat des Rabbiners stand er da wie ein König. Mächtig der deutschen Sprache und mächtig der hebräischen Sprache entwickelte er ohne jede Spur von salbungsvollem Pathos kräftige und ermunternde Gedanken, bis er schließlich seine Hände über meinem Kopf ausbreitete und mich segnete. Während des Segens erhob sich die ganze Gemeinde. Ich war den Tränen nahe, blieb aber dennoch fest.

Beim festlichen Mittagsmahl nach dem Gottesdienst fragte mich der Rabbiner, wie es denn sein könne, dass ich so gar nicht aufgeregt gewesen sei und alles mit solcher Sicherheit vollzogen hätte. Der feine Unterschied zwischen Aufregung und Erregung muss ihm entgangen sein, obwohl er doch selbst ein Poet war.

Der Zustrom der Gäste dauerte bis in die späten Abendstunden. Nachmittags musste ich programmgemäß eine Rede halten. Es war meine Pflicht, sie selber zu schreiben und auswendig vorzutragen. Vater musste sie bestätigen, was er tat, ohne etwas zu verbessern. So endete der Tag meiner Einsegnung – die Eltern voller Hoffnung, dass ihr Sohn nun doch ein erwachsener und verantwortungsbewusster junger Mann geworden sei und damit am nächsten Morgen ein neuer Lebensabschnitt für alle beginnen werde. Doch es sollte kommen, wie es kommen musste. Von meinen Wegen und Umwegen war ich nicht mehr abzubringen.

Stück für Stück verwandelte sich brave Religiosität in Gleichgültigkeit gegenüber den Geboten, mehr und mehr verloren sie an Glaubwürdigkeit. Ich bemühte mich, dies zu verbergen, aber Vater bemerkte es wohl. Seine Toleranz erstreckte sich auch auf seines Sohnes allmähliche Abtrünnigkeit. Mutter sah das mit weit mehr Unbehagen, überließ Vater die Führung. Auch weiterhin begleitete ich Vater zum Sabbat-Gottesdienst in den Tempel, nur beobachtete ich mehr, als ich betete.

Nach Berlin kamen zu jener Zeit viele Juden aus den östlichen Ländern Europas, die Ostjuden. Die deutschen Juden sahen auf sie herab als eine minder kultivierte, primitivere Spezies des jüdischen Volkes. Die Aufklärung hatte die meisten von ihnen noch nicht erreicht. Einerseits war Deutschland für die Ostjuden eine Durchgangsstation auf dem Weg ins Gelobte Land. Andererseits war Deutschland damals noch ein Hafen der Sicherheit und Gleichberechtigung aller Religionen und Völker und ermöglichte besseres Fortkommen für die Kinder. Es war also verständlich, dass die Juden den Pogromen des Ostens in Richtung Westen entflohen. Zum ersten Mal in meinem jungen Leben wurde ich im Elternhaus gewahr, dass es Juden und Juden gab. Vater hatte große Sympathien für die Ostjuden, Mutter dagegen war ihnen gegenüber reserviert, sie galten als nicht hoffähig. Das Wort »Zionismus« fiel öfter in Tischgesprächen, aber eher in einem ideellen Zusammenhang, ohne praktische Konsequenzen, zumal Vater Mitglied des »Centralvereins deutscher Staatsbürger Jüdischen Glaubens« war, womit die unverbrüchliche Treue zum Deutschtum besiegelt war.

Jahre später, kurz vor der Machtergreifung Hitlers, geriet ich auf dem Weg zum Kaufhaus des Westens in der Tauentzienstraße in ein Spalier der Nazis. Zu beiden Seiten des Bürgersteigs standen sie in braunen Uniformen, jeder hatte eine Sparbüchse in der Hand; sie sammelten Spenden für die Fahrkarten der Juden nach Palästina. Nach außen hin sah das recht friedlich aus, aber der Sinn war unmissverständlich. Bis dahin waren Palästina oder Zionismus kein wirkliches Gesprächsthema in unserem Haus. Nur die wöchentlichen Sabbatpredigten des Rabbiners Levy waren voll glühender Begeisterung für die zionistische Idee, was ihm viele Gegner in der Gemeinde schuf.

Merkwürdig genug verband sich für mich die Situation der Ostjuden in Berlin mit einem Musikerlebnis. In der Dragoner- und Grenadierstraße konzentrierten sich die ostjüdischen Einwanderer. Sie hatten dort auch ihre Bethäuser. Ihre Betweise war völlig verschieden von der der aufgeklärten Westjuden, auch wenn diese nach orthodoxem Ritus beteten wie im Tempel Pestalozzistraße. Sie hatten keinen Kantor, der ähnlich dem cantus responsorius die Liturgie in Vorbeter und antwortende Gemeinde ordnete, wobei dann oft der Chor den einfachen Gemeindegesang im Stil eines westlich-klassischen Chorsatzes vertrat. Was ich nun in der Grenadierstraße zu hören bekam, war im ersten Moment ein völliges Chaos.

Die kleine Synagoge war nur ein Wohnzimmer, in dem sich an die hundert Menschen drängten; dort betete jeder aus persönlicher Emotion zu seinem Gott in seinem eigenen überlieferten Singsang und Rhythmus. Die schnell oder langsam sich verbeugenden und wieder aufrichtenden Körperbewegungen waren begleitet von dynamischen Rufen zu Gott. Niemand hörte und niemand sah, was um ihn herum geschah. Wenn nun hundert Menschen in dieser Weise inbrünstig und tief bewegt ihr leidenschaftliches Gespräch mit Gott führen, ist das akustische Resultat für ein westlich geschultes Ohr verwirrend. Zugleich war der Klang als solcher von magischer Kraft. Man musste sich ihm überlassen und wurde von ihm in die höchsten Höhen des göttlichen Olymps getragen. Es offenbarte sich eine Naturgewalt, deren innere Ordnung unerforschlich war – Musik vor der Erschaffung der Welt.

In Vaters Hinwendung zur Grenadierstraße und unseren gemeinsamen musikalischen Erlebnissen in den Betstuben der dort lebenden Ostjuden lassen sich die genetischen Wurzeln finden, wie die musikalische Passion seines Sohnes in die Familie kam. In Vaters Zimmer hing eine Daguerreotype seines Vaters, eines bärtigen, gutmütig blickenden Mannes. Er sei ein hervorragender Pelzmacher gewesen, sei aber berühmt geworden wegen seines Vorbetens an den hohen Feiertagen, dem Neujahrs- und Versöhnungsfest. Mit voll tönender baritonaler Stimme improvisierte er seine eigenen Melodien. Seine Gesänge beruhten auf traditionellen Motiven, sodass die Gemeinde folgen konnte; er wandelte diese zugleich so ab, dass sie als etwas ganz Neues erschienen. Mit seiner Musik konnte all das zu Gott gesandt werden, was jeder betende Jude auf dem Herzen hatte, ohne es sagen zu können. So war mein Großvater der natürliche Sprecher der Gemeinde, stand Gott am nächsten, und jeder wusste, dass durch ihn eines jeden Gebet von Gott erhört würde.

Missverstandene Psychoanalyse

Mit dem Erwachsenwerden regte sich immer mehr der Wunsch nach Selbstständigkeit. Die Mischung von Lausbubenhaftem und beginnender Reife produzierte recht eigenartige Handlungen. Meine Kompositionen, die ich auf dem häuslichen Klimperkasten spielte, wurden, außer von Vetter Friedel, nicht ernst genommen. Schwester Grete brachte mich gar in Wut, als sie einmal sagte, dass das alles gestohlenes Zeug sei – und wenn schon Offenbach, dann sei der echte doch besser. Ich glaube nicht, dass ich zu dieser Zeit seine Musik schon kannte. Jahre später habe ich erst durch Karl Kraus zur Bewunderung für Offenbach gefunden. Aber es ist schon gut möglich, dass sich Orpheus aus seiner Unterwelt in meine eigenen Melodien geschmuggelt hatte. Ich war jedenfalls tief verletzt, aber ich wusste, in welcher Schublade meine Schwester ihre Puderdosen aufbewahrte, nahm eine große Dose heraus, entleerte sie im WC und spülte den Inhalt runter. Die leere Dose hatte ich wieder zurückgestellt, die Tat blieb unaufgeklärt – bis heute ein ungelüftetes Geheimnis.

Es wurde Zeit, für die kleinen Leidenschaften etwas Taschengeld selbst zu verdienen, um nicht wegen jedes Groschens zum Vater laufen zu müssen – oder vielmehr zur Mutter, denn sie verwaltete die Finanzen der Familie. Vater führte nur Buch über Ausgaben des Waisenhauses. In den späten Abendstunden konnte man auf seinem Schreibtisch einen großen Talmud-Folianten aufgeschlagen sehen, in den er am

*Wieder an der Ostsee,
mit Cousine Hilde*

Rande mit fein angespitztem langem Bleistift seine Kommentare schrieb. Daneben lag ein altmodisches, dickes Kontobuch, in welches er ebenso säuberlich Rechnungen und Quittungen des Waisenhauses eintrug. Nur wenn ich bei Mutter keinen Erfolg hatte, ging ich zu Vater, um Geld zu erbetteln – etwa zum Zweck der Befriedigung meiner Naschlust. Vetter Leo aus Antwerpen hatte mich auf die Spur von Windbeuteln mit Schlagsahne gebracht. Relativ leicht waren Extrazuwendungen für Busfahrten zu ergattern. Ich genoss die Fahrten mit dem Bus 1 oder 2 vom Bahnhof Halensee bis Unter den Linden in der ersten Reihe auf dem Oberdeck durch den Trubel der Stadt. Die elektrische Straßenbahn war dagegen ein altmodisches Fahrzeug.

Es entwickelten sich noch andere Gelüste, je mehr dieses champagnergleich prickelnde Berlin die bereiten Sinne erregte. Eine unverhoffte Einnahme spielte sich mir in die Hände: Ein etwa elfjähriges Mädchen im Waisenhaus schrieb ihrer Freundin zum Geburtstag ins Poesiealbum folgenden Spruch: »Lügen haben kurze Beine. Dies wünscht Dir Deine Elsbeth.« Ich witterte die Gelegenheit zu einem Geschäft, schickte diese Widmung an den »Ulk«, die Freitagsbeilage des »Berliner Tageblatts«, und siehe da, in der folgenden Woche brachte der Geldbriefträger (ein Freund des Hauses, der regelmäßig mit Schnaps und Trinkgeld versorgt wurde) die fürstliche Summe von fünf Mark als Honorar. Das war meine erste Veröffentlichung – nicht sehr ehrenvoll; denn ich hatte mich mit fremden Federn geschmückt.

In diesen Jahren beschränkte sich Vaters Rabbinertätigkeit auf die hohen Feiertage. Das Waisenhaus, die Hochschule für die Wissenschaft des Judentums und sonstige Lehrtätigkeit innerhalb der jüdischen Gemeinde erlaubten ihm nicht, ein volles Rabbineramt auszuüben. Juden, die im Laufe des Jahres kaum eine Synagoge besuchten, strömten an den hohen Feiertagen zum Gottesdienst. Daher musste die Jüdische Gemeinde Hilfssäle anmieten, die oft nichts anderes waren als große Bierlokale, die sich so vorübergehend in frommer Ausstattung präsentierten. Im Grunde widerspricht das nicht jüdischer Auffassung, denn der Jude ist für sein Gebet an keine rituelle Stelle gebunden. Nur war der Wechsel vom Bierlokal zum Gotteshaus und wieder zurück doch nicht ganz zu übersehen. Für diese Hilfssynagogen brauchte man Hilfsrabbiner. Vater empfand das Amtieren als Rabbiner in solchen Lokalen als besondere Pflicht, weil er zu einem Publikum sprechen musste, das sonst im Laufe des Jahres von seinem Gott wenig wissen wollte. Aus Liebe zu diesen verlorenen Schäfchen opferte er das Verbot von Instrumentalmusik im Bethaus. Ein Harmonium diente als Orgelersatz. Vater wusste eben das Wesentliche vom Unwesentlichen zu trennen.

Zu diesen Gottesdiensten nahm Vater seinen Sohn gerne mit. Ich trug seine Tasche mit dem Talar und anderem Ornat. Mein Platz war auf der Altarempore neben ihm. Ich war ungewollt, aber dezent zur Schau gestellt. Dann nahte das Gebet, welches die Predigt mit festlichem Gesang einleitete, Vater stieg feierlich auf die Kanzel, und sofort bekam ich heftiges Lampenfieber aus Angst, Vater könnte stecken bleiben – was aber nie passierte. Er hatte immer sehr originelle Ausgangspunkte für seine Predigten, die auf die Hörer starke Suggestivkraft ausübten. Mutter kam niemals mit zu diesen Hilfsgottesdiensten, sie betete in der Pestalozzistraße. So hat sie in Berlin nie die Predigten meines Vaters gehört.

Da muss wohl etwas dahinter gesteckt haben: Als die Eltern sich kennen lernten und erste Liebesbande knüpften, führte Vater seiner zukünftigen Braut seine Künste im Violinspiel vor. Mutter soll davon nicht gerade begeistert gewesen sein, worauf die Geige im Kasten verschwand und nie wieder angerührt wurde. Vielleicht blieb durch diesen Misserfolg etwas zurück, was Vater auch auf seine Predigt übertrug. Vom Inhalt der Predigten erfuhr sie durch ihren Sohn, manchmal auch in Vaters Gegenwart, was ihm sichtlich wohl getan hat. Dann konnte sie meine hellblonde Lockenmähne nicht genug streicheln und mich küssen, wofür ich aber sogleich Schokoladenpralinen einkassierte. Das war die beste Gelegenheit, an die sonst schwer erreichbaren Köstlichkeiten heranzukommen.

Eines Abends erzählte Vater bei Tisch von seinen Studenten an der Hochschule. Da säße einer immer auf der letzten Bank und falle durch ungewöhnlich kluge Fragen auf. Deshalb habe er ihn nach dem Kolleg zu sich bestellt und gefragt, was er studiere, worauf er antwortete, er sei Journalist. Und sein Name? Franz Kafka. Vater hatte von moderner deutscher Literatur nicht viel Ahnung, hatte diesen Namen nie gehört und musste erst aufgeklärt werden. Es verging noch geraume Zeit, dann besuchte uns Franz Kafka mit seiner Freundin, mit der er zusammen nach Palästina auswandern wollte. Sie kamen nachmittags zum Kaffee. Kafkas weißes Gesicht mit den tiefschwarzen Augen und sein leises und zartes Sprechen während der wenigen Minuten, die ich ihn sah, sind unvergesslich. Nicht lange danach starb er.

Mit den nächsten großen Ferien kam wieder die Einladung nach Danzig. Am Hauptbahnhof abgeholt, wurde ich schon auf dem Weg in die Frauengasse damit überrascht, dass dieses Mal kein Ferienhaus gemietet werde. Man hatte bemerkt, dass ich in den kleinen Badeorten nicht glücklich war. Mit großer Genugtuung bezog ich mein Mansardenzimmer unter dem Dach. Das geplante »Danziger Künstlertheater« bekam neuen Aufschwung auf zweierlei Weise. Ich lernte David Kaelter kennen, der ungefähr fünf Jahre älter war, also prädestiniert als Respektsperson in meinen wirren, jungen Jahren, und damals Hauptakteur im »Gabriel Riesser Verein«, einer jüdischen Organisation, der er sich mit seiner ganzen Seele widmete. Sehr schnell entwickelte sich eine innige Freundschaft, obgleich er mich nicht überreden konnte, zu den wöchentlichen Veranstaltungen seiner Organisation zu kommen; denn ich hatte eine tiefe Abneigung gegen Vereinsmeierei. In David fand ich unbegrenzte Unterstützung meiner künstlerischen Leidenschaften.

Zur selben Zeit lernte ich eine junge Dame kennen, Frau eines Buchhändlers in Danzig. Beide waren mit meiner Familie befreundet und wir besuchten den neu eröffneten Buchladen schräg gegenüber dem Hauptbahnhof. Das Schaufenster war ungewöhnlich dekoriert. Man konnte nicht vorbeigehen, ohne einen interessierten Blick hineinzuwerfen. Das Innere des Geschäfts lud mehr zum Lesen als zum Kaufen ein. Man erhielt dort statt der gängigen Ware ausgesuchte Neuerscheinungen, nach sehr persönlichem Geschmack ausgewählt. Der Buchladen überlebte nicht sehr lange, das hohe Niveau der Inhaber vertrug sich nicht mit den geschäftlichen Normen. Die junge Dame entdeckte bald mein Klavierspiel, und da sie selbst vorzüglich spielte, wurden wir nach kurzer Zeit ein vierhändiges Team. Was der Buchladen in diesen Tagen einnahm, wurde sofort in vierhändiger Klavierliteratur angelegt.

Sie hieß Rosie. Wie sich bald im Gespräch herausstellte, war sie eigentlich Schauspielerin, hatte bereits unter Max Reinhardt in Berlin kleinere Rollen verkörpert. Rosie war beträchtlich älter als ich, aber von zeitlos beschwingter Jugendlichkeit. In der Begeisterung für eine Idee gab es weder Tag noch Nacht, bis das Kind des Gedankens geboren wurde. Sie war gebürtige Engländerin, sprach mit leichtem Akzent, den ich besonders anziehend fand. Unser Plan des »Danziger Künstlertheaters« erhielt durch sie den entscheidenden Anstoß. So begabt, wie sie Klavier spielte (wir haben später in Berlin vierhändige Konzerte für das Winterhilfswerk gegeben), war sie als Schauspielerin und Schriftstellerin. Wir verfügten nun über Bühnenschriftsteller, Dramaturgen, Regisseure, Hauptdarsteller und, wie sich schnell zeigte, auch über Bühnenmaler, Kostümentwerfer – und alles ohne Geldmittel, aber mit unbegrenzter Phantasie und Begeisterung, allerdings abhängig von Stimmungen und etlichen Kaprecen.

Rosie war ein Erlebnis von elementarer Gewalt. Sie konnte unbändig lachen und ebenso in Trübsinn verfallen – alles im großen Stil. Zum Ende der Ferien brachten wir unsere erste Vorstellung heraus. Rosie dichtete ein Bühnenmärchen, die Rollen waren den vorhandenen Schauspielern aus Familie und Freundeskreis auf den Leib zugeschnitten. Mein Mansardenzimmer wurde zur Bühnenwerkstatt, der große Dachboden zur Bühne umgestaltet. Der Erfolg blieb nicht aus, doch mit ihm gingen die Ferien zu Ende. Traurigkeit stieg auf über das kommende Vakuum. Ich fuhr zurück nach Berlin, erfüllt von einem Erlebnis, dessen Folgen für mein Leben noch nicht zu ahnen waren.

Wieder in der Roscherstraße eingetrudelt mit einem geschenkten neuen Anzug, der zumindest halb erwachsen machte und auch entsprechend vom Dienstpersonal bewundert wurde, fand ich Vater mit einer mysteriösen Krankheit vor. Kein Fieber, es tat ihm auch nichts weh, aber wenn man mit ihm sprechen wollte, blieb er bei jedem zusammengesetzten Wort stecken, um seine Teile zu analysieren. Entsprechend der Fülle zusammengesetzter Wörter in der deutschen Sprache war kein flüssiges Gespräch mit ihm zu führen. Ebenso war er außerstande, ein Buch oder die Zeitung fließend zu lesen. Er musste jeden Unterricht aufgeben und landete aus Verzweiflung im Bett. Man genierte sich, den Arzt kommen zu lassen, denn Vater war ja nicht im herkömmlichen Sinne krank; er hätte genauso gut spazieren gehen können, statt im Bett zu liegen. Also sah das einer Geisteskrankheit teuflisch ähnlich, und so etwas sollte um jeden Preis geheim bleiben. Nicht einmal der Hausarzt durfte davon wissen.

In großer Verzweiflung wandte sich Mutter an Vetter Leo. Schließlich gehörte er zur engsten Familie und war ein eminent intelligenter und absolut vertrauenswürdiger Mensch. Und so kam Leo und stellte bald die Diagnose. Die Erscheinungen bei Vater seien heutzutage kein Problem mehr, sie seien absolut heilbar, und zwar durch eine psychoanalytische Behandlung. Was das war, wusste niemand. Vetter Leo erklärte also, die Ursache solcher Störungen seien in den frühesten Kindheitserlebnissen zu finden, und einmal ans Tageslicht gebracht, blieben sie für das weitere Leben unwirksam. Diese Heilmethode sei von dem Wiener Arzt Sigmund Freud entwickelt worden, und Berlin habe einige vorzügliche Spezialisten auf diesem Gebiet. Er nannte einen Arzt in der Tauentzienstraße. Nach kurzer Beratung wurde beschlossen, Vater müsse ihn konsultieren. Der Besuch wurde telefonisch verabredet.

Nach der ersten Behandlung kam Vater kurz vor dem Mittagessen nach Hause, und wie auch bei anderen Gelegenheiten üblich, gab er einen ganz offenen, kurzen Bericht. Er wandte sich an die Mutter: »Muttelchen, keine zehn Pferde kriegen mich wieder zu diesem Mann hin. Ein ganz ordinärer Kerl, der mich nur Schweinereien gefragt hat. Was das nun mit den zusammengesetzten Wörtern zu tun hat, kann ich nicht begreifen.« Mir blieb unerfindlich, was das für »Schweinereien« sein konnten. Vater hat das nicht weiter spezifiziert. Leo dagegen kicherte, was ich wiederum nicht verstehen konnte. Mutter nahm die Haltung einer Sphinx an.

Da waren wir also wieder am Ausgangspunkt angelangt. Leo aber fand einen Ausweg. Da eine solche Behandlung auf beiderseitigem Vertrauen beruhe, sodass auch intime Details nicht ungesagt blieben, müsse man den Versuch mit einer anderen Kapazität auf diesem Gebiet wiederholen. Die erste Visite hatte schon ein Vermögen gekostet, aber Leos Erklärung war einleuchtend.

Als nächster Arzt wurde der berühmte Arzt und Schriftsteller

Mein hoch gebildeter Vater, der mit der Psychoanalyse auf Kriegsfuß stand

Alfred Döblin in der Frankfurter Allee 340, nahe dem Alexanderplatz, gewählt. Diesmal bestand Mutter darauf, den Vater zu begleiten. Hinterher berichtete sie lakonisch: »Dieselbe Geschichte.« Nun war guter Rat teuer. Leo gab es auf, legte mir ans Herz, Vater von seinem Widerstand abzubringen. Dazu war ich aber gar nicht in der Lage, denn von dem Stein des Anstoßes, den »Schweinereien«, hatte ich keinerlei Begriff. Ich versuchte, aus Mutter etwas darüber herauszubekommen, aber sie unterbrach sofort mit der Bemerkung, dafür sei ich noch zu jung. So ging Vater zurück ins Bett und versuchte mit Gewalt, den Defekt durch angestrengtes Lesen zu überwinden. Der Erfolg war, dass es immer schlimmer wurde. Ich konnte diesen Zustand nicht ertragen. Ein anderer Ausweg musste erdacht werden.

Seit einigen Monaten war ich Freund im Hause unseres Sanitätsrats Marcuse. Seine Wohnung und Klinik lagen in der Carmerstraße, Ecke Savignyplatz. Frau Sanitätsrat war die Schwester des bedeutenden Musikwissenschaftlers Curt Sachs, der später mein Lehrer an der Hochschule für Musik werden sollte. In dieser Familie wurde Hausmusik gepflegt, Ulla, die Jüngste der drei Töchter, spielte Violoncello, die beiden anderen spielten Geige. Ein Pianist, der vom Blatt spielen konnte, war erwünscht. Bald verdiente ich mir auch erste Kavalierssporen bei Ulla. Wir bekamen zwei Billette geschenkt für eine Sonntagsmatinee im Großen Schauspielhaus. Auf dem Programm stand die Operette »Der Mikado« von Arthur Sullivan in Max Reinhardts Inszenierung mit Max Pallenberg in der Hauptrolle.

Im Hause des Sanitätsrats Marcuse fühlte ich mich heimisch. Daher lag nichts näher, als sich mit Marcuse zu beraten. Ich erzählte ihm den Ablauf der ganzen Geschichte. Er hatte einen wunderbar gütigen Ausdruck in seinem Gesicht, das eingerahmt war von einem langen Backenbart. Er hörte aufmerksam zu, verzog keine Miene, und seine Augen ermunterten mich, mit nichts hinter dem Berg zu halten. So verwies ich auch auf die mir unverständlichen »Schweinereien«, was ihn doch für eine flüchtige Sekunde schmunzeln ließ. Dann sagte er: »Komm morgen Nachmittag mit deinem Vater in die Sprechstunde.« Zu diesem Schritt konnte ich Vater und Mutter überzeugen.

Wir erschienen pünktlich, und Marcuse nahm Vater mit in sein großes Bibliothekszimmer, ich blieb im Wartezimmer. Es verging eine halbe Stunde, es verging eine ganze Stunde, ich wartete zwei Stunden – nichts rührte sich. Endlich öffnete Marcuse die Tür zum Wartezimmer und lud mich ein mit den Worten: »Komm, Josef, dein Vater ist gesund.« In dem riesigen Zimmer sah ich auf allen Tischen, Stühlen und den beiden großen Sofas geöffnete Bücher liegen, anatomische Atlanten, medizinische Tafeln und vieles mehr. Inmitten dieses Festspieles bewegten sich der Arzt und der Vater in bester Stimmung. Die Diagnose: eine Art Muskelkrampf in den Erinnerungszentren des Gehirns, ähnlich einer sportlichen Überanstrengung. Das hat Marcuse dem Vater anhand der Aufsätze und Abbildungen in allen Einzelheiten gezeigt und erklärt. Die Therapie: völlige Ruhe für ein ganzes Jahr – keine Predigten, kein Unterricht, kein Lesen, weder Buch noch Zeitung, aber Besuch von guten Freunden, nicht zu lange Unterhaltungen und Ferien in einem Luftkurort.

Als die Eltern aus Bad Pyrmont zurückkamen, war Vater völlig kuriert. Marcuse überwachte sorgsam die kommenden Monate, die Störungen kamen nicht wieder zurück. Von nun an freute sich Vater darauf, Reden zu halten, bei festlichen Gelegenheiten einen humorvollen Toast auszubringen, das Predigen wieder aufzunehmen – all das ohne Vorbereitungen, ohne Auswendiglernen. Sich frei dem Moment der Inspiration überlassend, ging es ihm leicht von den Lippen. Hinter uns lag eine schwere Prüfung, aber es blieb eine herrliche Lehrstunde fürs ganze Leben.

Hagadah

Beim Aufstellen grammatikalischer Regeln der hebräischen Sprache hat Vater es nicht beim mechanischen Erlernen bewenden lassen, er erforschte zugleich den gedanklichen Ursprung einer Regel und ließ mich an den Geheimnissen schöpferischer Sprachgestaltung teilhaben. Dabei spielten auch phonetisch-akustische Zusammenhänge eine wichtige Rolle. All das hatte nichts mit der Einhaltung von Riten zu tun, die Vater nur peripher und ohne weitere Begründung in den Unterricht mit einbezog. Solche Art des Unterrichts hat mir einerseits Wissensstoff vermittelt, andererseits aber gerade zu selbstständigem Nachdenken verholfen.

Dabei hat Vater wohl im Stillen eingesehen, dass ich mich zwar irren mochte, aber zugleich auch eigene Wege suchte. Das wusste er zu schätzen. Begegnete ich jedoch im religiösen Leben des Elternhauses Festen, die mehr historischen als religiösen Hintergrund hatten, war ich mit ganzer Seele dabei.

Ein solches war das Passahfest, das zeitlich ungefähr mit dem christlichen Osterfest zusammenfällt. Der Vorabend dieses Festes ist der Sederabend, der das Fest einleitet. Um die lang ausgezogene Festtafel saßen die dreißig Kinder des Waisenhauses, die Familie meines Vaters und eingeladene Gäste. Vater hatte auch seine Studenten eingeladen, von denen viele ohne Anhang in Berlin lebten. So waren wir oft eine Gesellschaft von etwa fünfzig Menschen, die den Auszug aus Ägypten noch einmal aus der Erinnerung vollzogen. Vater saß der Tafel vor in einem großen breiten Lehnstuhl, der mit schneeweißen Daunenkissen ausstaffiert war. Denn an diesem Abend muss man bequem und angelehnt sitzen – es wird viel Wein während der Gesänge und der Erzählung getrunken, nicht ungezügelt, nach bestimmten Leseabschnitten geordnet.

Vater trug sein weißes Totenhemd, denn obgleich das Passahfest ein freudiges Fest ist, soll der Mensch immer bereit sein, am letzten Tage vor Gott zu stehen. Auf dem Kopf trug er ein weißseidenes Käppchen, das mit einer breiten Silberborte kunstvoll bestickt war. Saß er so in seinem Lehnstuhl, das Gesicht von den hohen Kerzen auf schweren Silberleuchtern beschienen, erblickten wir in ihm eine biblische Figur, die aus alten Zeiten zu uns zurückgekehrt war.

Vor ihm lag die Hagadah, in großen hebräischen Buchstaben auf pergamentartigem Papier gedruckt. Das Buch sah schon recht vergilbt aus, weil man beim Aufzählen der zehn Plagen, mit denen Gott die Ägypter heimgesucht hat, jedes Mal den kleinen Finger der rechten Hand ins gefüllte Weinglas tauchen muss und dann den Wein auf die Blätter abtropfen lässt. Im Laufe der Jahre verleihen die durchsickernden Weintropfen dem Buch ein jahrhundertealtes Aussehen. Vater sang mit kleiner wohl tönender Stimme die traditionellen Melodien, wie sie aus meinem großelterlichen Hause überliefert waren. Doch wenn einer der Studenten, die meist aus den östlichen Ländern Europas kamen, eine andere Melodie zum gleichen Text kannte, ruhte Vater nicht, bis wir auch diese gelernt hatten. Über einen einzigen Text konnte lange Zeit vergehen, ehe man die Erzählung wieder aufnahm.

In der Mitte der Hagadah wird eine Pause für das große Festmahl eingelegt. Nun kam Mutters wichtige Rolle. Die Küche klappte wie am Schnürchen. Köchin und Dienstpersonal, das die Speisen nach Mutters Anordnungen austeilte, waren in allen Einzelheiten instruiert, denn man begann nicht eher zu essen, bis jeder seinen gefüllten Teller vor sich stehen hatte. Nichts durfte inzwischen kalt werden.

Nach dem Festmahl wird der zweite Teil der Hagadah gelesen. Gegen Ende ist ein wunderschönes Danklied an die Hausfrau eingeflochten. Bis zu dieser Stelle waren natürlich viele Kinder schon halb oder ganz eingeschlafen, denn es war bereits weit nach Mitternacht. Auch mancher Erwachsene nickte mit schweren Augenlidern ein, denn Essen und Wein wirkten. Sobald aber das Danklied an die Mutter ertönte, verstummte Vater in theatralischer Pause, alle mussten wieder wach werden und wenigstens durch aufmerksames Zuhören am Dank an die Mutter teilnehmen. Für dieses Lied schwelgte Vater in wunderbaren Melismen, und Mutter, die neben ihm saß, standen bald Tränen der Rührung in den Augen. Während dieses Liedes hielt er ihre Hand in seiner. Das war immer der Höhepunkt des Abends, wie spät es auch immer geworden war. Nach dem Ende der Hagadah gingen alle Kinder unter Rahel Goldschmidts gütiger Betreuung schlafen, und die

Familie saß noch mit Gästen für ein Plauderstündchen im Wohnzimmer, während die große Tafel abgeräumt und gesäubert wurde. Das erste Morgenlicht war am Himmel zu erkennen.

Es ist nicht verwunderlich, dass ein solches, seit frühester Kindheit sich wiederholendes Erlebnis tiefe und starke Wurzeln in den Menschen wachsen lässt, aus denen sie auch in schwersten Krisen neue Kräfte ziehen können. Während der ersten Jahre nach der Auswanderung war es mir nicht immer möglich, an einem Sederabend teilzunehmen. Sowie sich aber meine Situation stabilisiert hatte, nahm ich diese Tradition auf. Seitdem halte ich alljährlich den Seder mit Familie und Freunden – so frisch, als sei ich immer noch das Kind aus der Roscherstraße. Solch ein religiöses Pulsieren findet sich auch in meinen Kompositionen. Ich meine damit nicht die Verwendung von jüdisch-historischem Material, das ich manchmal als Textvorlage für meine Kompositionen benutzt habe, sondern das Ringen mit dem Dogma in der musikalischen Sprache, das innige Gespräch mit der ersten kristallinen Klangform, die zur Tradition in der jeweils einmaligen Komposition wird und bis ans Ende des Werkes der Quell bleibt, aus dem der Komponist neue Erkenntnisse schöpfen kann. Ich erhebe den Anspruch auf ein ausgefülltes religiöses Leben, dessen Regeln und Gesetze ich diszipliniert in meiner Arbeit an jedem neuen Tag beachte.

Prüfung bei Prüwer

Die Inflationsjahre zermürbten jede Moral, soweit sie noch auf den sicheren Fundamenten der Vorkriegsjahre ruhte. Ein wohl behütetes Muttersöhnchen blickte verwundert auf merkwürdige Erscheinungen, die es sich kaum erklären konnte.

Da war ein hübsches Mädchen Thea, Zögling des Waisenhauses, das mit Abschluss der Volksschule das Institut verließ. Sie hatte entfernte Verwandte in der Stadt. Wenige Monate später besuchte sie meine Eltern in Begleitung eines jungen Mannes mit pomadiger Frisur, exzentrisch elegant gekleidet. Thea waren inzwischen auffällig lange Augenwimpern gewachsen und sie bekam ägyptisch stilisierte Augenbrauen, die ich vorher nie an ihr gesehen hatte. Das enge, seidig glänzende Kleid mit einem schmalen langhaarigen grauen Pelz um den Hals reichte bis an die Knie und hatte einen glitzernden Saum aus Brokat. Dazu trug sie schwarze Lackschuhe mit Silberspangen, die ihr Pendant in einem kleinen Hütchen auf dem blond gelockten Kopf fanden. Ich betrachtete die Erscheinung als eine Maskerade, die mich vom theatralischen Standpunkt aus interessierte. Thea ähnelte in diesem Aufzug jenen Charleston tanzenden Damen auf den Plakaten der Litfaßsäulen, die neue Operetten anzeigten. Vater sprach sehr liebevoll mit ihr, erkundigte sich nach allem, was sie tat, ignorierte aber völlig das männliche Mitbringsel.

Thea rutschte wenig später auf die schiefe Bahn und kam in Tränen aufgelöst, Rettung suchend. Mit Vaters gütiger Hilfe entwickelte sie sich bald zu einer reifen jungen Frau, die sich ihre männlichen Partner mit größerer Vorsicht aussuchte. Sie fand einen begüterten und ehrlichen Lebensgefährten, der dem Waisenhaus großzügige finanzielle Hilfe zukommen ließ.

Jedenfalls war es Thea, die meine Neugier auf die große Welt erregt hatte. Litfaßsäulen wurden zu Reiseführern, die mich zu Theatern, Kinos oder Kabaretts und Cabarets brachten, in deren Foyers ich auf Bildern weitere Belehrung über die Vorgänge hinter den Türen der Etablissements suchte. Eine solche Nachmittagsexkursion führte mich einmal in die Gegend um den Bahnhof Friedrichstraße. Dort wimmelte es von Lokalen der Berliner Halbwelt, dort konnte ich ungestört Fotos von Nackttänzerinnen studieren oder die aufreizenden erotischen Plakate betrachten. Straßenverkäufer an jeder Ecke verkauften die fragwürdigsten Dinge, begleitet von ihrem nicht zu übertreffenden Berliner Humor. Ich konnte mich kaum losreißen, erfanden sie doch immer wieder neue Pointen, wenn zweifelndes Publikum ihnen provozierende Fragen hinwarf. Und gleich daneben auf dem »Fahrdamm« ratterten kleine und große Autos, Busse mit offenem Oberdeck und die Straßenbahn mit langen Anhängern vorbei. Jedes Autofabrikat konnte ich schon an der Hupe erkennen. Alles war unsäglich aufregend.

Die Eltern witterten bald krumme Wege, und als ich eines Abends von einem sehr krummen, aber um so interessanteren

Weg zurückkam, wurde mir mit unmissverständlicher Strenge die Frage gestellt: »Wo warst du?« Hätte ich die Wahrheit gesagt, wären Vater und Mutter wieder einmal an ihrem schwierigen Sohn zerbrochen, und auch die Folgen für mich wären traurig gewesen. Schnell griff ich zu einer Notlüge. Sie glaubten mir zwar nicht, forschten aber auch nicht weiter nach. Der herrliche Nachmittag hinterließ einen bitteren Nachgeschmack: Ich war mit der Philosophie der Notlüge konfrontiert. Ich hatte niemanden, mit dem ich solche Probleme vernünftig diskutieren konnte. Die Notlüge griff immer mehr um sich, proportional zur wachsenden Neugier auf das volle Leben.

Meine Schwester hatte eine gute Freundin. Lotte Schnapp war ein hoch gewachsenes, immer apart gekleidetes Fräulein, eigentlich nicht hübsch, aber mit einem interessant geformten Gesicht, sprach ganz leise und bewegte sich grazil. Gerne lauschte sie meinem Klavierspiel. Eines Tages schlug ich ihr Klavierunterricht vor, was sie freudig akzeptierte. Diese Klavierstunden halfen mich abzureagieren von den täglich neuen Erregungen. Eine neue Passion war entdeckt. Alles, was ich sah und hörte, nahm ich zu Hilfe, um meine musikalischen Erklärungen möglichst breit anzulegen. Auf diese Weise verstand ich selber manches, das man mir im Unterricht nicht erklärt hatte. Lotte war eine aufmerksame und dankbare Zuhörerin. Unterrichten wurde mir von nun an zur notwendigen Leidenschaft.

Doch weiterhin riss mich das prickelnde Berlin, das ich mit vollem Bewusstsein in mir aufnahm, mit sich fort. Ich entfremdete mich dem Elternhaus immer mehr. Die Schule wurde immer weniger erträglich. Mit Sicherheit steuerte ich in eine Krise. Vater muss das wohl erkannt haben und suchte seinerseits um Rat.

Unter seinen vielen Freunden und Bekannten war auch der Bankdirektor des großen Bankhauses Hirsch-Kupfer am Lehrter Bahnhof. In der Hoffnung auf den Erwerb einer gesunden kaufmännischen Basis wurde ich dorthin zu einer Audienz bestellt. Ich erschien, wie verabredet, morgens um zehn Uhr. Ein Diener wies mich zur Tür des Herrn Direktors. Ich klopfte an, aber es war nichts zu hören. Eine riesige gepolsterte Ledertür mit kunstvoll verschnörkeltem Messinggriff verschluckte jedes Geräusch. Ich versuchte es nochmals, mit dem gleichen Misserfolg, fasste mir schließlich ein Herz und öffnete dieses Türmonstrum mit dem Messinggriff und stieß dabei auf eine schwere, rotbraun glänzende Mahagonitür. Wenigstens war das Klopfen nun hörbar; von innen kam ein scharfes »Herein« zurück. Zaghaft betrat ich das große Zimmer. Hinter einem gewaltigen Schreibtisch saß ein fetter Mann mit dicker Zigarre im Mund, die er auch beim Reden nicht herausnahm. Er blickte nicht auf, sondern sagte nur barsch: »Setzen Sie sich«, wobei die Asche der Zigarre auf Doppelkinn und Krawatte fiel. Dann legte er mir ein Blatt Papier mit tausend Zahlen vor die Nase, ich solle den Zinssatz kreuzweise durch die Rubriken berechnen. Ich hatte natürlich keine blasse Ahnung. Der Kerl, eine wahre George-Grosz-Figur, drückte auf einen Knopf, ein junger Mann kam recht devot durch eine andere Tür herein, und ich wurde ihm zur Lehre übergeben.

Im Inneren des Büros hängte ich Hut und Mantel auf, bekam einen Platz an einem kleinen Bürotisch, und Kontoblätter mit Zahlen türmten sich vor mir auf. Nach einem bestimmten System sollten Gruppen addiert und subtrahiert werden. Das entsprach nun genau meiner Leidenschaft. Etwa eine Stunde später war Kaffeepause. Ich nahm Hut und Mantel, verschwand wortlos und kam gerade rechtzeitig zum Mittagessen zu Hause an. Damit war meine Bankkarriere beendet. Vater und Mutter blieben zunächst stumm. Die Familie saß in einer Sackgasse.

Nachmittags müssen sich die ratlosen Eltern besprochen haben, jedenfalls wurde mir am Abend eröffnet, dass man Susanne Fischer um Rat fragen wolle. Sie empfahl, ich solle Musik studieren, wollte aber die Verantwortung dafür nicht allein auf sich nehmen und riet, mich von Professor Julius Prüwer prüfen zu lassen. Sein Urteil könnte mit Sicherheit als gültig angesehen werden. Prüwer war neben Furtwängler ständiger Dirigent des Berliner Philharmonischen Orchesters, außerdem Leiter der Dirigierklasse an der Staatlichen Akademischen Hochschule für Musik in der Fasanenstraße. Mir wurde schwach in den Knien. Solch einen Salto mortale hatte ich nicht vorausgesehen. Susanne Fischer bereitete mich in vierzehn Tagen auf dieses Ereignis vor.

Die Stunde der Entscheidung nahte. Bevor wir das Haus verließen, sah ich, wie Mutter die finanzielle Seite unseres Unternehmens organisierte. Im Wäscheschrank des elterlichen Schlafzimmers war ein Fach reserviert für die Aufteilung des monatlichen Gehaltes in verschiedene Briefumschläge, auf denen die jeweilige Zweckbestimmung notiert war. So wurden die Auslagen für die Haushaltsposten nie überschritten, manchmal blieb sogar am Ende des Monats noch ein kleiner Rest, der dann unvorhergesehene Extraausgaben abdecken konnte. Für die Prüwer-Aktion nahm sie nun aus jedem Briefumschlag eine kleine Summe heraus, tat alles in einen neuen Umschlag – das Honorar für die Prüfung. Die Höhe war unbekannt.

Als alles nun vorbereitet war, pilgerten Mutter und ich zu Prüwers Villa am Fehrbelliner Platz. Auf dem Fußweg dorthin sprach ich kein halbes Wort, verkroch mich wie eine Schnecke in ihrem Haus. In einer Hand hielt ich ein paar Notenblätter mit eigenen Kompositionen, die Prüwer sehen wollte, mit der anderen Hand hielt ich den Regenschirm über Mutters Kopf. So erschienen wir an der mein Leben entscheidenden Front. Wenigstens war diese Front keine stupide Ledertür, sondern eine gepflegte Wohnung, in der ich mich sogleich wohl fühlte. Prüwer begrüßte uns herzlich, und wir nahmen Platz im Salon. Er hatte eine Reihe von Fragen, die Mutter und Sohn abwechselnd beantworteten. Warum er wissen wollte, ob ich mich für Sport interessierte, konnte ich mir nicht zusammenreimen. Aber er erhielt einen Bericht vom besten Kurz- und Langstreckenläufer der Klasse, der sogar an Wettrennen mit Primanern teilgenommen hatte.

Schließlich führte er mich in sein Arbeitszimmer, in dem ein großer, mit Noten beladener Flügel stand, und ließ mich zuerst die von Susanne Fischer vorbereitete Beethoven-Klaviersonate in F-Dur op. 10, Nr. 2 spielen. Er hörte sich in großer Geduld alle drei Sätze an, bedankte sich, kramte dann in einem Stapel von Noten und zog den Klavierauszug der Oper »Die Gezeichneten« von Franz Schreker heraus. Ich erinnerte mich, diesen Namen an den Litfaßsäulen gelesen zu haben, hatte aber keine Ahnung, wer das war. Ich sollte das Vorspiel vom Blatt spielen. Das Notenbild sah aus wie ein Hexentanz aus Druckerschwärze. So etwas hatte ich noch nie zuvor gesehen. Aber das prima vista Spielen gewohnt, wusste ich, dass man nicht jede Note spielen, sondern schnell einen Extrakt filtrieren muss, der den Sinn der Musik ergibt. Das tat ich hemmungslos, hatte sogar einen großen Spaß daran und wollte gar nicht aufhören, weil mich diese Musik zu interessieren begann.

Prüwer lächelte gütig und benutzte ein Ritardando, um das Heft zu schließen. Ob ich das nun gut oder schlecht gemacht hatte, konnte ich nicht beurteilen, es war zu fremdartig, wenn auch sehr anziehend. Eine theoretische Prüfung in Harmonielehre folgte, in der meine Kenntnisse nur lückenhaft waren. Dann kam eine Gehörprüfung, die hauptsächlich das musikalische Gedächtnis anging, und dann musste ich eine Komposition vorspielen und improvisieren. Alles ging in großer Ruhe und sehr ausführlich vor sich – eine volle Stunde, wenn nicht länger. Dann gingen wir zurück in den Salon, wo Mutter wie auf Nadeln sitzend wartete. Prüwers salomonisches Urteil, dass ich ganz fraglos Musik studieren sollte, wurde begründet mit einer Reihe professioneller Komplimente, die ich nicht alle verstand. Mindestens noch ein Jahr sei jedoch notwendig, um mich zur Aufnahmeprüfung vorzubereiten. Er empfahl dafür den Kapellmeister Teichmann von der Städtischen Oper Charlottenburg, der über die Prüfungen informiert sei und mich in das Musikleben einführen könne.

Damit war die Prüfung bei Prüwer beendet. Mutter fragte noch, was sie schuldig sei, und Prüwer antwortete: »Hundert Mark.« Mutter öffnete ihre Ledertasche, nestelte und fingerte in den Lederfächern und war sichtlich nervös. Prüwer bemerkte das sofort und sagte: »Gnädige Frau, das ist wohl ein bisschen zu hoch gegriffen, und Sie waren darauf nicht vorbereitet.« Worauf Mutter antwortete: »Nein, nein, es ist gar nicht zu hoch gegriffen. Nur ist leider im Moment diese Summe nicht beisammen. Aber morgen früh werden die hundert Mark selbstverständlich beglichen.« Darauf sagte Prüwer: »Glauben Sie wirklich, dass die hundert Mark ernst gemeint waren? Ich habe mir doch nur einen kleinen Spaß erlaubt. Es war mir eine große Freude, Sie und Ihren Herrn Sohn kennen gelernt zu haben, und dafür werde ich nicht noch eine Rechnung stellen. Bitte vergessen Sie das.«

Auf dem Weg nach Hause verwandelten sich Fahrdamm und Bürgersteig in weiche samtene Teppiche, über die meine Füße vom Glück beseelt hinweg schwebten. Die Sonne kam durch die Wolken, und ich hätte noch stundenlang, eingehakt bei Mutter, spazieren gehen können.

Erste Schritte in eine neue Welt

Jetzt war es das Frühlingserwachen, das mir bewusst machte, auf eigenen Füßen stehen zu müssen und zu können. Weder Kritik noch Ermutigung konnte das elterliche Haus beitragen, denn für das, was der Sohn nun lernte, hatten die Eltern keine überlieferten Maßstäbe. Vater tröstete sich damit, dass ich mich zur Aufnahmeprüfung in eine Staatliche Akademische Hochschule für Musik vorbereitete. Dieser Name enthielt immerhin die Wörter »akademisch« und »Hochschule«, also kulturgeologisch das Formationsgebiet der Universität.

In diesem Vorbereitungsjahr benahm ich mich wie Aprilwetter. Einerseits schuf ich mir eine breite Grundlage für künstlerische Erfahrungen, andererseits befriedigte ich meinen Heißhunger nach so harmlosen künstlichen Gelüsten wie Windbeutel mit Schlagsahne. In jeder Bäckerei hätte ich sie bekommen können, fuhr aber zum Café Hilbrich in der Leipziger Straße. Schon allein die Fahrt im Bus-Oberdeck war ganz im Stile eines Windbeutels, führte über den Potsdamer Platz, in dessen Mitte ein Türmchen stand, von dem aus ein grün-weiß gekleideter Schupo den von allen Seiten hereinströmenden Verkehr mit tänzerischen Armbewegungen leitete.

Ich schrieb mich als Abonnent in einem Theaterverein ein. Jeden Monat gab es eine Vorstellung in einem der zahlreichen Theater Berlins und dazu eine Reihe von Extraveranstaltungen zu verbilligten Preisen. Dazu wurde noch eine Monatsschrift mit interessanten Artikeln gratis ins Haus gesandt. Am Abend vor jeder Vorstellung wurden die Eintrittskarten verlost. Die meist sehr guten Plätze hätte ich mir normalerweise niemals leisten können.

Nach dem Theater erprobte ich meine Selbstständigkeit im Dinieren. Besonders gerne ging ich zu Aschinger am Bahnhof Friedrichstraße, berühmt und legendär und stark frequentiert auch von der Berliner Bohème. Die mit Mahagoniholz verkleideten Wände, große Spiegel mit elektrischen Glühbirnen in Kerzenform auf goldverschnörkelten vierarmigen Leuchtern, die durch die Spiegelung doppelt und im Durchblick zum Gegenüber vierfach erschienen, bequeme, mit rotem Leder gepolsterte Schemel an blitzblank sauberen Marmorplatten – das alles erzeugte eine gastliche Atmosphäre trotz der wimmelnden Menschenmenge.

Ausschlaggebend aber war Aschingers berühmte Erbsensuppe mit Bockwurst und dazu beliebig viele kostenlose kleine runde Brötchen. Die Suppe konnte sich jeder leisten, und der Hunger wurde mehr als gestillt. Das Lokal war die ganze Nacht geöffnet, so konnte auch das Theaterpersonal nach Schluss der Vorstellungen dorthin pilgern und noch ein Bier trinken. Aschinger war ein Theater nach dem Theater, wo man sich abreagieren konnte. Die vielen Menschen zu beobachten – und durch die Spiegel hatte man sie alle im Gesichtsfeld –, war faszinierend, ein nie versiegender Quell neuer Darbietungen, die ich später immer wieder bei Reisen auf Bahnhöfen, Flughäfen und in Häfen suchte und fand.

Inzwischen entwickelte sich der Rundfunk. Die Eltern eines Schulfreundes besaßen ein Radio mit Trichterlautsprecher. Ich war von diesem Apparat hypnotisiert. Ich suchte technische Anleitungen und fand sie in populären Hobbyzeitschriften. Ich entwickelte mich zum besessenen Radiobastler. Ich begann mit dem Bau eines kleinen Kristalldetektors, durfte aber eine Antenne nicht auf dem Dach anbringen und musste mich mit einer Zimmerantenne begnügen. Ohne Bedenken kratzte ich den schwarzen Lack von den Stangen des metallenen Bettgestells meiner Schwester und spannte die Antennenlitze rund um das Bett.

Das Entsetzen war fürchterlich, als meine Schwester am Abend nach Hause kam. Das Bett war elektrisch geladen. Obgleich ich die Litze mit beiden Händen fest anfasste, um die Gefahrlosigkeit zu beweisen, wurde ich gezwungen, den ganzen Unfug abzumontieren, der allerdings sowieso zu keinem Erfolg geführt hätte. Daraufhin brachte ich die Antenne unter der Zimmerdecke an, und eines Abends konnte ich wirklich im Kopfhörer die Stimme des Ansagers vom Berliner Rundfunk wahrnehmen, zwar schwach, aber doch ausreichend laut, um ihn zu verstehen. Die ganze Familie kam ins Zimmer gerannt und durfte abwechselnd mit dem Kopfhörer das Wunder der neuen Technik erleben. Vater war sprachlos, in seinen Augen konnte ich die Anerkennung ablesen.

Beim Essen anderntags diskutierte ich über diesen Detektorapparat und führte die geringe Lautstärke auf die Zimmerantenne zurück. Vater war spendabel und gab mir eine Extrazuwendung, mit der ich den Bau eines Einröhren-Niederfrequenz-Verstärkers finanzieren konnte. Danach war der Empfang besser, wenn ich mit der Nadel eine gute Stelle auf dem Kristall fand. Nur mussten dann alle auf Zehenspitzen ins Zimmer kommen und durften nicht an den Tisch stoßen, damit die Nadel nicht verrutschte. Meine Sensation wurde von Onkeln und Tanten beim Besuch am Freitagabend besichtigt.

Mit dem Unterricht bei Kapellmeister Teichmann war meine Zeit mehr als ausgefüllt. Aus dem faulen Schulknaben wurde über Nacht ein fleißiger junger Mann – so fleißig, dass Mutter mich oft mit Gewalt ins Bett treiben musste. Das war sie allerdings von Vater gewöhnt, der seine Studien meist nach dem Abendessen begann. Statt um Mitternacht schlafen zu gehen, schlief er auf seinem Schreibtischstuhl ein, schlummerte so eine Weile, wachte auf und arbeitete weiter – oft bis in die frühen Morgenstunden.

Die erste Unterrichtsstunde bei Herrn Teichmann begann mit strengem Kontrapunkt und Harmonielehre nach dem Lehrbuch Louis/Thuille, dazu Partiturspiel, erst Bach-Choräle in alten Schlüsseln, dann kleinere und größere Orchesterbesetzungen. Beim Partiturspiel musste ich immer eine der Stimmen singen. Manchmal sang auch Teichmann die Stimme eines anderen Instruments dazu und ich sollte – wie ein Dirigent während der Probe – abbrechen und seine absichtlichen Fehler verbessern. Das war ein ausgezeichnetes Training, zumal es erbarmungslos durchgeführt wurde.

Nichts wurde übersehen, nichts ging durch, die Disziplin war eisern, aber der Umgang immer freundlich. Wenn ich zu früh kam, waren Sänger der Oper bei ihm, die er auf ihre Rollen vorbereitete. Er war ein vorzüglicher Pianist und hatte ein scharfes, untrügliches Ohr. Die Arbeit mit Sängern erweckte mein Interesse. Nachdem er herausfand, dass ich gut vom Blatt spielen konnte, durfte ich an dieser Arbeit partizipieren. Mit beiden Füßen stieg ich in die Opernliteratur ein. Erst lernte ich den ganzen Wagner aus Klavierauszügen kennen, dann hörte ich alle Wagner-Opern in den verschiedenen Berliner Opernhäusern. Es wurde eine Phase sinnlichen Rausches. Auch das Komponieren wurde nun ernsthafter. Teichmann ging alles sorgfältig durch, seine Bemerkungen waren immer rein handwerklicher Art, niemals ästhetische Bewertungen, niemals ein Vergleich mit Vorbildern – Gefühle waren Privatangelegenheit.

Zu Hause hatte ich große Schwierigkeiten mit meinem Klavier. Trotz ständiger Reparaturen war mit der Mechanik nicht fertig zu werden. Ich versuchte, bei Freunden zu üben und mich irgendwie mit der offenbar unheilbaren Krankheit meines Klaviers durchzuschlagen. Ich ahnte nicht, dass die Eltern insgeheim größte Anstrengungen machten, um ein neues Instrument anzuschaffen. Vorläufig schien der liebe Gott prüfen zu wollen, ob ich es wirklich ernst meinte mit der Musik.

Ein Kapitel meiner künstlerischen Erlebnisse, die jetzt wie Wolkenbrüche über mich niedergingen, brachte mich beim Studium der Wagner-Opern in den Zirkus Busch, kein Wanderzirkus im Zelt, sondern ein riesengroßes rundes festes Gebäude am Bahnhof Börse. Einer der Sänger, mit dem ich die Rolle des Wotan einstudierte, schenkte mir ein Billett für eine ungewöhnliche Aufführung der »Walküre« im Zirkus Busch. Der Grund für die Inszenierung im Zirkus war die Möglichkeit, die Manege für den Walkürenritt zu nutzen und das Finale der Oper als Zirkusspektakel um den »Feuerzauber« herum produzieren zu können. Die Musik wurde rücksichtslos gekürzt, dagegen das zersplitterte Schwert Siegmunds als gigantischer Zaubereffekt mit Scheinwerfern in allen Farben in Szene gesetzt. Ich konnte nicht umhin, mich köstlich zu amüsieren, denn ich habe diese unvergessliche Inszenierung als Parodie aufgefasst, was sie aber nicht sein sollte.

Ein weiteres Kapitel meiner frühen künstlerischen Erfahrungen spielte in der Städtischen Oper an der Bismarckstraße, wo ich viele Mozart-Opern erlebte. Meist war Bruno Walter der Dirigent. Für diese Aufführungen Karten zu bekommen, war fast unmöglich. Das Opernhaus hatte vier Ränge. Ganz oben unterm Dach hörte man am besten. Die Karten zum vierten Rang kosteten sechzig Pfennige, waren also erschwinglich. Der Vorverkauf begann jeweils eine Woche vor der Aufführung, morgens um neun Uhr an der Theaterkasse. Am Abend davor ab zehn Uhr kamen die ersten Anwärter auf Karten, ausgerüstet mit Kaffee in Thermosflaschen, belegten Stullen und kleinen Klappstühlen, und so übernachtete man entlang der Mauer des Theaters auf dem Bürgersteig, bis die Sonne aufging und schließlich auch das Kassenfenster aufging.

Während meiner intensiven Vorbereitungen auf die Aufnahmeprüfung für die Musikhochschule fädelte sich jenes Erlebnis aus Danzig ein. Rosie übersiedelte mit ihrem Mann nach Berlin. Der Buchladen in Danzig hatte sich nicht halten lassen. Sie wohnten nun in einem möblierten Zimmer in Charlottenburg. Rosie mietete sofort ein Klavier, nicht gerade zur Begeisterung ihrer Wirtin. Die Mittagsruhe musste eingehalten und Rosies Temperament am Abend gebändigt werden. Tagsüber konnten wir unser Klavierspiel zu vier Händen wieder aufnehmen. Die gesamte klassische und romantische Orchesterliteratur verschlangen wir.

Schon bald trennte sich Rosie, die Frau mit der demonstrativen Bohème-Note, von ihrem Mann, der sich eher durch eine starke Tendenz zum Gutbürgerlichen auszeichnete. Sie wollte ihr eigenes Leben führen, ohne sich scheiden zu lassen. Bei meinen Eltern stieß sie auf Widerstand. Dem Judentum stand sie fremd gegenüber. Viel eher neigte sie zu christlichem Denken. Die Erlöseridee, in welcher Gott Mensch wird und sich kreuzigen lässt, um dadurch die Menschheit von ihrer Erbsünde zu befreien, entsprach Rosies tief verwurzelter Traurigkeit weit mehr als der unsichtbare, unfassbare und geheimnisvolle jüdische Gott. Die christliche Nächstenliebe, abgeleitet von der Barmherzigkeit Gottes, lag ihr näher als das strenge jüdische Gesetz. Ihre Gedanken waren mehr auf das Jenseits als auf das Diesseits gerichtet. Viele Gespräche aus dieser Zeit lassen mich im Nachhinein ihren eschatologischen Drang zum Weltende verstehen.

Damals stimmte es mich nur nachdenklich und hatte den süßen Reiz von Verwesung. Tatsächlich liebte es Rosie, auf Friedhöfen spazieren zu gehen. Durch sie wurde ich in die Welt der christlichen Ikonographie eingeführt. Die Werke christlicher Kunst hatten keine religiöse Bedeutung für sie, aber an der künstlerischen Gestaltung des Leidens nahm sie großen Anteil. In meinem Zimmer lagen bald solche Abbildungen herum und erregten Befremden in der Familie. So tolerant Vater war, konnte er doch nicht dulden, dass ich in meinem Zimmer christliche Bilder, etwa vom gekreuzigten Jesus, aufhing. Er wollte oder konnte keinen Unterschied machen zwischen Kunst und Religion.

Die zunehmend engeren Beziehungen zu Rosie bewirkten eine nähere Beschäftigung mit der bildenden Kunst. Museen begannen mich zu interessieren. Ich besuchte den Pergamon-Altar und war begeistert und erschrocken zugleich. Das riesige Bauwerk erschien mir wie ein Löwe im allzu engen Käfig. Also wurde mir klar, dass ein Museum keine Landschaft ist, aber das kleinste wie auch das größte Bild seinen Auslauf im Raum braucht.

Langsam und sicher rückte das Datum der Aufnahmeprüfung heran. Meine beiden Lehrer meißelten an mir herum; da noch ein Schlag und da noch eine Korrektur, bis ich eines Morgens das Elternhaus zum ersten Teil der Prüfung verließ. Das Herz pochte auf dem Weg zur Entscheidung. Obgleich nur ein Jahr seit dem Besuch bei Prüwer vergangen war, beschritt nun ein stark veränderter Prüfungskandidat den Weg in die Hochschule. Ich machte mir Mut und ging sicher die Steintreppe hinauf.

Oben saß ein Beamter mit Akten und Listen, der mich in ein Zimmer zur schriftlichen Prüfung in Theorie schickte. Die Prüflinge bekamen die Aufgabe, einen bezifferten Bass mit vielen Alterationen vierstimmig auszusetzen, einen Sopran vierstimmig zu harmonisieren, einem unbezifferten Bass mit Sopran die Mittelstimmen einzufügen. Im zweiten Teil waren nach strengem Fux'schen Kontrapunkt zu einem cantus firmus Gegenstimmen in verschiedenen Bewegungen zu schreiben und zum Schluss eine Fuge über ein gegebenes Thema zu komponieren. Das Thema zeigte Verwandtschaft mit der e-Moll-Fuge aus dem ersten Band von Bachs Wohltemperiertem Klavier. Bachs Thema ist schon im modernen harmonischen Stil seiner Tage geschrieben. Es bietet daher technische Schwierigkeiten in der strengen kontrapunktischen Entwicklung. Aus diesem Grund entschied Bach, diese Fuge nur zweistimmig darzustellen. Das Thema zur Prüfungsfuge bestand hauptsächlich aus gebrochenen Dreiklangfiguren, war also stark harmonisch orientiert. Um nicht den Eindruck aufkommen zu lassen, ich wisse es besser als Bach, habe auch ich die Prüfungsfuge zweistimmig ausgeführt.

An einem der Prüfungstag wurde ich in das Zimmer des Direktors Franz Schreker bestellt. Er saß am Schreibtisch und streckte mir die Hand entgegen, ohne mich anzuschauen. Vor ihm lagen die Klausurarbeiten der Theorieprüfung, und er blätterte in meiner Fuge. Nach wenigen Augenblicken fragte er mich mit einem leicht hämischen Lächeln: »Haben Sie auch einstimmige Fugen komponiert?« Mit einem Menschen redend, der mir nicht in die Augen sah, leistete ich passiven Widerstand und reagierte nicht auf diese Frage. Mit Wohlwollen wurde ich entlassen.

Am nächsten Tag war die Gehörprüfung. Sie wurde paarweise abgenommen, wohl wegen zweistimmiger Aufgaben. Mein Kollege, der Pianist werden wollte, war etwas älter als ich. Im Nebenzimmer spielte er sich für die Instrumentalprüfung ein. Seine pianistischen Leistungen ließen das Barometer meiner Aussichten rapide sinken. Im Wartezimmer unterhielten wir uns dann angeregt, um unsere Aufregung zu überspielen. Der Prüfer war ein Kompositionslehrer. Die Anforderungen waren wesentlich geringer als die meines Lehrers Teichmann.

Die Aufnahmeprüfung erreichte nun das Partiturspiel. Das ging glatt bis auf eine kleine Episode. Die Prüfung wurde abgenommen von Siegfried Ochs, dem berühmten und für seine Rauheit berüchtigten Chordirigenten. Als erste Aufgabe war ein vierstimmiger Choral von Bach in alten Schlüsseln vom Blatt zu spielen. Der Choral war gespickt mit chromatischen Durchgängen. Choräle in alten Schlüsseln waren das Steckenpferd meines Lehrers Teichmann, weshalb ich gerade darauf besonders gut vorbereitet war. Ich spielte den Choral fließend und fehlerlos vom Blatt. Ochs vermutete sofort, dass ich den Choral gut kannte, und gab mir einen anderen. Aber der ging genauso glatt.

Da machte er etwas ganz anderes, überraschendes: Er ließ mich einen Choral rückwärts, also von hinten nach vorne spielen. Jetzt gab es keine stilistisch logischen Stimmgänge mehr, die man kennt und nicht mehr separat zu lesen braucht. Rückwärts gelesen ging jeder Zusammenhang verloren. Ich biss die Zähne zusammen und dachte: jetzt erst recht. Mit äußerster Konzentration spielte ich diese unsinnigen Akkordverbindungen und schoss sie ab wie giftige Pfeile. Nach zwei Takten unterbrach er mich, klopfte mir huldvoll auf die Schulter und sagte: »Schon gut, junger Mann.« Wütend, aber höflich verließ ich das Zimmer.

Am Tag darauf fand die pianistische Prüfung statt. Unglücklicherweise fiel diese Prüfung auf einen Sonnabend, also den Sabbat des religiösen Juden. Ich habe nie zu Hause am Sabbat das

Klavier angerührt, um Vater nicht zu stören oder zu verletzen. Aber vormittags ein ganzes Klavierprogramm parat zu haben, ohne sich vorher ein wenig einzuspielen, war kaum denkbar. Ich wusste schon Tage vorher, dass dieses Problem akut werden würde, ohne eine Lösung zu finden. Schließlich tippte ich leise bei Mutter an, die ja seit der Prüwer-Prüfung eine Komplizin meiner Musiklaufbahn geworden war. Mutter verstand das Problem und versprach, einen Ausweg zu finden.

Auf sehr diplomatische Weise musste sie wohl Vater überredet haben, an diesem Sabbat in den Frühgottesdienst zu gehen, was er gerne tat, weil man ihn dann in der kleinen Synagoge vorbeten ließ. Da konnte er in aller Bescheidenheit so singen, wie sein Vater gesungen hatte, und das bereitete ihm immer eine große Freude. Anschließend ging er in den Hauptgottesdienst und genoss die Predigt von Rabbiner Emil Levy. Auf Gottes Verständnis für diese unmoralische Notlösung konnte man hoffen. Nachdem Vater die Wohnung bei Sonnenaufgang verlassen hatte, konnte ich mich auf die Prüfung vorbereiten.

Letzter Teil der Prüfung war Improvisieren am Klavier. Um den langen grünen Tisch herum saßen Professoren der Klavier- und Kompositionsklassen. Den Vorsitz hatte Franz Schreker. Erste Aufgabe war eine freie Improvisation, in welcher ich nicht unterbrochen wurde. Die zweite Aufgabe verlangte einen Sonatensatz über ein gegebenes Thema. Während dieses Teils erhob sich Paul Hindemith, stellte sich an den Flügel und schaute mir während des Spiels ins Gesicht. Was er da suchte, verstand ich nicht; aber ich ließ mich nicht irritieren. Gegen Ende der Reprise setzte er sich wieder. Als ich fertig war, sagte Franz Schreker, ohne mich anzusehen: »Na, das war so à la Beethoven, nicht wahr?« Womit er mein altmodisches Spiel meinte. »Soll ich das als Kompliment auffassen, Herr Direktor?«, fragte ich. Worauf alle lachten.

Mit dieser tragikomischen Coda endete meine Aufnahmeprüfung. Ich wurde akzeptiert, aber niemand wusste, für welches Hauptfach. Zu einer Unterredung sollte ich zum stellvertretenden Direktor der Hochschule, Georg Schünemann, kommen. Er war der eigentliche Direktor. Schreker war mehr eine repräsentative Figur und trat selten in Erscheinung, weshalb er spöttisch – nach seiner gleichnamigen Oper – »Der ferne Klang« genannt wurde. Schünemann war Wissenschaftler, Flötist und Pädagoge ersten Ranges. Seine Beratung war vollkommen auf mein Suchen und Tasten eingestellt.

Die Hochschule für Musik war damals alles andere als ein akademischer Betrieb. Den Lehrplan konnte man sich aus dem Angebot selbst zusammenstellen und war in der Dauer der Studienzeit nicht begrenzt. Man meldete sich zu einer Abschlussprüfung, wenn man sich reif dazu fühlte, konnte aber auch ohne Prüfung weiterstudieren. Schünemann riet mir, bei einem Klavierlehrer zu studieren, der auch Komponist sein sollte. So kam ich zu Max Trapp. Für die theoretischen Fächer empfahl er Heinz Tiessen, der einen weiten Ausblick ins musikalische Universum vermittelte. Durch ihn wurde ich mit Arnold Schönbergs Lehre vertraut.

Schünemann gab mir noch zwei Ratschläge. Er meinte, als Komponist sollte ich außer Klavier noch andere Instrumente lernen. Denn es sei etwas anderes, ein Instrument selber spielen zu können, als es nur durch Beschreibung aus Büchern kennen zu lernen. Dann kamen wir auf Musikerziehung zu sprechen, sein Lieblingsthema, das bei mir auf fruchtbaren Boden fiel und schnell zum Aufbau meines Studienplanes führte: bei Trapp Klavier und Komposition, bei Tiessen Theorie, bei Fleming Oboe im Nebenfach und Beginn mit dem Klavierpädagogischen Seminar; dazu noch Musikgeschichte bei Schünemann, Instrumentenkunde bei Curt Sachs, Gehörbildung bei Charlotte Pfeffer.

Nach der Besprechung bei Schünemann schlenderte ich gemütlich den Kurfürstendamm entlang nach Hause. Um in mein Zimmer zu gelangen, musste ich das Wohnzimmer passieren. Ich öffnete die große Schiebetür und stand vor einer märchenhaften Szenerie aus Tausendundeiner Nacht: Vor dem Erkerfenster glänzte ein nagelneuer Ibach-Flügel. Die Eltern hatten sich hinter der geschlossenen Tür des väterlichen Arbeitszimmers versteckt und lauschten meiner Verwandlung in einen goldblauen Schmetterling. Ich betrachtete den Flügel, spielte auf ihm und entdeckte die Eltern. Es folgte eine stumme Szene inniger Umarmungen, in denen Schenkende und Beschenkter gleichermaßen glücklich versanken. Bis zum heutigen Tage blieb die Finanzierung des Ankaufs ein Rätsel.

Das fehlende Wort des Tänzers

Mit dem Beginn des Unterrichts bei Max Trapp endete der wöchentliche Pilgergang in die Wittelsbacherstraße zu Susanne Fischer. Die Anforderungen Trapps waren anderer Art. Die Etüde war nicht mehr Eröffnungsstück jeder Unterrichtsstunde, sondern gleich zu Beginn kam das Hauptstück. Studiert wurde es erst, nachdem man es auswendig kannte. Ergab sich an einer Stelle eine technische Schwierigkeit, musste ich selber eine Etüde über dieses Problem erfinden.

Trapp kannte die gesamte Klavierliteratur auswendig und auf das genaueste. Sein Können war höchste Virtuosität; aber er war außer Stande, als Pianist öffentlich aufzutreten – wegen hochgradigen Lampenfiebers. Seine Schüler lehrte er, das Lampenfieber zu überwinden, und zwar auf eine sehr kluge und wirksame Weise: Nach Möglichkeit begann der Unterricht mit einem langsamen Stück, dann mussten wir die etwa acht Takte des ersten Themas genau im Tempo durchdenken, ohne es zu spielen. Hie und da eine falsche Note wurde gerne geschluckt, ein falscher Ton sei wie ein beiläufiges Versprechen, aber ein falsches Tempo verzerre den Sinn der ganzen Komposition. Besonders ein zu schnelles Tempo verursachte heftige Kritik. Die Beherrschung der Zeit werde erreicht durch ruhiges, ausbalanciertes Atmen, ungehindert vom technischen Spielvorgang, nur auf das musikalische Denken konzentriert. Beherrschter Atem bewirke den ungestörten Blutzustrom zum Gehirn.

Das Oboespiel erlernte ich bei Professor Fleming, dem Ersten Oboisten der Staatskapelle. Das Oboe-Mundstück war schnell zu beherrschen, meine Lippen waren für diesen Ansatz gut geformt. Dagegen hatte ich große Schwierigkeiten mit dem fünften Finger, für den die Klappenmechanik auf dem Instrument ungünstig postiert war. Jedenfalls habe ich das Oboespiel nach einem Semester aufgegeben, nicht ohne die Natur dieses Instrumentes gut kennen gelernt zu haben.

Das zweite Semester begann ich mit Kesselpauken. Der Lehrer war ein relativ junger Schlagzeuger, Professor Krüger, auch er vom Orchester der Staatsoper. Er sagte mir gleich, dass man das

Paukenspiel als halbwüchsiger Junge beginnen müsse und ich dafür schon zu alt sei. Aber er konnte mich in die Klangwelt der Pauken und anderer Schlaginstrumente einführen und mir zeigen, was ein Komponist über die verschiedenen Spielarten wissen muss. Das große Solo für sechs Kesselpauken, das ich in meine Zweite Symphonie eingearbeitet habe, hängt mit diesen Erfahrungen zusammen.

Noch im selben Semester ging ich zur Klarinette über. Da hatte ich mit den Fingern noch größere Schwierigkeiten als mit der Oboe. Um die Spannweite der Finger zu vergrößern, steckte man mir Korkenstücke zwischen die Finger, was natürlich bald zu schmerzen begann – eine tour de force und keine sehr aussichtsreiche Methode. Es blieb eine kurze Erfahrung.

Mit dem Eintritt in die Harfenklasse von Max Saal betrat ich eine ganz andere neue Klangwelt. Ich musste mich ihm in seiner Privatwohnung vorstellen. Saal öffnete selber die Tür. Vor mir stand eine große stattliche Erscheinung. Ich stellte mich vor, er reichte mir seine Hand und sagte schnell und monoton: »Nicht sehr angenehm. Hoffentlich kommen Sie sobald nicht wieder.« Gleich darauf lachte er wie ein kleiner Junge. Das war so seine Art, neue Besucher zu irritieren. Dann führte er mich in das Musikzimmer. Dort stand der Bariton Heinrich Schlusnus, mit dem er am Klavier korrepetierte. Saal ließ mich umblättern, ich war verzaubert. Sie studierten Schubert-Lieder. Pianistisch vollkommen, fesselnd, vielseitig und überzeugend aus großem Wissen, was Saal dem Sänger über das Leben einer Komposition zu sagen hatte. Die Harfe hatte ich bald ganz vergessen.

Dann klingelte irgendwann das Telefon, er kam zurück und musste Schluss machen. Zwischen uns beiden war es Liebe auf den ersten Blick. Ohne irgendetwas zu fragen, bestellte er mich zur ersten Stunde in das Harfenzimmer der Hochschule. Die Stunde begann um neun Uhr morgens in Gegenwart der ganzen Harfenklasse und dauerte bis zwei Uhr mittags. Etwa die Hälfte der Schüler wurde unterrichtet, das nächste Mal kam die andere Hälfte dran. Aus Prinzip mussten wir den ganzen Unterricht mit anhören, denn Saal meinte, dass man am besten von den Fehlern der Anderen lernt. Ganz sicher schulte es das Beobachten, was besonders deutlich wurde bei zwei japanischen Studenten. Wenn sie sich an das Instrument setzten, waren Mensch und Harfe eine organische Einheit, so als seien sie zusammen geboren worden. Saal brauchte bei ihnen niemals die Hand-, Finger- oder Körperhaltung zu korrigieren. Das kam alles ganz von der Natur her, also vom genauen Beobachten.

Harfenspiel ist ein komplizierter Vorgang. Die moderne Harfe ist mechanisch hoch entwickelt, damit man auf ihr die Harmonien im romantischen Stil ausführen kann. Daher werden mit den Füßen sieben Pedale bedient, von denen jedes einen Ton der Tonleiter dreimal um einen Halbton verändern kann. Das ermöglicht, komplizierte Akkorde auf den Saiten zu greifen und die Harfe den Anforderungen der Musiksprache des 20. Jahrhunderts anzupassen. Man muss die Spieltechnik dieses Instruments sehr gut kennen, um als Komponist der Harfe im Orchester eine ihr gebührende und charakteristische Rolle zu geben. Kein Wunder, dass Saal persönlicher Berater von Richard Strauss war.

Mir stand eine Übungsharfe in der Hochschule zur Verfügung, auf der ich dreimal in der Woche zwei Stunden üben konnte. Weil das mein Nebenfach war, konnte ich mir Zeit lassen. Fingerübungen für das Saitenspiel waren entscheidend, um eine gewisse Fertigkeit für leichtere Figurationen zu erreichen. Ich spielte wie ein blutiger Anfänger, der mit Mühe Kinderlieder zusammenstottern konnte.

In diesem Stadium meiner »Virtuosität« klingelte das Telefon während einer Unterrichtsstunde. Die Klasse war vollzählig um ihren Meister versammelt. Am Telefon war die Sekretärin des Arbeitsvermittlungsbüros für Studenten der Hochschule: Sie verlangte dringend einen Harfenisten für die Orchestermusik eines neuen Tonfilms, die gerade im Ufa-Tobis-Filmstudio eingespielt wurde. Saal schickte seine beste Schülerin, die vor der Reifeprüfung stand, also schwierigste Partien meistern konnte. Sie sprang vor Freude in die Luft, denn diese Arbeit war gut bezahlt. Vom Entgelt eines einzigen Tages konnte man einen Monat leben. Eine elegante schwarze Horch-Limousine wartete unten und sauste mit der Harfenistin davon.

Nach einer Stunde klingelte das Telefon erneut. Wieder die Sekretärin: Der Dirigent des Orchesters lasse doch sehr bitten, keinen Anfänger zu schicken, sondern einen Harfenisten, der das

*In Palästina nannten ihn später die Juden
»Josef Hacholem«, den Träumer ...*

Instrument beherrsche. Wir wurden zu lebendigen Fragezeichen. Saal schickte den Zweitbesten, einen jungen Mann, der schon Orchestererfahrung hatte. Diesmal kam ein gelber Daimler-Benz mit Dreiklanghupe.

Ein Uhr mittags klingelte das Telefon wieder. Ein erboster Dirigent: Was sich die Hochschule eigentlich dächte, die Arbeit am Film mit unzulänglichen Musikern aufzuhalten. Wir waren sprachlos. Aber Saal blieb ganz ruhig und sagte nur: »Josef, jetzt gehst du.« Ich reagierte kaum und fand das nicht einmal witzig. Energisch wiederholte er seine Aufforderung, mit erhobener Stimme im Befehlston. So etwas war ich von Saal nicht gewohnt. Ich hatte ihn nie boshaft gesehen, auch nicht, wenn er sich ärgerte. Was sollte es für einen Sinn haben, den absoluten Anfänger einer solchen Situation auszusetzen? Ich blieb einfach sitzen und stierte ihn an. »Geh schon, Josef, spute dich, der Wagen wartet schon!« Er meinte es wirklich ernst. Da gab es nicht mehr viel zu überlegen, zähneknirschend und grußlos verließ ich das Klassenzimmer.

Unten stand wieder die Horch-Limousine mit dem Chauffeur in eleganter Livree. Unter den gegebenen Umständen war die luxuriöse Fahrt leider gar nicht zu genießen. Ich zerbrach mir den Kopf, was das nur bedeuten sollte. Nach der Ankunft auf dem Filmgelände wurde ich in das Aufnahmestudio geführt. Das Orchester empfing mich mit Gelächter: »Ah, noch ein Virtuose von der Musikakademie!« Mit eingezogenem Kopf ging ich zu meinem Platz. Der Dirigent sagte unwirsch: »Schauen Sie sich die Noten an, ich werde solange eine andere Stelle probieren.« Schnell erkannte ich, dass die Harfenstimme von einem Kapellmeister geschrieben war, der offenbar keine Ahnung von der Harfe hatte – eine typische Klavierstimme, notiert für fünf Finger an jeder

Hand. Harfe aber spielt man ohne den kleinen Finger, der die Saiten nicht erreichen kann. Eine Klavierstimme mit vielen Läufen auf der Harfe zu spielen, ist etwa wie eine Katze gegen den Strich zu streicheln. So etwas muss man monatelang üben und selbst dann wird es nicht gut. Die Harmonien waren einfallslos und viel zu armselig für eine Filmmusik, weil dieser Arrangeur zu wenig von Pedaltechnik wusste.

Ich gab dem Dirigenten ein Zeichen, dass er anfangen könne. Die Klavierfiguren verwandelte ich in einfache Akkordbrechungen, die selbst ein Anfänger mit ein bisschen Mut spielen kann, wob stattdessen ausgiebige Glissandi ein, die keine Fingerfertigkeit brauchen, aber sehr effektvoll sind, besonders wenn sie mit Harmoniewechsel kombiniert werden. Die Harfe schwindelte den schönsten Klangzauber in die Partitur. Der Kapellmeister war entzückt. Am Ende klatschte das Orchester Beifall.

In der Abenddämmerung kam ich nach Hause und rief sofort bei Saal an, der aus vollem Halse lachte. Am nächsten Tag wurden die Aufnahmen beendet. Es war ein Freitag. Für den feierlichen Vorabend des Sabbatfestes kaufte ich, stolz wie ein Spanier, eine große Bonbonniere Konfekt der Confiserie Hamann und legte sie unter die großen Silberleuchter vor Vaters Platz am Tisch.

Bald wurde ich wie ein Sohn im Hause Saal aufgenommen. Der Tochter gab ich Klavierunterricht, was mir entgegenkam, weil ich mittlerweile meine Studien am Klavierpädagogischen Seminar mit wahrer Hingabe fortsetzte. Das Seminar wurde von Frieda Loebenstein geleitet, einer hoch intellektuellen allein stehenden Frau, wohl Anfang Fünfzig, mit einem phänomenalen Spürsinn für Menschen aller Altersstufen. Nie kam ein lautes oder schroffes Wort aus ihrem Mund. Mit unermesslicher Geduld und innerer Ausgeglichenheit, was ihr manchmal eine priesterliche Note gab, löste sie alle Konfliktsituationen, die sich wegen der unwissenschaftlichen Natur der Pädagogik in Verbindung mit emotional aufgeladenen Studenten ergaben. Das Seminar hatte ein festes Lehrprogramm, in dem auch Klavier und Theorie unterrichtet wurde, allerdings wesentlich aufs Methodische ausgerichtet. Hier kam es zum Kontakt mit dem Pianisten Leonid Kreutzer und dem Komponisten Paul Hindemith.

Den Grundton des Seminars bestimmte die organische Verbindung von Instrumentalunterricht mit musiksprachlicher Betätigung des Schülers. In der Musik muss sich der Schüler ausdrücken können, das Instrument ist Mittel zu diesem Zweck. Besonders der Anfangsunterricht muss auf dieser Erkenntnis basieren. Würde man in allen Schulen das Notenlesen und -schreiben genauso systematisch unterrichten wie Rechnen, Lesen und Schreiben und würden auch in der Musik die Schüler entsprechend befähigt werden, einen musikalischen Gedanken zu formulieren und zu entwickeln wie einen Schulaufsatz – ich wage zu behaupten, dass dann auch diejenigen Schüler, die sich für eine politische Laufbahn entscheiden, positiv beeinflusst würden. Und Musikliebhaber von heute könnten zeitgenössische Musik besser verstehen.

Unter diesem Aspekt ist die Gründung des Klavierpädagogischen Seminars an der Berliner Musikhochschule zu verstehen, eine Tat des Musikreferenten im damaligen Erziehungsministerium, Leo Kestenberg. Selber ein ausgezeichneter Pianist, Schüler von Busoni, versuchte er, durch die gesetzliche Einführung eines Diploms für Privatmusiklehrer das Niveau des Musikunterrichts zu heben; denn inzwischen wurden Pianisten, die auf der Bühne als Solisten scheiterten, Klavierlehrer. Verständlicherweise hat sich Kestenberg damit beim Heer der älteren Klavierlehrer recht unbeliebt gemacht, denn sie mussten nun alle ein Examen nachliefern, ohne das sie an der Haustür kein Hinweisschild auf ihre Tätigkeit anbringen durften.

Um Kestenbergs Erziehungsideal zu verwirklichen, fand man in Frieda Loebenstein den Prototyp kongenialer pädagogischer Fähigkeiten. Es ist anzunehmen, dass an der Entstehung von Hindemiths Lehrstück »Wir bauen eine Stadt« auch Frieda Loebenstein ihren Anteil hatte. Jedenfalls sollte das Werk von denjenigen Kindern uraufgeführt werden, die am Seminar den Studenten als Versuchsschüler schulgeldfrei dienten. Das ging nicht ganz ohne Schwierigkeiten ab. Um den Privatmusiklehrern nicht Schüler wegzunehmen, gab es eine Vereinbarung mit der Hochschulleitung, dass Versuchsschüler nur aus Armenvierteln kommen sollten.

Diese Kinder hatten von Hause aus keine Chance, Klavierunterricht zu erhalten, und waren nicht in der Tradition klassischer

Musikkultur aufgewachsen. Und so schien es aussichtslos, mit ihnen Hindemiths atonale Komposition einzustudieren. Nicht nur die Intervalle, auch die Rhythmen schienen viel zu kompliziert. Also wurden Kinder aus dem Berliner Westen ausgewählt, aus Elternhäusern, die ihren Kindern privaten Musikunterricht erteilen ließen. Mit diesen Kindern gingen wir an die Arbeit des Einstudierens von »Wir bauen eine Stadt« – eine Sisyphusarbeit, denn wir konnten diesen Kindern den musikalischen Zusammenhang in Hindemiths Tonsprache nicht vermitteln. Sie sträubten sich gegen diese Musik, als seien sie allergisch dagegen.

Die Arbeit wurde unterbrochen. Frieda Loebenstein gab den guten Rat: zurück zu unseren Kindern aus dem Zille-Milieu. Und es klappte sofort. Diesen noch nicht durch Erziehung »verdorbenen« Kindern war es völlig egal, welche Intervalle sie zu singen hatten. Der Unterschied zwischen tonal und atonal existierte für sie ohnehin nicht, also wurde alles so genommen, wie es kam. Es war eine reine Lust und wurde zur Lehre fürs ganze Leben. Diese Erfahrung hat mir über manche gesellschaftliche Krise als Komponist hinweggeholfen. So war auch zu verstehen, warum die Aufführung von Hindemiths Streichquartetten nur als Nachtvorstellung im Kino »Alhambra« in der Wilmersdorfer Straße/Ecke Kurfürstendamm gegeben werden konnte. Das war die passende Zeit und der rechte Ort für die exzentrischen jungen Musikstudenten, um solche Musik zu »genießen«.

Eine Musikmatinee am Sonntagvormittag in der »Volksbühne« nahe dem Alexanderplatz: Das Programm bestand nur aus Klavier- und Bratschenmusik von Hindemith, mit ihm selbst an der Bratsche. Seine burschikose Art des Spielens, manchmal in wildeste Interpretation ausartend, bei der es entsprechend der »Gebrauchsanweisung« in seiner »Klaviersuite 1922« nicht auf jede Note, eher aufs Ganze ankam, brachte ihm einen durchschlagenden Erfolg. Das vollbesetzte Theater reagierte spontan mit Ovationen.

Der gefürchtete Leo Kestenberg inspizierte eines Tages das musikpädagogische Seminar. Das Schicksal wollte es, dass ich gerade an diesem Tag eine Beispielstunde vor den Studienkollegen meines Jahrgangs geben musste. Mit meiner achtjährigen Schülerin, Tochter eines Nachtwächters im Kaufhaus Karstadt am Hermannplatz, verstand ich mich sehr gut. Schon erschien er in der Tür, wurde vorgestellt und bat sogleich, mit dem Unterricht zu beginnen. Er war hochgradig kurzsichtig; um alles gut beobachten zu können, postierte er sich unmittelbar hinter meinem Rücken und folgte stehend dem Unterricht. Ich konnte mich nicht umdrehen, um zu sehen, welche Miene er zu meinen Erklärungen machte. Also gab ich alle peinlichen und störenden Überlegungen schnell auf und ließ dem Schicksal seinen Lauf. Eine solche Beispielstunde dauerte dreißig Minuten, die Kestenberg ohne irgendwelche Bemerkung, ruhig hinter mir stehend, bis zum Ende anhörte. Dann erwarteten wir den Hammerschlag seiner Kritik. Doch er klopfte mir wohlwollend auf die Schulter und sagte: »Ausgezeichnet, junger Mann.« Die Klasse war erlöst, Frieda Loebenstein lächelte gütig und zufrieden.

Auf den politisch aktiven Sozialisten und Juden Kestenberg waren die Nazis besonders scharf. Er musste nach der Machtergreifung Hitlers Deutschland schnellstens verlassen. Auf manchen Umwegen kam er schließlich nach Israel und wurde Direktor des Philharmonischen Orchesters in Tel Aviv.

Nicht nur die Studien an der Hochschule sorgten für ein bewegtes Leben. Mehr noch schlugen die Wellen der Leidenschaft haushoch in die privaten Beziehungen. Rosie wurde zur Achse, um die sich alles drehte. Obgleich noch nicht offiziell geschieden, lebte sie alleine und verdiente sich ihren Lebensunterhalt durch Gymnastikunterricht. Sie hatte inzwischen eine eigene Wohnung in der Lietzenburger Straße bezogen, weil sie ein großes Zimmer brauchte, um als Tänzerin trainieren zu können. Rosie war Vegetarierin und ideologisch der Mazdaznan-Bewegung verbunden, die in den Zwanzigerjahren in Berlin eine große Anhängerschaft hatte.

Dem Tanz galt ihr Hauptinteresse. Sie wurde Schülerin von Elsa Gindler, deren Gymnastik eng mit Lebensphilosophie und Weltanschauung verbunden war. Durch Rosie kam ich in diese Kreise: Von Elsa Gindler als Persönlichkeit war ich beeindruckt, weniger von ihren Schülerinnen, die nur auf philosophischer Grundlage atmen konnten, sonst aber verkorkste blasse Gesichter waren. Rosie war nicht von dieser Sorte. Ihre sprühende Persönlichkeit war eine reiche Quelle der Inspiration. Meine leicht entzündbaren Nervenfibern waren heißen Gefühlen ausgesetzt. Und aus Elsa Gindlers Vorträgen, die weit über die reine Gymnastik hinausgingen, gewann ich Anregungen, um Musik für Tanz zu komponieren.

Jetzt besuchte ich regelmäßig Tanzabende von Mary Wigman, Gret Palucca oder Valeska Gert, von Rudolf Laban oder Berthe Trümpy. Klassisches Ballett hatte ich in den Opernhäusern kennen gelernt. Der so genannte »moderne« Tanz war viel stimulierender, die Beziehung zwischen Musik und Tanz beschäftigte mich. Meist diente Musik als Klangkulisse, um Stimmungen zu erzeugen oder durch Rhythmus die Beine in Bewegung zu setzen. Ein wirklicher Dialog zwischen Musik und Tanz fand nur sporadisch statt. In nachhaltiger Erinnerung ist mir ein »Totentanz« von Valeska Gert geblieben. Im hochgeschlossenen, teils weiten, teils eng anliegenden schwarzen Kostüm stand sie in der Mitte der Bühne frontal zu den Zuschauern, bewegte sich nicht von der Stelle und fiel langsam in sich zusammen. Der ganze Tanz in völliger Stille – ein großes Meisterwerk. Ich erkannte, dass diese Musik im Tänzer selber erklingen muss.

Später habe ich versucht, Tänzern die stille Musik nahe zu bringen, was selten gelang. Es bedarf der eigenen musikalischen Erfindungskraft des Tänzers, die jedoch entwickelt werden kann. Ebenso ist der Komponist gezwungen, beim Komponieren für Tanz ein tänzerisches Konzept zu besitzen. Meistens laufen Tanz und Musik nebeneinander her, sind selten ineinander verwoben. Alle diese Fragen konnte ich mit Rosie diskutieren, und ich schrieb viele Kompositionen für ihren Tanz.

Lange Zeit war ich ständiger Begleiter einer kommunistischen Tanzgruppe, deren Choreograph ein Tänzer namens Veit war. Alle Mitglieder waren hoch trainiert, bis hin zur Akrobatik. Thematisch ging es immer um den Kampf des Arbeiters gegen entfremdete Arbeit durch Maschinen, kapitalistische Fabrikanten oder die Bürokratie. Das Programm stand vor jeder Probe felsenfest, meine Aufgabe bestand im Improvisieren, und wenn etwas besonders gut gelang, wurde es aufgeschrieben. Die Musik diente den politischen Klischees. Für diese Gruppe komponierte auch Stefan Wolpe, den ich später in Jerusalem wieder traf.

Die Arbeit mit der Gruppe Veit sollte meinen Lebensunterhalt

*Der Musikstudent in seiner
Sturm- und Drangzeit*

sichern. In der Praxis sah es anders aus: Anfangs zahlten sie pünktlich. Als sie herausfanden, dass mir Geld nicht die Hauptsache war, wurde die Bezahlung zögerlich. Die Übungsräume befanden sich in einem Dachatelier, das in eisigen Wintermonaten trotz eines Kachelofens kaum beheizbar war. Außerdem fehlte das Geld für die Kohlen. An einem windscharfen Schneetag, als es durch alle Ritzen der undichten Dachfenster zog, war ich zur Probe bestellt. Ich ahnte die Kälte und brachte zwei große Einkaufstaschen voller Briketts mit. Als ich die Tür öffnete, sah ich die Gruppe, gehüllt in Tücher und Schals, um einen runden Tisch sitzen, in dessen Mitte aufgeschlagen »Das Kapital« von Karl Marx lag. Einer las vor und kommentierte. Meine Kohlen verbreiteten schnell angenehme Wärme. Statt am Klavier über Probleme des Proletariats zu improvisieren, wurde ich zur marxistischen Lektion eingeladen. Die Originalsätze von Marx waren dabei weit überzeugender als die Kommentare dazu, was mich immerhin dazu veranlasste, öfter in dieser kommunistischen Bibel zu blättern.

Bald kam wieder das Passahfest, diesmal aber schon im Zeichen der wirtschaftlichen Nöte und politischen Wirren. Das Waisenhaus meines Vaters war weitgehend von einem privaten Bankhaus unter Direktor Max Jaffa finanziert. In den Zwanzigerjahren trat sein Schwiegersohn Kahn in die Firma ein. Mitunter erschien er im Waisenhaus, trug Glacéhandschuhe, Zylinderhut und ein mit weißer Seide gefüttertes schwarzes Umhängecape. Wenn er sprach, fuchtelte er mit einem hellbraun lackierten Stöckchen mit elfenbeingeschnitztem Nymphenkopf. Nach Jaffa wurde Kahn Inhaber des Bankhauses, das während der Inflationsjahre eine Scheinblüte erlebte und später in den Strudel der wirtschaftlichen Schwierigkeiten geriet. Die Existenz des Waisenhauses stand somit in Frage, und es begannen Verhandlungen mit der Jüdischen Gemeinde zwecks Übernahme des Instituts. Die Verhandlungen zogen sich hin, und ihr Resultat blieb vorläufig ungewiss. Die Aufnahmequote neuer Zöglinge musste herabgesetzt werden.

Der Sommer kam und mit ihm die Erinnerung an die schönen Danziger Ferien. Mein Onkel kam in Schwierigkeiten, die teilweise schon auf antisemitischem Boykott beruhten. Er zog nach Berlin, damit wurde Danzig ein Traum der Vergangenheit. Rosie und ich beschlossen daher, in den großen Ferien eine Wanderung zu unternehmen. Mit den zusammengelegten Finanzen konnten wir einen schönen Reiseplan entwerfen. Nach Hamburg fuhren wir mit der Eisenbahn, und von dort ging es wandernd und trampend nordwärts bis zur dänischen Grenze. Wir übernachteten auf Bauernhöfen und in kleinen Gasthöfen und wurden überall freundlich aufgenommen.

Einmal aber kamen wir an einem recht wohlhabend wirkenden Bauernhaus vorbei, erhielten zur Übernachtung ein kleines Dachzimmer und wurden sogar zu einem Tee in die noble Küche eingeladen. An den Wänden hing herrliches Kupfergeschirr. Der Herr des Hauses saß uns gegenüber und las im »Völkischen Beobachter«. Schaurige Schlagzeilen gegen die Juden stachen uns in die Augen. Es war ein sonniger Frühnachmittag, wir verließen dieses Haus und zogen weiter in ein Dorf nahe Eutin. Der Gastwirt fragte nach meinem Beruf, und als er hörte, ich sei Musiker, war er hocherfreut, denn abends war ein kleines Fest und ich sollte musizieren. Mit fürstlicher, sogar vegetarischer Verpflegung und einer Gratis-Übernachtung blieben wir dort noch einen ganzen Tag.

Ein ganz besonderer Reiz dieser Wanderung war meine Kodak-Box, eine einfache Kamera mit dem damals üblichen Filmformat von sechs mal neun Zentimetern. Perspektiven der Landschaft einzufangen und zu verändern, Einzelheiten am Wege mit Auge und Linse aufzupicken und auf den Film zu bannen, Wolken mit nach Hause bringen zu können, das machte die Wanderung zur Entdeckungsreise mit einer neuartigen Wahrnehmung der Welt.

Gleich nach der Rückkehr baute ich in meinem Zimmer eine primitive Dunkelkammer aus Pappkartons und Vorhängen, die nach Einbruch der Dämmerung genügend lichtdicht waren. Das Entwickeln der Filme und das Kopieren waren nicht weniger interessant. Den Entwickler setzte ich selber an und installierte ein kleines chemisches Labor in meinem Zimmer. Der nächste Schritt war das Vergrößern. Dazu kaufte ich eine Plattenkamera, deren Linse an die einfachste Vergrößerungshaube angesetzt werden konnte. Durch Vergrößern konnten die Aufnahmen in mehrere Details aufgelöst und diese verselbstständigt werden. Und bald wurde das Fotografieren auch zu einem wichtigen Hilfsmittel beim Einstudieren von Tänzen.

Das Hochschulstudium in Berlin wurde immer intensiver: Zu Schünemanns Vorlesungen über Musikgeschichte kam Instrumentenkunde bei Curt Sachs. Seine Erkenntnisse über die in Gemälden abgebildeten Musikinstrumente waren wahrhafte Detektivgeschichten. Seine Vorträge fanden in der Musikinstrumentensammlung statt, die im Gebäude der Hochschule untergebracht war. Alle Instrumente wurden in spielfähigem Zustand gehalten. Wenn die Rede vom Cembalo war, konnten die Beispiele auf Bachs zweimanualigem Cembalo gespielt werden oder eine Flötensonate von Quantz auf Friedrich des Großen Flöte. Wer das Glück hatte, bei Curt Sachs zu studieren, hütet dieses Erbe mit nie verlöschender Freude.

Von den so genannten Nebenfächern, die sich mitunter im Leben eines Schülers zum Hauptfach entwickeln, möchte ich die Gehörbildung bei Siegfried Borris erwähnen, der nicht viel älter war als seine Schüler. Seine vierstimmigen Musikdiktate, in einem präzisen, stilistisch eleganten Satz gehalten, blieben über das Training hinaus ein musikalisch überaus anregendes Material. Jeder trockenen Übung blies der Musiker Borris seinen Atem ein. Dazu gesellte sich noch Charlotte Pfeffer mit ihrer Fähigkeit, das Ohr als Empfänger akustischer Eindrücke zum Teil des ganzen Organismus zu machen. Sie lehrte, wie das Blut ungehindert im ganzen Körper kreisen muss, um hören und musizieren zu können. Als Beispiel diente die Einheit zwischen den gespitzten Ohren eines wachsamen Schäferhundes und seiner Schwanzspitze.

Als Nebenfach galt auch der regelmäßige Besuch der Orchesterproben. Die Hochschule hatte zwei voll besetzte Orchester, eines unter Walter Gmeindl für symphonische Literatur und ein zweites unter Prüwer für Opernliteratur. Bei den Proben setzte ich mich jeweils neben einen anderen Instrumentalisten, um aus der Nähe seine technischen Probleme zusammen mit den relevanten Anweisungen des Dirigenten kennen zu lernen. Diese Erfahrungen waren später fraglos von großem Nutzen bei einem Schablonen vermeidenden Orchestrieren einer Komposition. Die Zusammenarbeit mit Prüwer auf dem Gebiet der Opernregie eröffnete neue Horizonte. Ihm verdanke ich meine ersten Versuche, für Musiktheater zu komponieren. Und Rosie schrieb für mich die Texte. Das Notenmaterial ist bei der Auswanderung in Berlin zurückgeblieben und verloren gegangen.

Sehet, ein Sohn

Rosie und ich waren inzwischen in unserer Arbeit so aufeinander eingestimmt, dass wir beschlossen, einen öffentlichen Tanzabend zu veranstalten. Elsa Gindler ermutigte uns und wir bekamen finanzielle Hilfe, um einen kleinen Saal in der Gegend der Kurfürstenstraße zu mieten. Auf dieses Tanzrezital haben wir uns gezielt nicht vorbereitet, sondern bewusst improvisiert. Unser Zeitempfinden war aufeinander abgestimmt. Zehn Tänze umfasste das Programm, fünf vor und fünf nach der Pause. Der Flügel stand seitwärts auf der Bühne, so dass ich Rosies Tanz genau beobachten konnte. Das Publikum ging wunderbar mit, der Applaus steigerte sich bis zum letzten Tanz. In der »Berliner Morgenpost« erschien eine sehr gute Kritik.

Die Wirtschaftskrise in Deutschland zeigte sich am deutlichsten an der immer bedrohlicher wachsenden Zahl der Arbeitslosen. Politische Quertreiber nutzten die Unzufriedenheit in der Bevölkerung, der Antisemitismus als bequemes und wirksames Mittel der Propaganda wurde lauter und lauter. Die Streicher-Presse, der »Angriff« und der »Völkische Beobachter«, leisteten methodisch wohl gezielte Arbeit, um das Vertrauen in die Weimarer Republik zu unterminieren. Auch ich bekam diese Entwicklung zu spüren, noch nicht als Jude, aber schon als privater Klavierlehrer auf der Suche nach Schülern. Ich musste daher

*Der Blick nach vorn –
in die Zukunft*

baldmöglichst mein Klavierlehrerexamen machen, um mehr Bewegungsmöglichkeiten zu haben. Trapp bereitete mich sorgfältig auf den pianistischen Teil der Prüfung vor. Für die anderen Fächer war ich schon bereit. Damit die Anwesenheitslisten keine leeren Stellen zeigten, besuchte ich alle Vorlesungen regelmäßig. Sogar Vorträge über »Berufskrankheiten der Musiker« nahm ich mit ins Programm auf. Diese einjährige Vortragsfolge hielt der Hausarzt der Hochschule, Kurt Singer, ein schrulliger, eminent intelligenter Mann, dem der Berliner Ärztechor viel zu verdanken hatte. Seine Vorträge waren angesetzt für Sonnabendmittag, die schlechtesten Stunden der Woche, denn alle waren schon draußen im Wochenende.

Im großen Vortragssaal saßen nie mehr als zwei oder drei Studenten – einer davon war ich. Singer stürmte immer im letzten Moment herein, das Manuskript unterm Arm, sprang aufs Katheder, und ohne auch nur einen Blick auf seine Studenten zu werfen, rasselte er den ganzen Vortrag monoton und ohne Pause herunter, den Kopf in den Seiten vergraben. Selbst den stereotypen Anfang »Meine Damen und Herren!« sagte er mit dem Gesicht im Manuskript. Nur einmal, als er niesen und sich die Nase schnäuzen musste, sah er auf und sein Blick fiel auf seine Hörer, eine Sängerin und mich. Er steckte das Taschentuch wieder ein, setzte genau nach dem letzten Wort, bei dem er niesen musste, wieder ein, schickte aber der Fortsetzung voran: »Meine Dame und mein Herr!«

Kurt Singer wurde später stellvertretender Intendant der Städtischen Oper in Charlottenburg und gründete nach dem Berufsverbot den Jüdischen Kulturbund. Er konnte überaus schlagfertig und witzig sein. Als unter seiner Ägide »Tiefland« von Eugen d'Albert auf dem Programm stand, kam auch der Komponist zur Aufführung. Singer begrüßte ihn, und d'Albert stellte ihm seine achte Frau vor, worauf Singer ganz trocken sagte: »Und die Neunte ist mit Chor.«

Meine wirtschaftliche Selbstständigkeit wurde allmählich unausweichlich, denn das Waisenhaus in der Roscherstraße wurde geschlossen. Plötzlich waren alle Räume leer, und die Eltern suchten eine Wohnung. Ich fand Arbeit bei einer Sängeragentur als Begleiter. Das Vorsingen fand auf einer kleinen Probebühne in der Städtischen Oper statt. Zum Vorsingen kamen zwischen zehn und zwanzig Sänger und Sängerinnen aller Altersstufen, von jungfräulicher Unerfahrenheit bis zu gänzlich ausgesungenen Kehlen.

Alle Haar- und Augenfarben waren vertreten, die Kleidung teils lüstern, teils fadenscheinig ausgefranst – ein wahres Panoptikum menschlicher Schicksale. Nun kannte ich die durchschnittliche Sängermentalität von damals. Außerhalb der angeborenen und entweder gut oder schlecht trainierten Stimmqualität war von musikalischem Wissen kaum eine Spur. Der Begleiter am Klavier musste also immer auf der Hut sein und des Sängers Abenteuer sprunghaft mitmachen.

Der Agent, der mich engagiert hatte, verhielt sich wie ein Sklavenhändler. Er genierte sich nicht, mir vor dem Auftritt ins Ohr zu flüstern, ob das Vorsingen gut oder schlecht ausgehen sollte, je nach dem finanziellen oder anderweitigen Interesse, das er am männlichen oder weiblichen Kandidaten gefunden hatte. Meine Qualität als Begleiter beurteilte er danach, inwieweit ich auf seinen Befehl erfolgreich gemordet oder gerettet hatte. Lange war das nicht auszuhalten, denn mir wurde übel vor mir selbst. Aber Geld hat es eingebracht, und das verprassten Rosie und ich in unserem Lieblingscafé Zuntz sel. Witwe in der Tauentzienstraße, dem Stammlokal der studentischen Bohème. Die arrivierte Bohème saß derweil im Romanischen Café, schräg gegenüber der Kaiser-Wilhelm-Gedächtniskirche.

In dieser Gegend konzentrierten sich auch die großen Lichtspieltheater, die Uraufführungen in- und ausländischer Filme brachten. Chaplins »Goldrausch« und »Lichter der Großstadt« liefen im »Capitol«, »Der blaue Engel« mit Marlene Dietrich im »Gloria-Palast«, der erste gelungene amerikanische Tonfilm »Der Jazz-Sänger« im »Ufa-Palast« am Zoo. Dieser überaus erfolgreiche Film kam schon einer Revolution gleich und führte zu lautstarken Protesten der Kinomusiker, die um ihre Arbeit bangten. Herrlich waren die Tierfilme des Schweden Bengt Berg im »Marmorhaus« ohne jede Musik. Statt der Musik stand Bengt Berg in einer Ecke und sprach zum Publikum in spannenden Worten über das, was die Leinwand zeigte. Von diesen Filmen haben wir keinen versäumt, auch nicht die Experimentalfilme oder Wiederaufführungen vergessener oder zu rasch abgesetzter Filme in der »Kamera« Unter den Linden. Manchen Nachmittag haben wir zusammen hier verbracht und sind anschließend oft ins »Kleine Theater« gegangen, ebenfalls Unter den Linden, wo Avantgarde-Stücke gegeben wurden.

Ein eigenes Kinoabenteuer begann eines Morgens, als ich dringend in das Arbeitsvermittlungsbüro der Hochschule bestellt wurde. Ein Kinopianist war erkrankt, und aufgrund der Liste war ich an der Reihe. Ich sagte der Sekretärin, dass ich noch nie im Kino gespielt, also keine Ahnung hätte, wie man so etwas machte. Sie empfahl mir eine spezielle Notenbibliothek für Kinomusik, wo ich mir die passenden Stücke heraussuchen könne. Ich wusste aber nichts über das Programm dieses Kinos, und außerdem war keine Zeit mehr für eine richtige Vorbereitung. Die Einwände nutzten nichts, ich dürfe die Hochschule nicht im Stich lassen, sie habe niemanden außer mir – also fuhr ich zur ersten Vorstellung um drei Uhr nachmittags zu einem kleinen Vorstadtkino am Friedrichshain.

Vor dem Kino empfing mich der Inhaber, ein dicker Ur-Berliner mit eindrucksvollem Schnauzbart, nach rechts und links spitz in die Luft stechend. Er musterte mich von oben bis unten und fragte: »Wo haben Sie denn Ihre Noten?«

»Ach«, sagte ich, »die brauche ich nicht. Das weiß ich alles auswendig.« – »Nu machen Se man keen Spaß. Wir haben hier jutes Publikum. Die kann ick nich beschummeln.«

»Na versuchen Sie's doch mal. Sie kriegen jetzt sowieso keinen andern.«

»Also det is doch die Höhe. Da schickt die Hochschule nen Klavierspieler ohne Noten. Wat denken die sich denn? Na, also jehn Se rin.«

Drin war ein kleiner Raum in tiefrotem schummrigem Licht, die Luft dick zum Schneiden. Unmittelbar vor der Leinwand stand ein brauner Klimperkasten, der sicher schon bessere Tage gesehen hatte. Ich warf einen Blick in die Mechanik, probierte die Pedale, und schon kam der Vorfilm mit der Ufa-Wochenschau. Das Bild flimmerte direkt vor meinen Augen, das Genick musste ich weit nach hinten biegen, um etwas zu erkennen. Es begann mit einem Eisenbahnunglück – irgendwo. Meine Hände rasten in verminderten Septakkorden voneinander weg und aufeinander zu – eine Entgleisung war unvermeidlich. Zweites Bild: eine prachtvolle militärische Parade mit Pferden und Automobilen und mit Orden reich bestückten Uniformen. Stolz marschierten meine Finger über die Tastatur, das Klavier erlebte glanzvolle Zeiten. Drittes Bild: die Trauung eines jungen Paares aus reicher Familie. In Großaufnahme steckte der Bräutigam den Ehering auf den Finger der engelhaften Braut. Von Dur und Moll geschüttelt, fielen die Tränen auf schwarze und weiße Tasten. Und so ging es weiter bis zum Hauptfilm.

Plötzlich stand der dicke Kinobesitzer hinter mir und rührte sich nicht von der Stelle; bis zur Pause stand er da wie angewurzelt. Dann ging das Schummerlicht wieder an, und ich konnte für ein paar Minuten frische Luft schnappen. Draußen sagte er: »Nee wirklich, det könn Se alles auswendich?«

»Och«, sagte ich, »ich kann noch viel mehr. Und alle vier Vorstellungen durch werde ich immer was anderes spielen.«

»Nu schneiden Se man nich uff.«

»Wetten?«

Und es ging weiter. Am Ende der ersten Vorstellung stand bereits ein kleines Tischchen mit einem Glas Bier neben mir. Ich musste mit ihm anstoßen.

Zweite Vorstellung. Nun kannte ich schon das Programm, brauchte nicht immer auf die Leinwand zu starren und wurde immer großzügiger mit lyrischen und dramatischen Ergüssen. Mit wachsender Sicherheit spielte sich auf dem Klavier mehr Kino ab als im Film. Der Dicke holte sich einen Stuhl, er wollte keinen

Ton versäumen. Das zweite Glas Bier musste ich ablehnen. Irgendwie verstand der Dicke, dass ich einer besonderen Behandlung bedurfte. Also brachte er belegte Brote. Das war schon besser. Und ich bat um Kaffee. Er hätte ein Himmelreich serviert, aber ich musste ja weiterarbeiten.

Um elf Uhr abends war Schluss und ich war halb erschossen.

»Nee, wissen Se, so wat hab ick noch nie erlebt. Da sitzen Se hier nen halben Tach und spielen alles aus'm bloßen Kopp! Wie viel ham Se da eigentlich drinne? Sie müssen nu jeden Tach wiederkommen. Den andern will ick nich mehr.«

»Das tut mir leid. Ich habe nur meinen kranken Kollegen vertreten. Da kann ich nicht morgen wiederkommen.«

Das hat er verstanden, mir mein Geld bezahlt und sich in rührender Höflichkeit verabschiedet.

»Wat et allet jibt in der Welt« – das waren seine Worte zum Abschied.

Mit bestandenem Klavierexamen wollte ich meine Lehrtätigkeit erweitern, was aber bereits sehr schwierig war, weil die Wirtschaftskrise sich zunehmend verschärfte. Dagegen blühten Theater, Film, Musik, Tanz – die Künste erfüllten Berlin Abend für Abend. Auch Grammophon und Schallplatte entwickelten sich rapide zu immer besserer technischer Qualität. Saal hatte so viele Plattenaufnahmen zu spielen, dass er sich schließlich ein Auto kaufen konnte – zu jener Zeit ein Privileg: einen Ford mit Vierradbremse, groß genug, um eine Konzertharfe darin zu transportieren. Er chauffierte selbst, was sowohl in der Familie als auch auf der Chaussee ziemliche Unruhe verursachte. Um den Kauf des Autos noch besser zu begründen, kaufte er ein Grundstück mit Sommerhaus in Wilhelmshorst. Dort wurde manches Wochenende mit Familie, Freunden und Schülern verbracht.

Die krassen Gegensätze zur Zeit der Wirtschaftskrise waren typisch für diese Tage. Für alles Böse mussten die Juden herhalten. Die Methode monotoner Wiederholungen penetranter antisemitischer Parolen zeigte ihre Wirkung. Die NSDAP eröffnete in allen Bezirken der Stadt Verkaufsstellen zur Einkleidung ihrer Mitglieder. Abgesehen von den Uniformen und Kleidungsstücken lag in den Schaufenstern eine vorzüglich sortierte Auswahl von Parteisymbolen, sehr geschickt und suggestiv entworfen, mit unmittelbarer Wirkung auf das Selbstwertgefühl in solcher Maskerade. Bald marschierten uniformierte Gruppen in den Straßen. Schlägereien mit Kommunisten waren an der Tagesordnung.

Das bekannte hebräische Theater »Habimah« kam zu einem Gastspiel nach Berlin und führte im »Theater am Nollendorfplatz« den »Dybuk« auf, in der Regie Stanislawskis eines der glanzvollsten Ereignisse der Theatergeschichte. Nazis organisierten Krawalle vor dem Theater und versuchten, die Aufführungen zu unterbinden. Damals schritt die Polizei noch ein. Das alles wurde nicht zu ernst genommen, schließlich waren die Nazis eine kleine Minderheit, die nur viel Krach machte. Jeder kümmerte sich um seine eigenen Probleme, ohne den Zusammenhang erkennen zu können oder zu wollen.

Die Arbeitslosigkeit stieg unter den Musikern wie in allen Bereichen. Im Nordosten der Stadt organisierte die Bezirksverwaltung ein Orchester arbeitsloser Musiker. Über die Hochschule suchten sie einen Dirigenten. Ohne Bezahlung stellte ich mich zur Verfügung – sicher kein bloßer Altruismus, denn ich wollte gerne dirigieren. Die Arbeit mit dem Orchester war eine reine Freude. Für das erste öffentliche Konzert haben wir etwa vier Monate lang geprobt. Der erste Geiger war hoch begabt, hatte aber ein schreckliches Lampenfieber, auch ohne Solist zu sein. Vor dem Konzert nahm er zur Beruhigung Baldriantropfen; die ganze Bühne roch danach, was ich so wenig vertragen kann wie den Geruch von Knoblauch. Gehör- und Geruchssinn lagen während des ganzen Konzertes im Kampf miteinander. Die Einnahmen des ausverkauften Hauses – es war die Aula einer Schule –, wurden anschließend auf das Orchester verteilt. Im Rahmen dieser »Musikerhilfe« gab ich später auch zusammen mit Rosie ein Konzert mit vierhändiger Klaviermusik von Mozart, Schubert und Mendelssohn.

Saal verschaffte mir eine interessante Arbeit. Eine dänische pyrotechnische Firma bestellte in Berlin einen Reklamefilm für Feuerwerk. Der Hersteller dieses Films kam auf die Idee, für die Musik nur eine Harfe zu verwenden, wohl wegen der Glissandi, aber den Klang durch Mikrofontechnik zu verändern. Zu dieser Zeit gab es schon Magnettongeräte, zwar nicht mit Tonband, sondern mit Tondraht, den man nicht schneiden konnte. Diese Arbeit, ständig improvisieren zu können, machte viel Spaß, zumal ich dabei auch alle möglichen und unmöglichen Spieleffekte erfinden musste.

Diese Musik zum pyrotechnischen Film brachte eine Stange Geld ein, das nie an meiner Geldtasche kleben blieb. In derselben Woche kaufte ich mit Rosies begeistertem Einverständnis ein Klepper-Paddelboot für zwei Personen. Von Pichelsdorf aus konnten wir die schönsten Touren machen. Unsere nächste Sommerreise führte mit dem Paddelboot die Havel durch Brandenburg hinauf zur Elbe und mit dem Strom bis Hamburg und Cuxhaven. Wir übernachteten am Ufer im Zelt und kauften Proviant in den kleinen Orten entlang unseres Weges. Von diesem unvergesslichen Unternehmen kehrten wir auf einem Lastkahn zurück, der mit Kupferballen beladen nach Berlin fuhr. Die Schiffsreise kostete eine Flasche Cognac.

Eines Tages wurde ich von einem katholischen Priester aus Reinickendorf zu einem Besuch in die Familie eines halbwüchsigen Roma-Jungen eingeladen, der mit seinen Eltern in einem Lager am Stadtrand von Berlin lebte und ein phänomenaler Geigenvirtuose war. Sein Vater baute Musikinstrumente. Der Priester wollte der Familie helfen und einen Berufsmusiker aus dem erstaunlich begabten Jungen machen, der nie in seinem Leben irgendwelchen Musikunterricht bekommen hatte und auch keine Noten lesen konnte. Er nahm die Geige in die Hand, spielte uns vor und verwandelte sich augenblicklich in einen Paganini traditioneller Zigeunermusik.

Aus diesem Talent sollte also ein Weltstar gemacht werden. Ich verabredete für ihn ein Vorspiel bei einem Geigenlehrer der Hochschule. Der Lehrer konnte nicht glauben, was er da hörte. Um Formalitäten zu vermeiden, nahm er ihn sofort als Privatschüler ohne Bezahlung an. Aus Dankbarkeit erhielt ich von dem Priester einen Schlüssel zur Orgel seiner Kirche, wo ich jederzeit üben durfte – für mich ein Geschenk des Himmels.

Doch was ist aus dem Jungen geworden? Er musste nun Noten lesen lernen, Fingerübungen machen nach einer Methode des Violinspieles und alles, was sonst noch auf einer Musikhochschule dazu gehörte. Der Priester hielt mich über seinen Fortschritt auf dem laufenden: Nach drei Wochen war der Junge nicht mehr zu bewegen, die Violine anzufassen, bekam einen Widerwillen gegen das Instrument, keine zehn Pferde konnten ihn zu seinem neuen Lehrer bringen. Musik war für ihn ein abgeschlossenes Kapitel. Nur ich blieb der Nutznießer dieser traurigen Episode, ich besaß eine Orgel – keine Kleinigkeit. Aber ein großes Talent ging verloren.

Obgleich ich das Orgelspiel nur autodidaktisch erlernte, habe ich mir doch so viel Spieltechnik angeeignet, dass ich nicht allzu schwere Literatur spielen konnte. Wofür war das in den Sternen geplant? Gegen Ende des israelischen Befreiungskrieges hatte die UNO im Jahre 1949 Waffenstillstandsverhandlungen begonnen, geleitet vom schwedischen Grafen Bernadotte. Im Verlaufe dieser Verhandlungen wurde Bernadotte erschossen. Die israelischen und UNO-Autoritäten im israelischen Teil Jerusalems versammelten sich zu einer Trauerfeier im Saal des YMCA (Young Men's Christian Association). Im Saal stand eine Orgel und ich war der einzige Orgelspieler in der Stadt, den die Behörden auftreiben konnten. In einem Militärjeep der UNO abgeholt und in rasendem Tempo, um vor Scharfschützen einigermaßen sicher zu sein, über enge Seitenwege an die Orgel gebracht, spielte ich den Trauermarsch aus Händels Oratorium »Saul« und Choräle. Seitdem hatte ich keine Gelegenheit mehr zum Orgelspiel. Sollte ich es nur für diese eine Aufgabe gelernt haben?

Rosie war wegen der politischen Entwicklung sehr deprimiert. Sie fürchtete, es könnte noch schlimmer werden. Sie begann wieder mehr zu schreiben und tanzte viel weniger. Sie gab daher auch ihr großes Zimmer auf und zog in eine billigere Wohnung in der Niebuhrstraße. Für den Abschluss eines Mietvertrages sind wir zusammen zu einer sehr gutmütigen Witwe gegangen. Nachdem sie uns das Zimmer gezeigt hatte, führte sie uns in ihr Wohnzimmer, um alles zu besprechen. An der Wand hing ein großes Bild von Adolf Hitler, darunter lag auf einer geschnitzten Holzkonsole »Mein Kampf«, aufgeschlagen wie eine Bibel. Rosie sagte sofort, dass wir Juden seien. Sie antwortete: »Aber um Gottes willen, das macht doch nichts! Wissen Sie, diese ganze Judenhetze, das ist doch bloß Politik. Juden sind doch auch Menschen. Der Radau wird bald vergessen sein.« Rosie zog ein. Sie wurde krank, die Wirtin pflegte sie mütterlich.

An einem der nächsten Tage kaufte ich im Warenhaus »Jandorf« in der Wilmersdorfer Straße ein. In diesem Warenhaus gab es Abteilungen mit Einheitspreisen, also billigere Waren, entsprechend der Gegend, dem Charlottenburger Arbeiterviertel. Beim Verlassen des Warenhauses sah ich auf der gegenüberliegenden Straßenseite ein paar braun uniformierte Männer, die einen jungen Mann aus dem Hinterhof des Hauses zerrten und auf dem Bürgersteig fürchterlich zusammenschlugen. Niemand kam dem jungen Mann zu Hilfe, der in ein wartendes Auto hineingestoßen und verschleppt wurde. Da sah ich zum ersten Mal leibhaftig die Illustrierung zur Bibel »Mein Kampf«. Ich habe Rosie nichts davon erzählt, ihr Zustand war ohnehin nicht gut. Ich fand sie oft im Bett liegend und auf dem Kopfkissen Blatt auf Blatt auf Blatt voll schreibend. Die meisten dieser losen Blätter vernichtete sie. Drei aphorismenartige Sätze sind Ausdruck ihrer depressiven Phase:

Wovor mir bange sei? Dass euch so wenig bange ist.

Selbstmörder: Mir kann die Welt nichts mehr nehmen.

Nur immer über die Welt hinaus, denn mit uns anderen geht es immer tiefer hinab.

Am Abend lud ich Rosie ins »Kabarett der Komiker« am Lehniner Platz ein. Dort konnte man noch scharfe Chansons gegen die Nazis hören, was aber nicht mehr lange dauerte.

Noch eine letzte Faszination bot die Hochschule, bevor ich sie verließ. Eines von Schünemanns Steckenpferden war die Entwicklung der elektronischen Technologie in der Musik. Schon seit einigen Jahren befand sich im Dachgeschoss des Hauses ein Aufnahmestudio, das mit metallenem Magnetband arbeitete. Das Harfenzimmer hatte einen eingebauten Resonanzboden und Mikrofonanschluss. Man konnte zum Aufnahmestudio telefonieren und eine Abhöraufnahme vom Spiel eines Schülers bestellen, die dann zurückgespielt wurde. Daraus zog man die wichtige Erkenntnis: wie schlecht man sich selber hört beim Spielen. Wenn es nicht gerade grobes Verspielen ist, so hört man gerne das, was man spielen wollte, in Wirklichkeit aber nicht gespielt hat. Bis man volle Kontrolle über sich selbst erreicht, vergeht eine gerau-

Friedrich Trautwein lehrt in seinem Studio an der Hochschule für Musik Grundlagen der elektronischen Musik; ganz rechts am Tisch Paul Hindemith

me Zeit. Für alle Instrumentalisten und Sänger wurden diese Aufnahmen von größter Bedeutung.

Unten im Souterrain spielte sich etwas Neues anderer Art ab. Dort, wo der Ingenieur Trautwein sein Studio hatte, wurde die elektronische Musik in Berlin geboren. Hindemith war äußerst interessiert an diesen neuen Möglichkeiten für die Komposition, er verschaffte mir Zugang zu Trautwein. Im Studio arbeiteten erst zwei Studenten der Kompositionsklasse, Harald Genzmer und Oskar Sala, allmählich kamen weitere hinzu. Obgleich wir schon in den Vorlesungen über Akustik in die physikalischen Grundlagen des Tones eingeführt waren, bot sich hier ein gänzlich neuer Aspekt. Man konnte mit einer Gruppe von Oszillatoren das Obertonspektrum eines Tones synthetisch zusammensetzen und mitunter eine täuschende Ähnlichkeit mit entsprechenden Blas- oder Streichinstrumenten erzielen. Doch ließen sich auch durch willkürliche Veränderung des Obertonspektrums völlig neue Klänge erzeugen, deren Fremdheit gegenüber existierenden Instrumenten nun gerade den besonderen Reiz ausmachte.

Wie ein Blitz traf es auch mich, ungeahnte Möglichkeiten musikalischer Phantasie öffneten sich. Im Grunde entstanden hier die Vorläufer der späteren Synthesizer und der Magnettonbandtechnik. Obgleich weltenweit entfernt vom inzwischen erreichten Stand der Technik, waren viele Kräfte bereits latent vorhanden und warteten darauf, neue Regionen des musikalischen Universums zu erschließen. Auf experimentellem Wege musste sich jeder das neue Gebiet auf seine Weise erobern. Ich stürzte mich voll und ganz in diese Zauberwelt und wurde dafür von vielen Seiten verlacht. Auch meine Lehrer hielten dies für vergeudete Zeit, nur Schünemann unterstützte mich uneingeschränkt – und natürlich Hindemith. Das Leben und die Umstände machten mir jedoch zunächst einen dicken Strich durch die Rechnung.

Meine Zeit vom Anfang der Dreißigerjahre bis zur Auswanderung im März 1934 war von zwei Entwicklungen beeinflusst, die sowohl das private Leben als auch die politischen Turbulenzen betrafen. Beide verlangten klare Entscheidungen. Gegen Ende 1931 wurde Rosie schwanger. Im Lernprozess der Liebe war dies gleichermaßen der Höhepunkt und eine Prüfung auf Festigkeit. Die Hoffnung war groß, Rosie werde durch die natürlichen Notwendigkeiten aus ihrer depressiven Phase herauskommen. Doch fand ich bald ein Blatt, auf dem diese beiden Gedichte geschrieben waren:

Der Vater

Es streift ein Licht mein Bett
und ich erwache.
Immer frage ich ihn im Traum –
er weint.
Immer suche ich ihn im Traum –
ich weiß nicht, wo sein Grab liegt.
Er war so jung
und wir so alt –
meine Mutter hat ihn vergessen,
ich habe ihn auch vergessen -
Der Vater hatte ein Kind –
das Kind hatte keinen Vater.

Dem ungeborenen Kinde

Schlafe, schlafe,
es dunkelt, es dunkelt –
Und Leben pocht
in Not, in Not
und muss doch werden.
Schlafe, schlafe,
es dunkelt, es dunkelt -
um mich die Nacht,
um dich die Nacht –
mir ist kalt,
dir ist warm –
schlafe, schlafe.

Ob ich wohl dieser schweren Prüfung gewachsen war? Zunächst wollte ich ein Elternhaus aufbauen, nicht zuletzt um Rosies wohlbegründete Vaterängste zu beschwichtigen. Im Mai 1932 wurden Rosie und ihr Mann Noah geschieden. Aber wieder eine Bindung einzugehen, davon wollte Rosie nichts wissen. Immerhin willigte sie ein, gemeinsam eine Wohnung zu beziehen. In Neukölln, am Rande des Tempelhofer Feldes, fand sich eine Neubausiedlung, in der man zu günstigen Bedingungen eine kleine Zweizimmerwohnung mieten konnte. Rosie bekam durch Gindlers Vermittlung einige Gymnastikschüler und machte sich bald einen Namen durch ihren intelligenten Unterricht, sie hatte ein Fingerspitzengefühl für die individuellen Reaktionen ihrer Schüler.

Ich fand mit großem Glück eine Klavierlehrerstelle am Dreiermannschen Konservatorium am Schlesischen Bahnhof. Dreiermann war keine große Leuchte, aber nett und respektvoll. Sein Lernpublikum stammte aus denselben Kreisen, mit denen wir Hindemiths »Wir bauen eine Stadt« in Frieda Loebensteins Seminar aufführen konnten. Die Bezahlung war schlecht, aber dafür hatte ich ein festes monatliches Einkommen. Die Schüler waren aus allen Altersstufen, von Schulkindern bis zu Handwerkern und Büromädchen. Es war eine schwere Arbeit, aber diese Schüler hatte ich sehr lieb gewonnen.

Zur selben Zeit spielte ich Klavierprogramme mit leicht eingängiger klassischer Musik im Moabiter Gefängnis. Ich saß am Klavier unten im Hof, umgeben von mehreren Stockwerken vergitterter Zellen. Hinter den Gittern standen die Gefangenen. Polizei war anwesend, überall gleichmäßig verteilt. Zu jedem Musikstück gab es einige erklärende Worte, die das grimmige Bild der in Eisen erstarrten Disziplin etwas aufheitern sollten. Ich sah lächelnde Gesichter.

Einmal geriet ich in Moabit, dem überwiegend kommunistischen Viertel, auf dem Nachhauseweg in eine Parade der NSDAP. Hitler passierte in einem offenen Auto stehend, den rechten Arm unentwegt zu »seinem« Gruß erhoben, die Massen jubelnd zu beiden Seiten der Straße. Zum ersten Mal sah ich ihn aus der Nähe. Der Eindruck, den er auf mich machte, war nur ein Teil des Gesamteindrucks der Szene. Die hysterische Begeisterung der Leute so unmittelbar nach den starren Figuren hinter den Gittern des Moabiter Gefängnisses zu erleben, bewirkte in mir eine innere Bewegung, die nur noch eines äußeren Anstoßes bedurfte, um auch mich zum Handeln zu veranlassen. Dem gingen noch einige Geschehnisse voraus.

Es kam der große Tag der Geburt des Sohnes Rainer im Juli 1932. Der Name Rainer symbolisierte Rosies große Verehrung für Rilke. Später in Israel haben wir den Namen hebraisiert in »Re'uwen« (r'u = sehet, ben = ein Sohn). Bei meinen Eltern löste dieses Ereignis eine gemischte Freude aus, da wir noch nicht ehelich verbunden waren. Dass ich die Vaterschaft sofort und mit Begeisterung anerkannt habe, war nur ein schwacher Trost für sie. Ich bat sie darum, dass sie sich wie Großeltern freuen mögen, versprach, alles zu tun, um Rosie zur Heirat zu bewegen, und erzählte Vater von meinem Wunsch, dass er uns dann trauen möge. Mit dieser Hoffnung fanden sie sich ab.

In Berlin begannen uns die Schwierigkeiten über den Kopf zu wachsen. Die Geburt war zwar leicht, aber Rosie entwickelte bald ein stark emotionales Verhalten und zugleich eine Nervosität, die wohl die Folge körperlicher Überanstrengung war. Das gesunde, zufriedene und immer beglückt lächelnde Kind erfüllte den Tag mit immer neuen Wundern der Welt.

Abschied

Um uns herum spitzte sich die politische Lage zu. Im Erziehungswesen wurde bereits die Trennung zwischen jüdischen und nichtjüdischen Lehrern und Schülern durchgeführt. Es erschien ein kleines, rot eingebundenes Buch, in dem jeder Deutsche nachlesen konnte, ob sein Lehrer völkisch legitim war oder nicht. Ich hatte nur wenige jüdische Schüler im Konservatorium, sodass ich von einem auf den anderen Tag vor dem Nichts stand. Dreiermann war verzweifelt, wusste keinen Ausweg und fürchtete Spitzel, wenn er mich weiter bei sich arbeiten ließ.

Der Abschied von den Schülern glich einer Feier zur Würdigung meiner Arbeit. Ein Sattlerlehrling nähte mir zum Abschied eine lederne Geldtasche mit applizierten Noten. Ein Bäckergehilfe kam mit einer Torte, auf der mit Zuckerguss der Anfang einer Mozart-Sonatine aufgespritzt war, die er gerade übte. Ein Büromädchen schrieb mit Schreibmaschine ihren Dank und Abschiedsgruß. Auch Eltern der Kinder kamen, Dreiermann spendierte Kekse und Tee. Danach stand ich auf dem Bahnsteig des Schlesischen Bahnhofs, schaute hinüber zum Haus des Konservatoriums und wusste nicht recht, was eigentlich mit mir geschah.

Es gab Schüler, die einfach nicht weggehen wollten. Der vierzehnjährige Sohn eines Lokomotivführers, ein strammer, wacher Knabe, kam zweimal wöchentlich weit her aus der Frankfurter Allee. Eines Tages erschien er in Uniform der Hitlerjugend mit dem Hakenkreuz auf der Armbinde. Ich dachte, er komme, um sich zu verabschieden, aber er kam zum Unterricht. Ich erklärte ihm, dass das jetzt nicht mehr möglich sei, und schickte ihn nach Hause. Am nächsten Tag erschien sein Vater und bat mich eindringlich, den Sohn doch weiter zu unterrichten. Er habe nie im Leben etwas gegen Juden gehabt, wie ich nur auf einen solchen Gedanken kommen könne. Schließlich musste er doch die veränderte Situation akzeptieren.

Ich war arbeitslos und konnte die Miete für die Neuköllner Wohnung nicht mehr bezahlen. Vertraglich war ich noch für ein Jahr verpflichtet. In der Verwaltung der Siedlung wurde meine Bitte um Entlassung aus dem Vertrag nicht akzeptiert. Infolge schuldig gebliebener Miete kam bald eine Vorladung vor das Amtsgericht Neukölln – der erste Prozess im meinem Leben. Den Eltern konnte ich davon nichts erzählen. Sie hätten sich in Grund und Boden geschämt: ihr Sohn vor ein Gericht geladen!

Bei Gericht war der Hitlergruß obligatorisch eingeführt. Ich führte ihn nicht aus, wurde deswegen jedoch nicht ermahnt. Der Anwalt der Siedlungsgesellschaft begann mit einer langen Tirade gegen mich, von deren juristischem Kauderwelsch ich nur die Hälfte verstand. Der Richter fragte, ob ich die Schuld anerkenne, was ich ohne Einschränkung bejahte. Dann gab er mir Gelegenheit, mich zu verteidigen. Da ich keinen Anwalt hatte, beschrieb ich die Entwicklung, die zu meiner Lage als Schuldner geführt hatte. Damit war die Gerichtsverhandlung beendet. Das Urteil wurde schriftlich zugestellt. Es verpflichtete mich, meine Schulden in so niedrigen Raten zu zahlen, dass Vater noch zwei Jahre nach meiner Auswanderung die letzte Rate beglich.

Durch Freunde fanden wir eine Atelierwohnung im Dachgeschoss eines Hauses in Wilmersdorf. Die Miete war lächerlich niedrig, denn dem Hauswirt, der im selben Haus wohnte, war daran gelegen, »anständige« Leute ins Haus zu bekommen. Er hatte wohl schlechte Erfahrungen gemacht. Der Hausverwalter aus Neukölln half uns beim Umzug und bemerkte nur so nebenbei, wir sollten uns beeilen, aus dieser Gegend wegzukommen.

Indessen erwog ich ernsthaft eine Auswanderung. Ich wollte die Situation radikal ändern und verhielt mich in Gedanken wie ein Mondsüchtiger auf dem Dach. Palästina erweckte mein Interesse. In der Meinekestraße gab es ein Büro der Zionistischen Organisation: Dort besorgte ich zunächst Informationsmaterial und begann, Kontakte zu zionistischen Kreisen aufzunehmen. Rosie, die Palästina bereits besucht hatte, war nicht begeistert von dieser Idee. Als geborene Engländerin, unverheiratet, hätte sie gute Chancen gehabt, mit dem Kind nach England auszureisen.

Inmitten dieser Überlegungen erfuhr ich, dass die deutsche Regierung einen jüdischen Reichsinspektor für die Musikerziehung an allen jüdischen Schulen suchte. Jüdische Kinder durften nur noch jüdische Schulen besuchen, für die es eine besondere Abteilung beim Erziehungsministerium gab. Der Lehrplan musste den nichtjüdischen Schulen entsprechen.

Aus der Musikhochschule kam der Vorschlag, ich solle für den Posten kandidieren. Ich beriet mich mit Saal, der wortwörtlich sagte: »Mensch, greif zu. Das ist die Chance deines Lebens. Wenn in spätestens einem halben Jahr dieser ganze Spuk vorbei ist, hast du einen Sprung gemacht, auf den andere Jahrzehnte warten müssen. Los, nimm sofort an.« Doch ich verwies auf meinen Plan, nach Palästina auszuwandern.

»Was? Was willst du denn da machen? Da gibt's ja nur Sand und Steine und Kamele. Willst du den wilden Stämmen Klavierstunden geben?« Ich erwiderte, die Juden, die dorthin gingen, seien doch keine wilden Stämme.

»Aber dann kannst du doch in ein anderes europäisches Land auswandern. Wir geben dir Empfehlungsbriefe mit nach Paris, London, Rom, wohin du willst. Überall wirst du offene Türen finden. Aber in Palästina kennen wir niemanden.«

Es reizte mich überhaupt nicht, nach Rom, Paris oder sonst wohin zu gehen, wo ich mich den etablierten Kreisen hätte anpassen müssen. Ich konnte auch keine der fremden Sprachen und wäre dort ein unliebsamer Außenseiter gewesen. Solche Fälle hatte ich in Berlin mit anderen Einwanderern bereits erlebt. Palästina hingegen war unbebauter Boden. Was ich dort pflanzte, würde mein Garten sein. Saal verstand mich nicht.

Selbst meinen Vater konnte ich mit meinen Argumenten für Palästina nicht überzeugen. So sehr er auch mit der zionistischen Bewegung sympathisierte, hielt er doch meine Pläne für Projektionen eines unreifen jungen Abenteurers.

Noah war schon nach Paris ausgewandert. Vetter Friedel, der Modedesigner, ging mit seiner Familie nach London. Der Onkel aus Danzig saß unschlüssig mit seiner Familie in Berlin, sodass er später nach Frankreich flüchten musste, wo ihn die Nazis gefasst und umgebracht haben. Seine Tochter Hilde, mit der ich sehr befreundet war, kam in Südfrankreich in ein Lager, aus dem sie gerettet wurde. Meine Schwester hatte schon konkrete Pläne für Holland. Nur die schwerkranke Tante Jetka hatte für meinen Palästinaplan ein verständnisvolles Ohr. Sie erzählte von dem christlichen Berliner Bildhauer Rudi Lehmann und der jüdischen Keramikerin Hedwig Großmann, die im Begriff waren, schnellstens nach Palästina auszureisen.

Rosie stimmte meinen Argumenten schließlich zu. Sie ließ sich sogar dazu bewegen, nun doch noch zu heiraten, was die Papierformalitäten erleichterte. Die Trauung vollzog tatsächlich mein Vater als amtierender Rabbiner in seiner Wohnung in der Nestorstraße. Rainer, der sich immer freute und lachte, war glücklich mit seinen Großeltern. In dieser wirrevollen Zeit spielte sich für wenige Stunden die kleine familiäre Idylle eines ewigen Friedens ab. Noch einmal bestärkte sich für Vater sein Glaube an Gott.

Nun stellte ich offiziell den Antrag auf ein Zertifikat zur Einwanderung nach Palästina. Mit Schrecken erfuhr ich in der Meinekestraße, dass die britische Mandatsregierung in Palästina den Beruf eines Musikers als »free lance« erachtete, was bedeutete, dass man das Mindestkapital von tausend Pfund Sterling auf einer palästinensischen Bank nachweisen musste. Es bestand nicht die geringste Aussicht, ein solch enormes Kapital zu beschaffen. Sonst war nur als Handwerker ein Zertifikat relativ leicht zu erhalten.

Innerhalb von 24 Stunden beschloss ich, mein Hobby des Fotografierens professionell zu erlernen. Dem standen zwei Schwierigkeiten entgegen: Für die Ausbildung brauchte ich Geld, und außerdem dauerte sie je nach Vorbildung zwischen drei und vier Jahren. Ich nahm Kontakt zu Schocken auf, dem Eigentümer des gleichnamigen Verlagshauses, das jüdisch-wissenschaftliche und jüdisch-belletristische Literatur herausbrachte, und eines Warenhauskonzerns. Schocken war ein aktiver Zionist, der mit Rat und Tat die Bewegung unterstützte. Mit seiner Hilfe erhielt ich ein Stipendium, das zur Ausbildung und teilweise zum Leben ausreichte. Mit dem Direktor der Reimann-Schule sprach ich frank und frei über

Mit dem Fotoapparat in der Hand – einer neuen Zukunft entgegen

meine Pläne und Absichten. Angesichts der Situation eines Juden hätte ich höchstens ein Jahr Zeit, um mit meiner ganzen Kraft das mehrjährige Pensum zu bewältigen. Er verstand sofort.

Die Einwilligung des Lehrerkollegiums kam wenige Tage später, und ich stürzte mich ohne Zögern in diese Welt – was ich nie bereut habe und was zu einem wunderbaren fachlichen und menschlichen Erlebnis wurde. Die Musik musste allerdings vorübergehend an den Nagel gehängt werden. Das Klavier habe ich mehr als anderthalb Jahre nicht angerührt. Die Eltern unterstützten mich mit einer Rolleiflex-Kamera, was damals einen beträchtlichen Geldaufwand bedeutete. Manchmal arbeitete ich in der Reimann-Schule tatsächlich Tag und Nacht.

Rosie wurde zunehmend kränklich. Schreiben tröstete sie über die Politik des Tages hinweg. Bald kam die berühmt-berüchtigte Nacht des Reichstagsbrandes. In einer Radio-Rede sagte Göring: »Wir werden bis zum Knie im Blute der Juden waten.« Da dachten doch manche Freunde und auch die Eltern, dass mein Entschluss vielleicht doch nicht ganz so dumm sei, denn Auswüchse des Antisemitismus könnten leicht über die Grenzen Deutschlands hinaus ansteckend wirken – also je weiter weg, desto besser.

Ich brauchte eine Dunkelkammer für meine Privatarbeiten. Ich fand sie in einer geräumigen Rumpelkammer meines Onkels Alex Kleyff im zweiten Hinterhof in der Dahlmannstraße. Alex war so groß und stark, dass er im Ersten Weltkrieg bei den Zeppelin-Luftschiffern diente, um als Bodenpersonal beim Landen des Zeppelins die Ankerseile zu greifen, festzuhalten und zu befestigen. So riesig er war, so gutmütig und sensibel war er. Als er den Sohn seines Bruders bei der Beschneidung auf seinen Händen hielt, wurde ihm schlecht, weil er das Messer und den Blutstropfen nicht sehen konnte. Kaufmännisch war er ein Genie. Ohne jede Bildung – er hat wohl nie in seinem Leben ein Buch gelesen – machte er die größten Transaktionen im Metallhandel. Wie er das Geld verdiente, so gab er es auch aus.

Dieser Alex wanderte nach London aus, gründete dort eine Familie und spielte eine so große Rolle in der Finanzwelt, dass er sogar am Königshof empfangen wurde. Einmal nahm er mich in sein Büro mit. Wir kamen in einen langen Korridor mit vielen angrenzenden Zimmern. In jedem saß ein Experte für ein anderes

Metall: Kupfer, Zink, Messing, Blei und andere. Von jedem Experten bekam er einen Bericht über den Stand des jeweiligen Metalls an den Weltbörsen. Ohne dass er sich etwas notierte, gingen wir weiter in sein Zimmer, er setzte sich hinter einen riesigen Schreibtisch, auf dem eine Batterie von Telefonen stand – kein Papier, kein Bleistift. Er bestellte Gespräche in alle großen Geschäftszentren der Welt, gab Aufträge zum Kaufen und Verkaufen.

Nach etwa zwanzig Minuten sagte er zu mir: »So Josef, jetzt fahren wir nach Hause und trinken einen guten Kaffee. Heute morgen habe ich wenigstens zehntausend Pfund verdient. Das ist genug für heute.« In seiner Villa angekommen, führte er mich in sein kleines Büro, in welchem sich – zu meiner Überraschung – eine prachtvolle Bibliothek befand. Bis der Butler den Kaffee brachte, wollte ich mir einen herrlich gebundenen Shakespeare-Band herausnehmen. Es war aber nur der Einband, in dem eine große Flasche Whisky steckte.

Sein Bruder Bruno, groß und stark wie Alex, war Rechtsanwalt und bewohnte eine repräsentative Wohnung am Kaiserdamm. Obgleich Jude, avancierte er im Ersten Weltkrieg bis zum Oberstleutnant, erlitt einen Lungenschuss und wurde mit dem Eisernen Kreuz Erster Klasse ausgezeichnet. Er hatte Studentenschmisse im Gesicht, trug Monokel und war kaisertreu bis in die Zehenspitzen. Als Anwalt betreute er den »Reichsbund jüdischer Frontsoldaten«. Ihm könne Hitler nichts anhaben, meinte er. Jude hin, Jude her, fühlte er sich in erster Linie als Kriegsverwundeter, vom Kaiser ausgezeichneter Frontsoldat. Tatsächlich haben die Nazis ihn und seine Familie nach der »Reichskristallnacht« ignoriert.

Schließlich hat Alex von London aus mit viel Geld Einwanderungspapiere nach Amerika beschafft, und kurz vor Ausbruch des Zweiten Weltkrieges haben die Nazis noch geholfen, ihn im letzten Moment über den Ozean zu verschiffen. Solche Charaktere gab es nicht wenige unter den deutschen Juden. Später lebte er in New York, von seinem Bruder versorgt, war ein gebrochener und unglücklicher Mann. Und als er das schreckliche Schicksal meines Vaters erfuhr, verstummte er völlig, ratlos an seine deutschen Kameraden denkend.

Abgesehen von dem riesigen Arbeitspensum, das mir bevorstand, musste ich nicht nur die Gelder fürs tägliche Leben beschaffen, sondern an die Finanzierung der Auswanderung denken. Ich konnte dafür kaum Hilfe von anderer Seite erwarten. Ohne zu zögern, beschloss ich, meinen Flügel zu verkaufen, um mit dem Erlös die Fahrt übers Mittelmeer ganz oder annähernd zu decken – eine schmerzhafte Aktion schon deshalb, weil damit meinen Eltern klar wurde, dass ihr Sohn in absehbarer Zeit endgültig ins weite Ungewisse gehen würde und mit ihm das Enkelkind und seine Mutter. »Gott hat gegeben, Gott hat genommen«, so dachten viele Juden angesichts der nahenden Katastrophe – nicht so ich – dafür war ich zu jung und erwartete noch viel von der Welt und diesem Leben. Ich wollte meinen Weg noch gehen.

Noch gab es Hochzeiten jüdischer Paare. Die Feiern fanden ausschließlich in jüdischen Gesellschaftsräumen statt. Dort gab es Arbeit als Fotograf. Ich arbeitete mir eine Technik aus, um die Aufnahmen von der Trauungszeremonie am Nachmittag noch bis zum Ende des festlichen Abendmahles dem glücklichen Paar überbringen zu können. Schon stimmungsmäßig immer ein großer Erfolg, war es zugleich eine gute Werbung für neue Aufträge.

Spezielle Aufträge hingen oft nicht nur mit Fotografie, sondern auch mit Psychologie zusammen. In der Gegend von Onkel Toms Hütte im Berliner Bezirk Zehlendorf wohnte ein Universitätsprofessor mit seiner jungen Frau und einem vierjährigen Jungen, der nach einer komplizierten Operation lange Zeit im Spital verbracht hatte. Die Eltern wollten Fotos von ihrem Kind haben, das aber einen Horror vor allen apparateähnlichen Geräten hatte und sich nicht einmal von seinem Vater fotografieren lassen wollte. Ich erbat einen Monat Zeit, um mich mit dem Kind anzufreunden. Ein Klavier in der Wohnung war mein Ausgangspunkt. Erst Kaffee, dann spielte ich einfache Melodien auf dem Klavier.

Als ich einige Tage später wiederkam, spielten wir schon zusammen mit einem Baukasten, und zwischendurch ging ich wieder ans Klavier. Nach dem vierten Besuch klimperte der Kleine schon selber, was ich für regelmäßig folgendes Vierhändigspielen nutzte. Seine Augen begannen zu leuchten, und im Gespräch erfand ich ein Märchen über das Klavier. Ich schlug ihm vor, dass wir gemeinsam das Klavier fotografieren sollten und er das Bild am Bett aufhängen könne, und so würde ihm das Klavier das Märchen immer wieder erzählen. Er akzeptierte sofort. Schon kam ich mit Fotoapparat, Stativ und sogar einer Satrap-Kohlestift-Lampe für zusätzliche Beleuchtung, denn das Zimmer hatte wenig Licht. Umständlich zeigte ich ihm den Apparat, nahm die Linse heraus. Er durfte sie wieder einschrauben, an der Packfilmlasche ziehen und mit einem meterlangen Fernauslöser knipsen. Schon beim nächsten Treffen ließ er sich Klavier spielend fotografieren, duldete sogar Nahaufnahmen mit der Rolleiflex. Die Freundschaft mit dem kleinen Jungen erhielt sich bis zu meiner Abreise.

Unterdessen kam eine Anforderung als Studiohilfe für einen Fotografen in Haifa. Das erleichterte wesentlich die Prozedur, endlich das Zertifikat für die Einwanderung nach Palästina zu erhalten. Jetzt war nur noch das Fotografen-Diplom erforderlich. Die theoretische Prüfung war eine Frage von Büffeln, die praktische Prüfung dagegen musste Können zeigen. Ich sollte eine Jazzband für ein Litfaßsäulenplakat fotografieren. Ein Grafiker zeichnete den Namen der Band, bestehend aus fünf Musikern, die ich einzeln mit ihren Instrumenten auf Stühlen sitzend aufgenommen habe. Die Stühle wurden wegretuschiert und durch Buchstaben ersetzt, auf denen die Musiker jetzt saßen. Ein O stellte die große Fußtrommel des Schlagzeugers dar. Die Urheberrechte für diese Fotomontage hat mir die Band abgekauft.

Dann sollte ich eine Nachtreportage machen über das Leben am Reichskanzlerplatz. Da war damals nicht viel los und ich zerbrach mir den Kopf, wie man Leben in die Bude bringen könnte. Meine technische Ausrüstung war denkbar primitiv. Die Kamera für 35-mm-Filme war mit Handkurbel zu bedienen. Keinerlei Leuchtkörper standen zur Verfügung. Dagegen bekam ich einen Polizisten als Leibwache, der neugieriges Publikum fernhalten sollte. Ich studierte viele Abende zuvor das Leben aller Dinge, die diesen Platz mit Lichtschein erhellten. Mit Hilfe von zwei Zusatzobjektiven mit langen Brennweiten konnten erleuchtete Fenster von hohen Stockwerken, Leuchtreklamen auf Dächern, Schattenrisse hinter Gardinen herangeholt werden, und so baute ich mir einen Dialog zusammen von allem, was sich in Licht ausdrückte, oben und unten, statisch oder bewegt. Die Materialkosten musste ich selber tragen, was mich zwang, alles genau zu disponieren.

Das Palästinaamt in der Meinekestraße erhielt die Prüfungsbestätigung der Reimann-Schule, woraufhin das Handwerkerzertifikat bewilligt wurde. Der Weg war frei. Doch folgte unendlich viel Formularkram für Rosie und mich: Passamt, Steueramt, Gesundheitsamt, Einwohneramt sowie Polizeibestätigung und vieles mehr. Ein hilfreicher Beamter hat sich sogar zu der Bemerkung hinreißen lassen, ich täte völlig recht, das Land zu verlassen. Darauf konnte ich nur sehr kühl reagieren. An Geld durfte unsere kleine Familie ganze dreißig Mark mitnehmen. Was wir sonst noch besaßen, war ohnehin nicht der Rede wert: etwas Kleidung, einige Liebhaberstücke, von denen wir uns nicht trennen wollten, keine Bücher, nur das Notwendigste an Noten, jeder einen Koffer voll und zwei Handtaschen.

Abschiedszeremonien mochte ich nie. Im März 1934 kam der Tag, als die kleine Familie Grünthal in Begleitung meiner Eltern zum Anhalter Bahnhof zog, um den Nachtexpress Berlin-München-Triest zu besteigen. Es war ein Sonderzug für jüdische Auswanderer. Endlos lang stand er in der riesigen Bahnhofshalle, die mit Tausenden und Abertausenden Menschen gefüllt war, zahllose Freunde und Verwandte der Ausreisenden. Das Palästinaamt sorgte für Hilfspersonal, so dass wir schnell das Abteil mit unseren reservierten Plätzen fanden.

Draußen vor unserem Wagen saßen die Eltern auf einer Bank. Wir hatten Fensterplätze und für Rainer spannten wir eine Hängematte, damit er die Nacht gut durchschlafen konnte. Ich ließ das Fenster herunter, damit die Eltern uns besser sehen konnten. Eine halbe Minute vor Abfahrt des Zuges begann die Menschenmenge die jüdische Hymne »Hatikwah« zu singen. Im Echo der mächtigen Bahnhofshalle brach sich der Klang viele Male. Es brauste ein überwältigender Hymnus aus dem unendlichen Universum Gottes durch den Raum. Unter diesem Klangrausch setzte sich der Zug im Schritttempo langsam in Bewegung. Die Eltern saßen auf der Bank wie zwei Skulpturen. Sie blickten in eine unerreichbare Ferne. Wir fuhren am Bahnhofsvorsteher vorbei. Unter der roten Mütze lugten seine weißen Haare hervor. In der zitternden rechten Hand hielt er den Stab mit dem grünen Abfahrtssignal, über sein Gesicht rollte ein Strom von Tränen. Ich beugte mich aus dem Fenster und winkte meinen Eltern zu. Sie saßen regungslos und schauten ins Leere. Wir sollten uns nicht mehr wieder sehen.

JERUSALEM

*Am Eingang zum Musikkonservatorium Palästinas –
eine Institution des kulturellen Neuanfangs*

»Stena schwoi, Chawadjah«

Die Fahrt ins Ungewisse war erfüllt von in die Zukunft gerichteten Gedanken. Nach wenigen Minuten letzter Blicke auf Berliner Nachtlichter wurde es draußen dunkel, und es begann die einschläfernde Musik im monotonen Rhythmus der Räder auf Schienen. Rosies Augen, halb traurig und halb glücklich, sagten mir, ich wisse wohl doch nicht alles, was mir bevorsteht, woher ich nur meine gute Zuversicht nehme? Aber in wacher Erwartung des Kommenden ließ ich keine Zweifel zu.

Die Fahrgäste wollten schlafen, jemand löschte das Licht, nur eine kleine blaue Lampe verglich sich mit dem schwachen Mondlicht. Bald hinter München kam die deutsche Grenzpolizei. Sie lief in den Gängen auf und ab. Wir wussten nicht, was uns erwartete. Es dauerte nicht lange, da wurde die Tür von einem großen Polizisten geöffnet, der sich bücken musste, um ins Abteil zu gelangen. Er trug viele Abzeichen, die ich bis dahin nie gesehen hatte, und ging in hohen schwarzen Lederstiefeln. Wir waren überrascht von seiner Freundlichkeit. Er sah nur kurz die Pässe durch, warf einen Blick auf das Gepäck, fragte, was jedem gehöre, schäkerte mit Rainer und wünschte uns eine gute Reise. Damit war die deutsche Kontrolle beendet. Die Italiener waren nur am Durchreisevisum interessiert, das ging noch schneller.

Wir erreichten Triest, letzte Station auf dem Festland. Auf dem Bahnhof ein großes Durcheinander. Nach langem Warten brachte uns ein junger Mann zu einer Droschke, mit der wir zu einem großen Haus fuhren. Dort wurden Frauen und Männer getrennt, kleine Kinder blieben bei den Müttern. Es gab etwas zu essen, und dann bekam jeder ein Bett in einem Schlafsaal zugewiesen. Zum ersten Mal schlief ich in einem Kollektiv. Neben mir unterhielt man sich über Mädchen in Palästina, ihre Arten, ihre Typen, der Meinungsaustausch war voller Zoten. Ich drehte mich um und schlief. Das Licht blieb die ganze Nacht über brennen, was ich erst frühmorgens bemerkte. Die sanitären Einrichtungen waren denkbar primitiv, ihnen entströmte ein penetrantes Duftgemisch aus Chlor und Lysol. Zum Morgenkaffee traf unsere kleine Familie wieder zusammen. Es folgten Papierformalitäten und bald der Transport hinunter zum Hafen.

Dort bestiegen wir das Schiff »Jerusalem« der Adriatic-Line. Ein kleines Schiff, blitzsauber, alles roch nach frischer Farbe, in den vielen Messingbeschlägen konnte man sich spiegeln. Wir bekamen eine Kajüte, eine Innenkabine ohne Fenster, für uns allein: zwei übereinander liegende Betten und eine kleine Schlafgelegenheit für Rainer. Eine blutjunge Stewardess brachte für ihn einen Nachttopf, nicht ohne den Kleinen schnell zu küssen. Wir richteten uns ein und gingen auf Deck, um die neue Welt in vollen Zügen zu genießen.

Oben herrschte ein heilloser Wirrwarr von Koffern, Säcken, Seilen, Menschen, es blies ein sehr scharfer Wind, sodass wir schnell in einem der Salons Zuflucht suchten. Durch die Fenster beobachteten wir das Leben und Treiben im Hafen von Triest. Für Rosie war das zwar nichts Neues, doch für mich war alles überaus aufregend. Bald war es Zeit zum Mittagessen, welches an lang ausgezogenen Tischen im Speisesaal serviert wurde. Wir griffen zu mit großem Appetit, auch Rainer delektierte sich an einem offenbar sehr köstlichen Brei. Am frühen Nachmittag heulte die Schiffssirene, die langen weißen Landungstreppen wurden eingeholt, und das Schiff bewegte sich langsam vom Kai hinweg. Die Route verlief südwärts auf dem adriatischen Meer, die italienische Küste in Sichtweite.

Der nächste Hafen war Brindisi. Mit der Dämmerung wurde das Meer immer unruhiger. Rosie ging mit Rainer in die Kabine, ich wollte mir den fremden Genuss eines italienischen Abendessens nicht entgehen lassen. Es begann mit einer roten Suppe, in der vielerlei Eigelb-Klümpchen herum schwammen. Inzwischen torkelte das Schiff bereits so stark, dass die rote Suppe über den Tellerrand schwappte. Ich aber aß fleißig weiter, ohne zu bemerken, dass nur ganz wenige Passagiere zum Essen kamen. Neptun lachte sich ins Fäustchen und zwinkerte mit seinen feuchten Augen; den zweiten Gang des Menüs ließ ich fluchtartig im Stich. Mit Mühe und Vertrauen auf das Treppengeländer erreichte ich die Kabine und ergoss mein gesamtes Inneres in das kleine Waschbecken. Danach beseelte mich nur ein einziger Wunsch, nämlich zu sterben.

Der Wunsch wurde aber nur teilweise erfüllt – für zwei bis drei Tage entstand ein großes Loch, währenddessen ich mein Leben nur vernebelt wahrnahm. Rosie ging es nicht besser. In größeren Zeitabständen erschien mitunter der Kopf eines Stewards, verschwand aber sofort wieder, sobald er die hoffnungslose Situation erkannte. Nur das temperamentvolle schwarzhaarige Mädchen brachte Rainer regelmäßig einen Brei, den er mit größtem Behagen verzehrte und dabei mitleidsvoll seine armen Eltern betrachtete. Die meiste Zeit verbrachte er auf dem Nachttopf, dem er Titel und Würde eines italienischen Klubsessels verlieh. Die Blicke, die wir miteinander wechselten, blieben das einzig Wirkliche dieser Tage. Das erstaunliche Verhalten des Kindes blieb ein Grundzug seines Wesens bis zu den letzten Minuten seines schrecklichen Todes Jahre später, es war der starke wortlose Trost, der seinen Eltern das große Loch zu überbrücken half.

Die Erlösung kam mit dem Erreichen des Hafens Limassol auf Zypern. Das Schiff ankerte weit draußen, außerhalb des Hafens. Das Wetter war herrlich, die Sonne wärmte aus klarem Blau eines wolkenlosen Himmels. Das Meer war still und ruhig. Gottes Natur ist ein geniales Schauspiel. Was gerade geschieht, ist immer vollkommen überzeugend. Lebendig und gesund trollten wir uns auf Deck und beobachteten die vielen kleinen Boote, die das Schiff umlagerten. Braun gebrannte Zyprioten mit ihren weißen Kopftüchern boten unter großem Geschrei die Waren eines großen Basars aus Tausendundeiner Nacht an. Münzen wurden heruntergeworfen, die sie wie Seemöwen auffingen. In kleinen Körbchen wurden die Waren an Deck gezogen. Wir standen dort viele Stunden und lernten bei dieser Gelegenheit auch den Kapitän kennen, der ziemlich gut deutsch sprach. Im hellen Mondlicht dieser klaren Mittelmeernacht, in der die Sterne so tief hingen, dass man sie mit Händen greifen konnte, schrieb ich meinen Eltern einen ersten Reisebericht.

Am nächsten Abend näherten wir uns der Küste Palästinas. Der Anblick des nächtlich erleuchteten Hafens von Haifa und der Stadt, die sich im Lichtergefunkel bis auf die Höhen des Carmelgebirges erstreckte, erfüllte uns mit Staunen. Auf Deck ertönten bald patriotische Lieder. Was Moses wohl dachte, als er zum ersten Mal das Land der Verheißung aus der Ferne sah? Still und ergriffen sprach er mit seinem Gott und formulierte lautlos mit stotternder Zunge seine Gedanken, mit denen er auf die Knie sank. Seine Seele hat gewiss nicht im Klischee eines Vierviertelakts gesungen.

Erst am Morgen fuhr das Schiff in den Hafen ein und wurde am Landungskai festgemacht. Alle Regierungskontrollen für Einwanderer fanden an Deck statt, ebenso die Impfung gegen Typhus. Dann endlich konnte die junge Familie die Landungstreppe hinuntersteigen. Dem Kapitän winkten wir ein Lebewohl hinauf. Weniger als zehn Jahre später sank das Schiff »Jerusalem« nach einem Torpedotreffer.

An Land angekommen, machte ich einen Fehler und folgte dem Rat eines Spaßvogels aus dem Büro in der Meinekestraße, den er mir mit auf den Weg gegeben hatte: Ich solle sofort »Stena schwoi, Chawadjah« rufen, was in diesem Falle soviel bedeutete wie »Hallo, bitte einen Gepäckträger«, worauf sich eine wilde Meute arabischer Lastenträger auf uns stürzte, jeder riss unter lautem Geschrei an einem anderen Gepäckstück, und sekundenlang sah es aus, als würden wir unser ganzes Gepäck auf Nimmerwiedersehen verlieren.

Glücklicherweise half uns ein junger Mann, der fließend arabisch sprach. Er schrie genauso wild zurück, fischte schließlich einen älteren Araber heraus, der den Auftrag bekam, unser Gepäck zu einer bestimmten Adresse zu bringen. Er hatte lange Gurte bei sich, die in einer Art Sattel endeten, der an seinem unteren Teil mit einem dicken Polster abgerundet war. Diesen Sattel band er sich auf den Rücken, ein anderer Araber belud ihn mit unseren Koffern und Taschen, mit allem, was wir hatten, dann band er sich noch einen Gurt, der um den Sattel verlief, über die Stirn, und so beladen ging er zu Fuß den langen Weg bis zu dem Stadtgebiet, wo sich auf mittlerer Höhe unsere erste Behausung befand. Wir fuhren diesen Weg mit einem gebrechlich ächzenden

Autobus den Berg hinauf. Der Araber kam etwa anderthalb Stunden später oben an, schwitzend, aber nicht atemlos.

Einmal sah ich einen solchen Lastenträger, wie er ein Klavier ganz alleine auf dem Buckel vom Hafen bis auf das Plateau eines Berges trug. Das Geheimnis dieser unglaublichen Leistung beruht auf der Verteilung des Gewichts über Hals, Schultern und Rücken, durch das Stirnband eine solide Einheit bildend, in der sich alle Teile gegenseitig stützen.

Unsere Unterbringung war wieder ein kollektiver Schlafsaal. Bald setzte ich mich mit Bertel Wolffenstein in Verbindung, einem Berliner Emigranten, mit dem ich plante, ein Fotostudio in Haifa einzurichten. Meine Betriebsamkeit wurde zunächst unterbrochen durch hohes Fieber als Folge der Typhusimpfung. Ich fühlte mich elend. Dazu kam, dass unsere schmalen Finanzen bald aufgebraucht waren durch kleine Ausgaben, darunter auch ein Ankunftstelegramm nach Hause.

So lag ich recht besorgt in meinem Hotelzimmer. Die Luft, die man einatmete, war glühend heiß und trocken. Es wehten gerade die so genannten Chamsinwinde, periodisch auftretende Wüstenwinde, gewöhnlich von fünf Tagen Dauer. Chamsin führt zu starken Stimmungsschwankungen, weshalb nach türkischem Recht bei einer kriminellen Tat, während eines Chamsins verübt, vor Gericht mildernde Umstände eingeräumt werden. Existenzielle Sorgen, Fieber und Chamsin setzten mich schachmatt.

Unten auf der Straße gingen die Araber den ganzen Tag mit ihren Trageseln vorüber und riefen mit volltönenden Stimmen die Waren aus, die sie zu verkaufen hatten. Einer kam mit zwei großen Korbtaschen voller Eier. Es muss wohl ein Spaßvogel à la Meinekestraße gewesen sein, der dem Araber den Namen seiner Ware für deutsche Emigranten übersetzt hat, und so schrie er aus Leibeskräften in alle Himmelsrichtungen: »Vastunkene Eia, vastunkene Eia.« Er war trotzdem von Käufern umringt.

Als das Fieber nach drei Tagen sank, zogen wir in die Wohnung der Wolffensteins, die uns ein Zimmer abtraten. Im Leben dieser Ehe herrschte stets bedrückte Stimmung. Für Rosie war das gewiss nicht das Richtige, da sie ohnehin zu Depressionen neigte. Ich drängte auf die Eröffnung unseres Studios, um endlich in irgendeinen Arbeitsprozess hineinzukommen.

In der Herzlstraße, der Hauptstraße des mittleren Stadtteils, mieteten wir ein Zimmer. Notdürftig wurde es als Aufnahmestudio und Labor eingerichtet. Eine Glasvitrine, die zur Werbung für unser Studio am Hauseingang montiert werden sollte, verursachte unglaubliche bürokratische Verwicklungen. Verschiedene Abteilungen der Stadtverwaltung mussten ihren Segen in Form von runden, ovalen, dreieckigen und quadratischen Stempeln geben, und jeder kostete eine Gebühr. Schließlich verfügten wir aber über ein elegantes Fotoatelier mit Ausstellungsvitrine, in der ein raffiniert beleuchtetes Porträt auf unser fotografisches Angebot aufmerksam machte.

Die Typhusimpfung hatte mich geschwächt. Die vielen Laufereien in brennender Hitze, bergauf und bergab, bewirkten eine anhaltende Müdigkeit, die allerdings auch ihren Grund in unzulänglicher Ernährung hatte. Das wenige Geld, das noch übrig blieb, verzehrten die Stempelgebühren. Für Film- und Entwicklungsmaterial nahmen wir Kredit auf – eine erneute seelische Belastung, denn solche Manipulationen waren mir völlig fremd. Ware zu kaufen, die ich nicht bezahlen konnte, war für mich schon fast wie stehlen. Das Leben fasste mich ohne Verschnaufpause rau an.

In diesen Tagen erreichte uns ein Brief von den Eltern als Antwort auf unser Ankunftstelegramm. Vater schrieb:

»Meine lieben Kinder Josef und Rosie!
Ihr habt es brav gemacht. Der Brief aus Triest kam zwar erst am Montagmorgen, als Ihr gerade in Palästina gelandet waret, hier an, mit Sehnsucht allerseits erwartet, aber er kam doch, um vor allem Muttels Ängstlichkeit zu beschwichtigen und sie beruhigt aufatmen zu lassen. Der Clou aber war das Telegramm am Abend. Das gab eine richtige Sensation. Mutter lag schon im Bett, Grete nicht minder, nur ich saß noch gähnend über irgendeiner Weisheitsschwarte; da klingelte es Sturm, und diesmal galt nicht das Wort »tant de bruit pour une omelette«, denn das Omelette war Dein Shalom-Telegramm aus Haifa, mein lieber Junge, das von dem holden Kleeblatt, Vater, Mutter und Grete, Buchstabe für Buchstabe durchstudiert wurde.

Muttel wollte sich das Telegramm über Nacht zwischen Hemd und Busen legen, was ich aber nicht gestattete wegen Alpdrücken. Trotzdem hat Mutter vor freudiger Erregung schlecht geschlafen, versprach uns aber hoch und heilig, jetzt endlich ruhig sein zu wollen und bis Passah unter Zuhilfenahme von Schiffsmumme wenigstens ein Pfündchen zuzunehmen. Nun seid Ihr also alle drei glücklich auf dem Boden von Erez Israel gelandet, und wir warten noch auf einen ausführlichen Bericht über den Verlauf der Meeresfahrt. Da Ihr eine eigene Kabine hattet und auf einem neuen oder neu auflackierten Schiff gefahren seid, so darf wohl angenommen werden, dass die Reise auch nicht nur eine Fülle neuer Eindrücke gebracht hat, sondern dass sie auch zugleich eine Erholung von den vorangegangenen Strapazen auf dem Festland gewesen ist. Hoffentlich seid Ihr von der Seekrankheit, wenigstens in größerem Ausmaß, verschont geblieben ...

Bei uns in der Nestorstraße, einem kleinen Fleckchen Europas, ist es jetzt still geworden. Das Klavier wird nur selten noch von den zarten Mädchenfingern Gretels bearbeitet und von den Fortissimi und Staccati, wie sie noch zu Sawadis und Adolfs [Namen zweier Schüler] Zeiten zu hören waren, keine Spur mehr, Erlkönig und Figaro wie weggefegt. Es herrscht ein Schweigen wie im Urwald, und man merkt es dem Klavierchen an: es möchte wieder mal tüchtig seine Stimme hören lassen. Aber am 1. April wird dem lieben Musikkasten ein neuer Herr und Meister erstehen, und wehmütig werden wir ihm nachsehen, wenn er uns von einer höheren Macht entführt wird. Du, liebe Rosie, warst ja schon früher einmal in Palästina und kommst jetzt in eine Dir nicht ganz unbekannte Welt, aber für jemand, der zum ersten Mal den Boden Asiens betritt, des Erdteils, der die Wiege der Menschheit getragen hat, und noch dazu den Boden eines Landes, das für uns Juden mit 1000 historischen Erinnerungen verknüpft ist, für den muss es doch geradezu etwas Berauschendes sein, wenn sein Fuß zum ersten Mal diese alte, heilige Erde berührt. Ist es Dir, mein liebes Josefskindlein, so ergangen, oder ist die Wirklichkeit realistischer und weniger romantisch verklärt, als es eben die Phantasie so vorgaukelt? Ich kann mir wohl denken, dass die Realitäten des Lebens und die harten Notwendigkeiten des Existenzproblems sich vordrängen und sehr bald Geltung zu verschaffen wissen, aber ich glaube doch, dass Du jetzt in persönlichster Verbindung mit dem Judenlande auch die Gefühlswerte des Judentums an Ort und Stelle leichter und williger in Dir aufnehmen wirst als früher in Deutschland, das von der jüdischen Erde immerhin durch ein Weltmeer getrennt ist ...«

Dieser Brief löste eine Reaktion aus, die ganz sicher nicht beabsichtigt war. Mit erschreckender Plötzlichkeit wurde ich von Sehnsucht gepackt. Widerstandslos hätte ich mich jedem ergeben, der mich zurückgebracht hätte. Dass der Flügel, der nach einem mündlichen Abkommen bis zu meiner Abreise im Hause bleiben durfte, nun abgeholt werden sollte, gab mir einen zerreißenden Schnitt ins Herz.

Ein Bild – nicht von dieser Welt

Das Fotoatelier wurde zur Enttäuschung. Soweit es überhaupt Arbeit gab, waren es fast ausschließlich Passfotos. Wenn auch mal ein Auftrag für ein Porträt kam, musste es nach gewohnten Schönheitsbegriffen ausgeleuchtet und sorgfältig retuschiert werden. Die Miete für das Studio war hoch, die Materialschulden wurden immer höher, das Zusammenleben mit schwierigen Menschen schuf zusätzlich Reibungsflächen – irgendwie musste der gordische Knoten durchschlagen werden.

Nach mehr als zwei Monaten gab ich das Studio auf, da es zwei Familien ohnehin nicht ernähren konnte; so war es besser, wenn sich jeder von uns selbstständig machte. Ich ging auf die Suche nach einer eigenen Wohnung, die für Rosie bessere Möglichkeiten bieten sollte. An das Schuldenmachen hatten wir, nolens volens, gewöhnt und gelernt, dass dies die Technik ist, das Leben zu finanzieren. Es gab niemanden ohne Schulden. Für die neue Wohnung habe ich sogar Wechsel unterschrieben, was riskant war, denn Wechsel mussten pünktlich eingelöst werden. Aber ohne Risiko konnte man sich überhaupt nicht fortbewegen, unser naives Gottvertrauen war Ausdruck des Fatalismus. Die Wohnung, in die wir einzogen, war zwar in einem noch unfertigen Neubau, aber wir waren endlich allein.

Ich musste wegen eines Regierungsdokuments zum ersten Mal nach Jerusalem fahren. Das war damals fast eine Tagesreise, halb mit der Eisenbahn, halb mit dem Autobus. Völlig erschöpft stieg ich aus dem Autobus. Doch Jerusalem schlug mich in seinen Bann. Ich ging langsam die Straßen zum Regierungsbüro und wandelte auf Steinen, die mit mir sprachen. Die Amtsangelegenheit war in fünf Minuten erledigt. Ich übernachtete bei Freunden und verbrachte einen Abend in einem betörend nach Jasmin duftenden Garten unter dem Sternenhimmel von Jerusalem – wieder eine neue Welt, und doch lag sie im selben Land. Ein inneres Signal meldete: Hier möchte ich leben. Der jüdische Gott aber verteilt keine liebenswürdigen Geschenke. Die Gabe muss errungen werden, und nur wer es schafft, darf ein kräftiges Loblied auf ihn singen.

So fuhr ich hübsch bescheiden wieder nach Haifa zurück, aber doch mit einer vorsichtigen Freude auf etwas, das erst noch zu planen war. Selbst diese zaghafte Vorfreude war verfrüht. Bald lag ich hochfiebrig im Bett mit einer Infektionskrankheit, die den märchenhaften Namen Popadatschi trug; heute würde man Virusinfektion sagen. Der Arzt führte die Infektion auf einen Insektenstich zurück und kurierte sie mit einer mitgebrachten Kollektion verschiedenfarbiger Kügelchen, die dreimal am Tag einzunehmen waren.

Nach einer Woche ging das Fieber zurück, aber ich war ein ausgelaugter Jammerlappen von Mensch. Meine Arbeit hatte ich verloren und damit auch jeden lebenswichtigen Penny. Glücklicherweise konnte man auch in den Lebensmittelgeschäften anschreiben lassen, aber irgendwann musste doch bezahlt werden. Selbst wenn ich den Tisch voller Aufträge gehabt hätte, wäre ich vor Schwäche zu keiner Arbeit fähig gewesen. Die gleißende Sonne schmerzte in den Augen, ich scheute das bergige Gelände, wollte mir selber hebräische Vokabeln beibringen, aber was immer ich anfing, es blieb alles grau in grau und kroch die Minuten und Stunden entlang.

In Haifa wurde zu jener Zeit viel gebaut. Die Architekten toben sich aus in kühner Moderne. Meine Tropenkamera mit verstellbarem Balgen 13 mal 18 Zentimeter, die für Architektur wie geboren war, durfte ich bei der Auswanderung als Handwerkszeug eines Fotografen mitnehmen. Dem arabischen Zollbeamten am Hafen Haifa stach diese Kamera sofort ins Auge. Sie war aus wunderbarem Mahagoniholz gebaut mit blitzenden Nickelbeschlägen. Das große Zeiss-Objektiv verstaute ich sicherheitshalber separat im Handgepäck. Der Beamte sprach fließend deutsch mit arabischem Akzent. Er fragte nach dem Namen dieser Kamera, um in einem großen Folianten mit Warenverzeichnissen den Zollwert des Apparates festzustellen. Zollgebühren hätte ich gar nicht bezahlen können. Doch gab mir das gähnende Loch für das separate Objektiv die Idee, die Kamera als »Lochkamera« zu bezeichnen, wie man am Anfang der Fotografie die kleinen Boxen mit einem winzigen Loch nannte, wo sich die einfallenden Strahlen brachen. Der Beamte fand auch tatsächlich in seinem Verzeichnis die »Lochkamera«, für deren geringen Wert aber kein Zoll zu erheben war. Bewundernd schaute er dem glänzenden Kasten nach.

Diese Kamera kam nun zu Ehren. Zwei Architekten wurden auf mich aufmerksam. Beide legten Wert auf »künstlerische Auffassung« ihrer Gebäude. Also dramatisierte ich, indem ich geschwungene Balkons, hellweiß angestrichen, in verlängerter Perspektive mit Rotfilter gegen den blauen Himmel aufnahm – ein wahres Inferno aus Dantes »Göttlicher Komödie«. Der Erfolg blieb auch nicht aus, und für etwa drei bis vier Wochen besserten sich die Aussichten, mein Gemüt heiterte auf.

Schon die nächste Welle warf mich wieder zurück: Der zweite Popadatschi-Anfall war heftiger als der erste und dauerte länger. Meine Situation wurde kritisch. In einem Consilium mit der Sozialfürsorgerin, dem Arzt und Rosie suchten wir nach einer Lösung. Die Frage war, wie ich mir eine Existenz aufbauen könne ohne die Belastungen einer Familie.

Rosie fand den Ausweg. Sie hatte gute und vermögende Freunde in Danzig, das zu jener Zeit noch Freistaat war. Auf ihre Bitte luden sie Rosie und ihr Kind für eine gewisse Zeit ein, währenddessen ich mir alleine eine hinreichend sichere Basis schaffen sollte, um dann die Familie wieder zurückzuholen. Der Tag der Abreise kam heran, ich zog gegen Abend in ein kleines billiges Hotelzimmer und konnte vom Fenster die Ausfahrt des hell erleuchteten Schiffes nach Genua beobachten – nicht ohne gemischte Gefühle.

Der neue Lebensabschnitt begann verheißungsvoll. Zum ersten Mal fand in den Messehallen von Tel Aviv eine Levant Fair statt, in der die Produkte der jüdischen Industrie ausgestellt wurden. In Haifa gab es ein Institut für eingewanderte junge weibliche Pioniere, die Weben, Töpfern und anderes Handwerk dort erlernten. Dieses Institut wollte seine Produkte präsentieren und brauchte für den Messestand ein Foto von vier mal vier Metern Größe. Ich erhielt den Auftrag, den ich als Fotomontage ausführte. Daraus wurde ein viel beachteter Fotoreport. Am Tage nach der Eröffnung gab die Institutsleiterin für alle Mitglieder und geladenen Gäste ein Fest. Ein »Danke« oder ein halbes Wort der Anerkennung für meine Arbeit brachte sie nicht über die Lippen, aber sie zahlte pünktlich und räumte mir beim Fest den Platz neben ihrer Majestät der Direktorin ein.

Feiern dieser Art in halboffiziellen jüdischen Kreisen folgten bereits einem traditionellen Ablauf: erst die Rede eines Oberhauptes, dann ein Gemeinschaftssingen und dann das so genannte künstlerische Programm. Für diese Feier war ein Pianist aus Tel Aviv eingeladen. Also erhob sich die Frau Direktor und sprach auf Hebräisch, stark mit Jiddisch gemischt, über die Errungenschaften des Instituts und ließ sogar ein Wort über meine Fotomontage fallen, die sie als »sehr interessante Arbeit« würdigte. Später, in meiner Komponistenlaufbahn, habe ich dann die Bedeutung des Attributs »interessant« für ein Kunstwerk verstanden; es will sagen: anerkennenswert modern, aber doch scheußlich.

Nach ihrer Rede begann das gemeinsame Singen. Viele Melodien habe ich wieder erkannt vom patriotischen Singen auf dem Deck der »Jerusalem« bei der Ankunft vor Haifa. Bei Tee und kleinen Kuchen fühlte ich mich geborgen zwischen zufriedenen und glücklichen Menschen. Nach etwa einer halben Stunde wurde meine Direktorin nervös, denn der Pianist war noch nicht eingetroffen. Also wurde der Liederschatz weiter geleert, aber es begann doch eine gewisse Ermüdung.

Ein deus ex machina hätte kommen müssen, und nach weiteren lahmen zwanzig Minuten fasste ich mir ein Herz und bot der Frau Direktor an, den Pianisten zu vertreten. »Nein, nein. Wir haben einen sehr guten Pianisten bestellt, da kann ich nicht einen Fotografen spielen lassen.« Das war zweifellos richtig, und ich habe mich entschuldigt. Die Situation wurde aber kritisch, die jungen Mädchen wurden ungeduldig und fingen an zu albern. Frau Direktor war verzweifelt und warf mir halb resigniert, halb gnädig zu: »Na schön, dann spielen Sie mal was.«

Mein Angebot war natürlich leichtsinnig, schließlich hatte ich anderthalb Jahre kein Klavier angerührt. Aber plötzlich war da ein Prickeln in den Fingerspitzen, und ich glaubte, ein Nocturne von Chopin oder ein Impromptu von Schubert wieder auf die Beine bringen zu können. Es ging auch gut, und für eine Weile schwebte ich im Glück einer Illusion. Der Beifall riss mich in die Wirklichkeit zurück. Frau Direktor fauchte mich an: »Na, was sind Sie denn eigentlich – Fotograf oder Pianist?« – »Die Antwort überlasse ich Ihnen.« Worauf sie meinte: »Diese Jekkes!«, was ein Spottname für deutsche Juden war.

In der kleinen Stadt Hadera zwischen Haifa und Tel Aviv lebte ein Fotograf aus Polen namens Pinchas. Pini, wie er genannt wurde, hatte von mir gehört und bestellte mich in sein Fotostudio nach Hadera, wo er auf weiter Flur alleiniger Herrscher in Sachen Porträtkunst war. Pini war rothaarig, lispelte und hatte pausenlos nervöse Zuckungen auf Oberlippe und runzeliger Stirn. An einem Freitagnachmittag holte er mich am Bahnhof ab und wir fuhren im Autobus zu seiner Wohnung, einer winzige Holzbaracke mit zwei Zimmerchen. Frau Gemahlin und zwei kleine Kinder begrüßten uns. Dann wurde in einer Ecke das Abendessen serviert. Zuerst aßen Pini und ich, danach konnten auch die Kinder mit der Mutter essen, denn das Essgeschirr reichte nicht für alle.

Pini führte mich am nächsten Morgen in seine Arbeit ein. Am Sabbat war der größte Betrieb, denn da kamen Arbeiter aus den umliegenden Dörfern und Kibbuzim nach Hadera, um Familienfotos machen zu lassen. Wochentags kamen die reichen Orangenplantagenbesitzer und wollten moderne Fotos, wie sie sie in englischen und französischen Journalen sahen. Pini war darauf bedacht, mit diesen Journalen konkurrieren zu können. Von mir erhoffte er sich die Beherrschung dieser modernen Technik. An Aufträgen dieser Art sollte ich mit fünfzig Prozent beteiligt sein, Materialkosten gingen auf seine Rechnung. Ich akzeptierte und zog mit meinem Gepäck nach Hadera. Pini verschaffte mir einen kleinen Raum mit äußerst primitivem Komfort, aber immerhin mit einer Wasserleitung, wenn auch außerhalb des Hauses.

Pinis Fotoatelier hätte aus einem Film über die ersten Tage der Fotografie stammen können. Da war eine griechische Säule, niedrig genug, um einen Ellbogen aufzustützen und die Finger nachdenklich auf die Stirn zu legen, und ein Sofa mit Fell und Löwen-

Der musikalische Fotograf, mit seinem Arbeitsgerät unterwegs – hier im Jezreel Tal

kopf, auf dem bäuchlings das nackte Baby lag. Ein idyllischer Palmenhain hing an der Wand, unter dem das zu fotografierende Paar sich verliebt anhimmelte. Die Beleuchtung wurde durch exakte Positionierung der Fotolampen vorgenommen und durfte sich nie verändern. Ich brachte ein Spotlight mit, das eine Revolution im Atelier verursachte. Pini betrachtete die Lampe mit großer Skepsis und meinte, sie sei nur gut für Heiligenscheine.

Pini sprach mit mir nur jiddisch. Später habe ich mich viel mit Jiddisch beschäftigt, weil es eine der herrlichsten Sprachen der Welt ist, absolut unübersetzbar, da sie zum großen Teil idiomatisch denkt. Der große hebräische Dichter Nachman Bialik hat einmal den Unterschied zwischen Hebräisch und Jiddisch so formuliert: »Hebräisch spricht man, Jiddisch red sich.« Das polnische Jiddisch enthält viele deutsche Wörter, während das litauische Jiddisch sich an das Russische anlehnt. Pini, der aus

Warschau kam, sprach waschechtes Warschauer Jiddisch, weshalb ich ihn auch verstehen konnte. Allerdings verhielt sich sein vulgäres Jiddisch zum aristokratischen litauischen Jiddisch etwa wie der Berliner Dialekt zum Hochdeutschen.

Pini hatte einen störrischen Geist. Einerseits wollte er Neuigkeiten einführen, andererseits hatte er eine tiefe Abneigung gegen diese »Kunzim« (was im Jiddischen etwa »künstliche Sachen« bedeutet). Er beobachtete sorgfältig meine Beleuchtungseffekte, merkte aber bald, dass ich bei jedem Porträt eine andere Lichtkombination wählte. Das war schwer nachzumachen, denn es kam auf Feinheiten der Einstellung an. Diese Aufnahmen verkauften sich tatsächlich sehr gut, und jedes Mal wurden noch zusätzliche Vergrößerungen bestellt. Ein guter und leichter Verdienst. Schließlich bekam er es mit der Angst, dass ich mich selbstständig machen könnte und von seinem weiten Kundenkreis das Porträtieren wie Rahm von der Milch abschöpfen würde. Da er au fond ein guter Mensch war, wollte er mich nicht gehen lassen, aber doch loswerden. So fand er eine geniale Lösung: Er bewunderte plötzlich meine Dunkelkammer-Arbeit, gab mir mehr und mehr solche Arbeit unter vielerlei Ausflüchten und drängte mich langsam aber sicher aus dem Aufnahmestudio hinaus.

Die Dunkelkammer war an das Studio angebaut, stand auf Sandboden, war aus billigen Sperrholzplatten zusammengesetzt, nur die elektrische Leitung war fachmännisch isoliert. Ein Fenster gab es nicht, aber einen Ventilator, der die dicke Luft der Chemikalien herumwirbelte. Wegen der erbarmungslosen Sonnenstrahlung verbogen sich die Sperrholzplatten in alle Richtungen und wurden zusammengehalten durch Blechstreifen von zerschnittenen Benzinkanistern, die ihrerseits vorzügliche Wärmeleiter waren. Am Tage konnten die Entwicklungsbäder nur mit kleinen Eisstücken auf normale Temperatur gebracht werden. Eines Tages um die Mittagszeit schwanden mir die Sinne in diesem Kasten. Ich konnte gerade noch die Tür aufmachen und fiel draußen in den Sand. Pini fand mich und zu Tode erschrocken schleppte er mich in sein Studio. Der herbeigeholte Arzt stellte völlige Erschöpfung und Unterernährung fest und verordnete absolute Ruhe. Bald fiel ich in einen tiefen Schlaf, durch den ich mich wieder einmal gut erholte.

An diesem Abend begann ich wieder zu komponieren. In ein Schreibheft, sonst als Briefpapier benutzt, zog ich Notenlinien. Das Denken in Tönen wirkte wie Medizin. Zukunftspläne verschob ich auf den nächsten Tag, an dem ich nach Haifa zurückfuhr.

Doch da deuteten alle Symptome auf einen neuen Anfall von Popadatschi. Die Sozialfürsorgerin und der alte russische Doktor tuschelten miteinander neben meinem Krankenbett. Da sie hebräisch sprachen, konnte ich nichts verstehen. Nach einigen Tagen führte die Fürsorgerin ein ernstes Gespräch mit mir: Man befürchte, dass die Lebensbedingungen in diesem Lande zu schwer für mich seien. So unwiederbringlich der Verlust eines Einwanderungszertifikats auch sei, sie könnten doch eine so schwere Verantwortung nicht übernehmen und hätten beschlossen, mir eine Rückfahrkarte auf einem Touristendampfer nach Bremen zu besorgen. Das Schiff werde in etwa sechs Tagen den Hafen von Haifa anlaufen und vier Tage später abfahren.

Noch hatte ich einen gültigen deutschen Reisepass ohne Judenvermerk, auch bestand zu dieser Zeit noch keine unmittelbare Lebensgefahr für einen deutschen Juden. Sie schickten mich also nicht in mein offenes Verderben, sondern wählten zwischen zwei latenten Verderben. Widerstandslos akzeptierte ich. Die Gefühle pendelten zwischen Niederlage und erlöster Sehnsucht und wagten nicht, sich für das eine oder andere Ende zu entscheiden. Zu Hause angekommen, würde man mich sicherlich mit Fragen über das Kibbuzleben bestürmen, ohne dass ich einen Kibbuz gesehen habe. Ich hatte noch über eine Woche Zeit und beschloss, erst noch eine Bekannte namens Rachel in einem Kibbuz zu besuchen und von dort dann direkt zum Schiff zu gehen.

Der Kibbuz Beth Alpha liegt am Fuße des Gebirges Gilboa in einem weiten Tal zwischen Haifa und Tiberias. Damals gab es noch keine Autostraße, man fuhr mit der so genannten Hedschasbahn, einer Schmalspur-Eisenbahnlinie, vor dem Ersten Weltkrieg von den Deutschen für die Türken erbaut. Die Linie verband Haifa mit Damaskus. Gegen acht Uhr abends kam der Zug in Shatta an, einer winzigen Bahnstation, die aus einem kleinen Häuschen mit zwei Zimmern und Telefon für den Bahnhofsvorsteher und seine Familie bestand sowie festgestampftem Erdboden als Bahnsteig.

Ein Chawer (Genosse) des Kibbuzes erwartete mich mit Leiterwagen und Pferd, und wir fuhren quer durch die Felder. Wegen der kurzen Dämmerung im Lande kamen wir an, als es bereits völlig dunkel war. Es war drückend schwül und ich spürte, wie mein Fieber wieder in die Höhe kletterte. Nach einer knappen Stunde erreichten wir im durchrüttelnden Trab die Einfahrt zum Kibbuz.

Im Speisesaal, der auch als Versammlungsort für gesellschaftliche Veranstaltungen diente, saßen schon alle an langen Tischen beim Abendessen, es summte wie im Bienenhaus. Rachel begrüßte mich allerherzlichst, und man brachte Tee, Weißkäse, Margarine, Brot und Tomaten. So fürstlich hatte ich schon lange nicht mehr diniert.

Rachel eröffnete mir, dass ich in einer Stunde ein Konzert auf dem kürzlich angekommenen Klavier geben müsse. Ich traute meinen Ohren nicht und erklärte ihr meine Lage: Erstens sei ich gänzlich aus der Übung, zweitens sei ich krank mit Fieber und drittens könne man so etwas doch nicht von einem Moment auf den anderen festlegen. Sie lachte mit ihrer tiefen Stimme aus vollem Hals, wobei eine Perlenreihe schneeweißer Zähne mit ihrem schwarz gekräuselten kurz geschnittenen Lockenkopf konkurrierte. Sie rief einen Chawer namens Podi heran, ihren Mann. Als tonangebender Chawer dieses Kibbuzes erklärte er mir, was für ein Ereignis es sei, wenn zum ersten Mal in der Geschichte des Kibbuz ein Konzert stattfindet. Daher seien die Kibbuzim der näheren Nachbarschaft benachrichtigt worden – ich bräuchte nur aus dem Fenster zu sehen, um die heranströmenden Besucher zu beobachten. Tatsächlich sah ich in der Silhouette gegen den Himmel Pilgerzüge auf Pferdewagen, auf Rädern, auf Eseln, alle mit baumelnden Windlampen die Hügel aus allen Richtungen nach Beth Alpha herunterkommen. Es sah aus wie ein alter Stich zur Illustrierung der Bibel. In meinem Fieberzustand war das alles völlig unwirklich.

Na schön, ich werde spielen und wenn ich stecken bleibe, werde ich eben improvisieren, kein Mensch hier wird das merken; dieses Land ist schließlich nicht mit Mozart und Beethoven aufgebaut worden; morgen fahre ich mit dem Mittagszug wieder zurück, bis dahin werde ich mich irgendwo verstecken und dann – nach mir die Sintflut.

Josef spielt, Hanna Liebenthal hat es festgehalten

Inzwischen wurden die Tische abgeräumt und die Chawerim von Beth Alpha und die Gäste von draußen begannen den Saal zu füllen. Nach wenigen Minuten konnte keine Stecknadel mehr einen Platz finden. Man saß auf Stühlen, Bänken, Tischen, auf dem Boden, auf jedem freien Zentimeter. Wer nicht mehr eingelassen wurde, drückte seine Nase platt an den Mückenfenstern rings um den Saal. An der Wand stand ein nagelneues Klavier, ich saß mit dem Rücken zum Publikum. Ich erinnerte mich, wie Saal einmal vor Beginn der großen Jahresferien mir das Versprechen abnahm, zwei Monate lang kein Instrument anzurühren. »Du wirst sehen, wie viel besser die Finger danach laufen«, hatte er gesagt. Meine Pause war nun über anderthalb Jahre, aber hier war nicht die Gelegenheit für Rechnungen.

Es wurde mucksmäuschenstill, und ich begann mit Beethovens Geistersonate in d-Moll. Das Gedächtnis funktionierte tadellos, die Finger liefen mit Bravour, ich fühlte mich hervorragend. Mit dem immerhin anspruchsvollen Stück, auch für die Hörer, kam ich zum Ende und erwartete den Beifall. Totenstille lag über dem angefüllten Raum. Ich erschrak. So schlecht hatte ich doch nicht gespielt! Waren alle mittlerweile weggegangen? Ich wagte nicht, mich umzudrehen. Kein Hüsteln, kein Räuspern, kein Laut – was war geschehen?

Mir hatte es jedenfalls große Freude gemacht. Also beschloss ich weiterzuspielen – Bachs Orgel-Toccata und Fuge C-Dur in der Bearbeitung von Busoni. Auch das verlief ohne Fehler, ich brauchte nicht zu improvisieren, obgleich es mich juckte. Da blitzte in mir das Erlebnis eines Klavierabends von Eugen d'Albert in der Singakademie auf. In der Fuge blieb er stecken, und ohne mit der Wimper zu zucken, improvisierte er den Rest. Das Publikum applaudierte in einem wahren Sturm der Begeisterung. Bei mir aber verlief alles ohne Ausrutscher, Beifall blieb weiterhin illusorisch.

Da beschloss ich, mich doch umzudrehen. Ich sah ein Bild – nicht von dieser Welt. Die Menschen saßen und blickten durch mich hindurch in eine Traumferne; sie waren der Wirklichkeit mit geschlossenen Augen entrückt; sie rührten sich nicht, kein Wort wurde gesprochen, sie saßen wie angewurzelt. Eine Zauberhand lag auf der ganzen Szene. Keiner brachte mir ein Glas Wasser, keiner fragte mich, ob ich etwas möchte, ich schwitzte und spielte weiter. Es war halb drei Uhr nachts als ich fühlte, dass ich nicht mehr weiter konnte, klappte den Klavierdeckel zu und stand auf. Still und ruhig gingen alle ihrer Wege, als kämen sie aus einem Bethaus. Rachel brachte aus der Küche Delikatessen aus Aladins Wunderlampe: Datteln und Feigen und Nüsse und Früchte und Wein und Gebäck, alles wurde auf einem Tisch mit weißem Tuch ausgebreitet. Jemand sprach auf Hebräisch Dankesworte. Dann brachte mich Rachel zu einem Zelt, in dem mein Bett aufgeschlagen war – ein großes Zelt, ganz für mich alleine, das bekam nur König David.

Die Sonne auf dem Zeltdach weckte mich, ich stand auf und suchte eine Waschgelegenheit. Draußen saß Rachel auf einem Stein und wartete. Sie führte mich in das Häuschen mit allen Waschvorrichtungen und brachte mich dann zum Frühstück in den Speisesaal. Wer uns auf dem Weg begegnete, blickte uns nach. Ich fühlte mich wie neugeboren.

Rachel zeigte mir die Gemüseanpflanzungen, wo sie arbeitete. Der Tag war nicht besonders heiß und die Gemüsefelder bewässert, ein leichter Wind wehte, und ein herrlicher Duft breitete sich aus. Ich wollte Hand mit anlegen, aber das lehnte Rachel strikt ab. Ich könnte mir ja einen Splitter in den Finger jagen oder mich an einer Kiste verheben, ich dürfe nur zuschauen, denn am Abend sollte ich noch ein Konzert geben.

Der Dampfer nach Bremen musste ohne mich ablegen. Die psychosomatische Popadatschi löste sich in Nichts auf und wagte nicht wieder in meine Nähe zu kommen.

Nur a Klesmer is gekimmen

Beth Alpha wurde mein Aufenthaltsort. Ich bekam ein Zimmer in einer Holzbaracke, das ich manchmal mit einem anderen Chawer teilen musste. Das entsprach den normalen Lebensbedingungen. Essen und Trinken und all die täglichen Versorgungen verdiente ich mir mit meiner Kunst, ohne aber eine Ausnahmestellung einzunehmen. Als Chawer eines Kibbuzes musste ich einer der zionistischen Bewegungen angehören, die der Kibbuz repräsentierte. Im Laufe der deutschen Einwanderung wurden später auch »neutrale« Bewerber aufgenommen.

Ein Kibbuz ist kein Privatunternehmen, sondern das Arbeitsprodukt eines Kollektivs, das vom damaligen jüdischen Nationalrat, dem Vorläufer der ersten israelischen Regierung, direkt und indirekt subventioniert wurde. Die Generalversammlung des Kollektivs wählte seine Chawerim auf Grund bestimmter Normen.

Über diese politische Seite des Kibbuzes zerbrach ich mir nicht den Kopf und spielte zunächst mit großem Behagen die Rolle eines Ehrengastes, der allerdings auch eine für die Chawerim wichtige Gegenleistung bot. Da ich nicht jeden Abend ein Konzert geben konnte, beschloss ich, von Beth Alpha aus das Land zu bereisen und in all jenen Kibbuzim zu spielen, die ein Klavier besaßen. Das ging nicht immer ohne Abenteuer ab.

Nahe Beth Alpha, mit dem Pferdewagen etwa zwei Stunden entfernt, lag ein anderer großer Kibbuz namens Ein Charod. Dort gab es einen hervorragenden Naturkundelehrer und gleichzeitig Komponist vieler Volkslieder dieser Zeit, Moshe Carmi. Über das Sekretariat von Beth Alpha wurde ein Konzertabend in Ein Charod verabredet, doch als ich ankam, wusste niemand etwas davon. Ich ging zum Chawer, der für die Gästeunterkunft zu sorgen hatte, ließ mir ein Bett geben, ging in den Speisesaal, aß in Ruhe mein Abendbrot, spazierte noch ein bisschen im Kibbuz herum, genoss das Liebesleben der nächtlich duftenden Gewächse und ging schließlich schlafen.

Es war gegen elf Uhr in der Nacht, da klopfte es an mein Zimmer. Moshe Carmi kam herein in hellster Aufregung. Niemand habe ihm etwas von meiner Ankunft gesagt, und es komme gar

Ein Schnappschuss aus den Dreißigerjahren

nicht in Frage, dass das Konzert ausfällt. Jeder Kibbuz hatte an einem neutralen Platz eine Eisenplatte oder ein Eisenrohr, auf dem mit großen Klöppeln entweder zur Arbeit gerufen oder Alarm geschlagen wurde. Moshe Carmi trommelte alle Chawerim zusammen. Elf Uhr nachts wird zu keiner Arbeit gerufen, also war es Alarm – ein Überfall oder Feuer? Alle rannten in Pyjamas und in Pantoffeln – was war geschehen? Moshe Carmi kündigte ein Konzert von Josef (damals noch) Grünthal an. Der große Saal füllte sich im Handumdrehen. Ich spielte bis tief in die Nacht. Der ausbleibende Beifall irritierte mich nicht mehr, denn inzwischen hatte ich gelernt, dass Beifall als Ausdrucksform der Bourgeoisie galt und deshalb in einer sozialistischen Kommune verpönt war.

Dann kam eine Einladung vom Kibbuz Gesher. Auch dort war erst kürzlich ein Klavier angekommen. Gesher liegt in der tiefsten Senke des Jordantales, über zweihundert Meter unter dem Meeresspiegel. Das hebräische Wort »Gesher« bedeutet »Brücke«, denn eine kleine Brücke führt über den Jordan, der Fluss markierte die Grenze zwischen dem damaligen Palästina und Transjordanien, regiert vom haschemitischen Königshaus des Emir Abdullah. Dieser Staat wurde von den Engländern im Ersten Weltkrieg als Pufferstaat geschaffen, zu dessen militärischer Sicherheit die Engländer die Arabische Legion aufstellten, damals die einzige wirkliche Militärmacht im Nahen Osten. Emir Abdullah respektierte die Juden und ihre Fähigkeiten; beim Gebet in der Jerusalemer Moschee wurde er von Anhängern des Mufti ermordet.

Die Hedschasbahn hielt an der kleinen Station Gesher. Von dort ging ich zu Fuß etwa eine Viertelstunde bis zum Kibbuz. Als ich am verabredeten Tag gegen Mittag ankam, schüttete es vom Himmel aus vollen Kannen. Ich trug Gummistiefel und einen Regenmantel. Der Boden in dieser Gegend besteht aus grauer, lehmiger Erde. Wird diese Erde nass, schlittert man wie auf einer Eisbahn. Rutschte man aus, fiel man unweigerlich hin und stand als solider Lehmklumpen wieder auf.

Endlich erreichte ich den Drahtzaun, der rings um den Kibbuz gespannt war. Hinter der ersten Barackentür hörte ich Stimmen und klopfte an. Eine junge Frau öffnete und ließ mich herein. Zufällig fand gerade eine Besprechung des Kulturkomitees statt, aber niemand wusste etwas über ein Konzert. Ich wurde in das Kulturzimmer gebracht und sollte auf Bescheid warten. Da saß ich in meinen nassen Sachen, und der kalte Wind pfiff aus allen Ritzen der Holzbalken. An Lektüre gab es nur hebräische Zeitungen, die ich nicht lesen konnte, und eine Nummer des Israelischen Wochenblattes aus der Schweiz. Diese habe ich von vorne nach hinten und von hinten nach vorne gelesen – aber niemand kam und gab mir Bescheid.

Es wurde Nachmittag und ein Chawer kam herein, ein Hüne, schwarz wie die Nacht und das Gesicht eines Gorillas. Er grüßte kurz, setzte sich an einen Tisch und begann eine Zeitung zu lesen. Nicht lange danach kam ein junges, sehr deutsch aussehendes Mädchen, setzte sich zu ihm, und ich konnte ein Gespräch zwischen ihnen hören. Sie sagte auf deutsch: »Du, ich habe gehört, dass es heute Abend ein Konzert gibt. Weißt du was davon?« Er (auf Jiddisch): »Eh, nisch ka Konzert. Nur a Klesmer is gekimmen.« (Klesmer ist im ostjüdischen Stedl ein Fiedler oder Klarinettenspieler, der zum Tanz aufspielt.) Ob ich nun damit gemeint oder wirklich ein Fiedler gekommen war, konnte ich daraus nicht klar verstehen.

Unterdessen setzte die Dämmerung ein. Plötzlich hörte ich draußen ein wildes Geschrei. Ich ging zum Fenster und sah zwei große Pferde einen Leiterwagen durch den nassen Lehm ziehen, neben jedem Rad zwei Männer, die kräftig in die Speichen drückten. Auf dem Leiterwagen stand ein schwarzes Klavier. Aha, dachte ich, es rührt sich was. Das Klavier wurde aus dem Schulhaus in den Speisesaal gebracht. Jetzt erschien die junge Frau wieder, die sich nunmehr als Rifka vorstellte und Lehrerin war. Ich wurde in ein Zimmer gebracht, wo ich endlich den nassen Mantel aufhängen konnte, heißen Tee bekam und mich auf einem bequemen Stuhl ein bisschen ausruhte. Ich wurde wieder alleine gelassen, mit dem Versprechen, dass ich in einer halben Stunde zum Abendbrot abgeholt werde.

In dieser halben Stunde fiel ich in tiefen Schlummer, aus dem ich pünktlich und erfrischt aufwachte. Ich wurde in den Saalbau gebracht, der aus einem Steingemisch mit schwarzem Basaltstein errichtet war. Der Fußboden war dick mit Sägespänen bedeckt, um die Lehmklumpen an den Füßen zu binden, weil sonst der Raum nicht zu säubern gewesen wäre. Ich sah auch schon das Klavier in einer Ecke neben einem kleinen Fenster stehen. Die Prozedur des Essens und Abwaschens war mir bekannt, sodass vor zehn Uhr oder gar später das Konzert nicht beginnen konnte. Rifka fragte mich Einzelheiten aus meinem Leben, denn sie wollte mich den Chawerim vorstellen.

Und dann wurde ich zum Klavier gebeten. Mit einem Blick überflog ich die Situation, bat um ein großes scharfes Messer, mit dem ich unter schallendem Gelächter des Publikums die Pedale des Klaviers aus ihrem Lehmsarg befreite und die verlehmten Sägespäne rund um die Pedale wegkratzte. Dann konnte ich schließlich anfangen. Ich merkte bald, dass mich von draußen unentwegt zwei große Augen am Fenster anstarrten. Mittlerweile an viele Arten emotionaler Reaktionen beim Kibbuz-Publikum gewöhnt, versuchte ich, diesem Blick auszuweichen. Aber die Augen blieben während des ganzen Konzertes festgeheftet an das Fliegennetz.

Nach dem Konzert wurde ich in ein Zimmer gebracht, in dem ich unter einem richtigen Daunenbett den schönsten Schlaf der Welt schlief und nicht bemerkte, dass die ganze Nacht hindurch Regenwasser von der feuchten Zimmerdecke tropfte.

Ganz früh klopfte es an der Tür. »Ja, bitte«, aber nichts rührte sich. Nach einer kurzen Welle klopfte es wieder. Ich rief lauter: »Herein«, aber es blieb still. Nach dem dritten Klopfen stand ich auf und öffnete die Tür. Vor mir standen zwei lange Beine und die Fortsetzung eines Mannes. Ich schaute nach oben und erkannte den Kopf des Riesenmannes, der dem deutsch aussehenden Mädchen im Kulturzimmer antwortete, dass »nur a Klesmer gekimmen« sei. Da stand er nun vor mir wie auf zwei linken Beinen, in einer Hand eine rote Rose, und sagte verschämt: »Entschuldigt mir, aber ich konnte doch nicht wissen, wer ihr sad« – und überreichte mir die Rose. Als ich ihm dankte, erkannte ich die Augen wieder, die während des ganzen Konzertes auf mich gerichtet waren.

Beim Frühstück erwarteten mich drei Chawerim, die wohl zu den tonangebenden in der Gemeinschaft gehörten. Sie eröffneten mir, dass während der Nacht beschlossen wurde, mich zum Chawer des Kibbuzes zu machen. Darauf war ich natürlich nicht vorbereitet, das Angebot fiel vom Himmel. Aber ich war nicht zimperlich, und so begann an diesem Tage ein etwa anderthalb Jahre währendes Leben im Kibbuz Gesher.

Meine Kleidung wurde in die Kommune gegeben, jeder erhielt seine Bekleidung zugeteilt, die jede Woche frisch gewaschen und repariert war. Niemand besaß eigene Kleidung. Was nicht richtig passte, wurde von der Näherin passend gemacht. Waschsachen und alles, was sonst zum täglichen Leben gehörte, einschließlich Zigaretten, wurden einmal wöchentlich ausgegeben; man musste damit auskommen. Mein Bett befand sich in einem Raum mit drei anderen Chawerim. Man wechselte den Arbeitsplatz oft, und nur ausnahmsweise gab es den Status eines Fachmannes, der anderen übergeordnet war. Das entsprach den ideologischen Grundsätzen, die natürlicherweise über die Jahre dem Druck technologischer und wirtschaftlicher Entwicklungen weichen mussten. Aber im Jahre 1934 bestimmte noch das Prinzip der Kommune das Leben und Denken eines Chawer.

Schon am nächsten Morgen wurde ich als Pianist, als Künstler, als Individualist mit diesen Idealen konfrontiert. Im Jordantal war ein großes Feld mit Weinstöcken bepflanzt. Dort sollte ich mich frühmorgens zur Arbeit melden. Alles weitere werde mir dort erklärt. In Arbeitskleidung war ich pünktlich zur Stelle. Ein kleiner, schon ergrauter Chawer erblickte mich und fragte erstaunt, was ich hier suche. Ich erklärte, dass ich hier zur Arbeit eingesetzt sei. »Kommt überhaupt nicht in Frage. Und wenn du dir versehentlich mit dem Hammer auf einen deiner Finger haust, soll ich dann die Verantwortung dafür tragen, dass du morgen oder übermorgen nicht wieder spielen kannst? Geh schnell nach Hause. Hier ist kein Platz für dich.« Der Chawer, der mich geschickt hatte, nahm den Vorfall ohne sich aufzuregen zur Kenntnis und schickte mich in die Tischlerwerkstatt, die gleich nebenan war. »Na, was willst du denn hier? Willst dir einen Splitter einreißen? Und wer ist dann schuld? Ich? Nein, nein, das ist keine Arbeit für dich.«

Am nächsten Tag wurde das Problem gelöst. Ich sollte ein Fuhrwerk mit einem alten Gaul bekommen, mit ihm in die Bananenplantage fahren, das Fuhrwerk beladen, zur Bahnstation fahren und die Bananen in einen Güterwaggon verladen; die Gefahr einer Handverletzung sei dabei auf ein Minimum herabgesetzt. Also erhielt ich das besagte Fuhrwerk mit dem Gaul, setzte mich auf ein Brett, nahm die Zügel in die Hand und rief gutmütig: »Hui«. Aber das Pferd rührte sich nicht und schaute mit halb geschlossenen Augen müde vor sich hin. »Hui«, und ich klopfte ein wenig mit den Zügeln auf seinen uralten Rücken. Der Gaul stand fest und wedelte mit dem Schwanz die Fliegenschwärme von seinem Bauch.

Da dachte ich, dass man auch als Dirigent vor dem Orchester manchmal die Stimme heben muss, um sich Disziplin zu verschaffen, und schnauzte ein scharfes »Hui!« Da drehte der alte Herr seinen Kopf zu mir herum, als wollte er sagen: »Was willst du eigentlich von mir?« Als ich mich beim Hofmeister über diesen Gaul beschwerte, erfuhr ich, dass ein hebräisches Pferd unter »Hui« »Bleib stehen«, unter »Brr« »Geh los« versteht. Das war mein erster Unterricht in hebräischer Sprache. Nicht ohne mich bei meinem Gaul zu entschuldigen und ihm freundlich die warme Schnauze zu streicheln, fuhren wir dann gemütlich gen Bananenland.

Offenbar hatte er diese Fahrt schon oft gemacht, denn er trabte seinen Weg, ohne sich um meine Manöver mit den Zügeln zu kümmern. Wir erreichten die Bananenplantage, und er zog immer weiter und weiter auf den schmalen Pfaden zwischen den Bäumen, bis die Räder des Fuhrwerks sich hoffnungslos verhedderten. Nun ging es weder vorwärts noch rückwärts. Ich trat den Rückweg an, informierte den Hofmeister, der schmunzelte und einen kleinen Traktor schickte. Der Traktor machte keinen Unterschied zwischen »Hui« und »Brrr«, zog im ersten Gang den Wagen einschließlich einiger lädierter Bananenbäume aus dem Urwald heraus. Der Gaul ging gemütlich hinterher und lachte in sich hinein. Am Abend reifte die Erkenntnis, dass das Bauernhandwerk nicht meine Sache sei. Stattdessen verlegte ich Kabel zum nahe gelegenen Elektrizitätswerk, half unter Anleitung eines Gärtners kleine Gräben zu ziehen und dergleichen mehr.

Weiterhin gab ich Konzerte. Es kamen Einladungen in andere Kibbuzim, privatwirtschaftliche Bauerndörfer und in Städte. Als die Gewerkschaftsorganisation Histadrut ihr neues Verwaltungsgebäude in Haifa eröffnete, umrahmte ich die Einweihungsfeier. Meine Auftritte wurden inzwischen honoriert. Das Geld bekam der Kibbuz als Einnahme aus so genannten »Außenarbeiten«. Für jede Fahrt bekam ich Taschengeld für Tee, den Autobus oder die Übernachtungen. Für die Fahrt mit der Hedschasbahn nach Haifa oder Jerusalem bekam ich statt Fahrgeld jeweils das Billett. Das hatte einen prosaischen Grund. Die arabischen Fahrkartenkontrolleure versorgten den Kibbuz mit bereits gelochten, also abgefahrenen Fahrkarten gegen ein Entgelt. Diese Fahrkarten wurden stillschweigend anerkannt, und mit ihnen bereiste ich das ganze Land, oft sogar Erster Klasse, je nach Ursprung des Billetts.

Die konzertierende Tätigkeit erzeugte ein kleines, aber typisches Seitenproblem. Wenn ein Konzert in der Stadt war, musste ich auch für den Auftritt stadtgemäß gekleidet sein – ein offenes weißes Hemd mit gebügelten Hosen. Manchmal lieferte mir das Kleiderlager im Kibbuz die passende Kleidung, aber nicht immer, es hing vom Zufall ab. Nun aber wurde meine Kleidung eine Art Berufskleidung, und es hatte nicht viel Sinn, dass ein anderer Chawer diese Kleidung bekommt, wenn sie gerade frei war. So wurde ich zum Präzedenzfall – ein Chawer mit eigener Kleidung.

Da ich nun oft zu Konzerten eingeladen wurde, musste ich auch mehr üben. Es genügte nicht mehr, ein ziemlich großes Repertoire im Kopf zu haben, es musste auch trainiert werden. Das Klavier stand in der Schule, ich konnte also nur abends üben. Mit windgeschützten Petroleumlampen waren die Noten nur schwer zu beleuchten. So pflegte ich im Dunkeln intensiv zu improvisieren und hielt dabei die Spieltechnik auf der Höhe. Dass abends aus dem Schulhaus Klaviermusik ertönte, war bald ein bekanntes Phänomen.

Eines Abends spielte ich wieder in die dunkle, dicht bewölkte Nacht hinein. Im schwarzen Lack des Klaviers erschreckte mich plötzlich der Reflex eines schwach flackernden Lichtscheins. Ich drehte mich um und sah eine kleine Streichholzflamme an einer glimmenden Zigarette. Im selben Moment flackerte an einem anderen Ende des Raums ein zweites Streichholz, und im schwachen Licht mehrerer Zigaretten konnte ich erkennen, dass der ganze Raum vollbesetzt war. Weder habe ich jemanden hereinkommen hören, noch spürte ich irgendwelche Bewegungen hinter meinem Rücken. Das Schulhaus hatte sich lautlos gefüllt bis zum ersten Aufflackern jenes Streichholzes. Die Musik brachte die Chawerim zum Nachdenken, weit hinaus über den täglichen Existenzkampf mit seinen irdischen Problemen. Ich erfüllte eine Aufgabe, die in keinem Codex notiert war.

Zum ersten Mal spürte ich wieder ein heimatliches Gefühl. Wenn ich von Konzerten nach Gesher zurückkehrte, kam ich nach Hause. Deshalb ließ ich Rosie und Re'uwen zurückkommen mit dem ausdrücklichen Wunsch und Einverständnis der Chawerim des Kibbuzes. Sie sahen darin meine endgültige Bindung an ihre Gruppe.

Re'uwen kam in das Kinderhaus, wie üblich im Kibbuz, Rosie und ich erhielten ein Zimmer in einem Holzhäuschen. Die Trennung der Kinder von den Eltern ist Teil des ideologischen Unterbaus. Sie ermöglicht beiden Eltern ganztägig zu arbeiten und sich ganz dem Aufbau des Kibbuzes und damit auch des Landes zu widmen, erfüllt damit zionistische Ziele und Träume. Die Kinder verloren jedoch nicht den Kontakt mit ihren Eltern. Nach der Arbeit wurden sie abgeholt und ins Elternhaus gebracht. Die Eltern konnten mit ihnen spazieren gehen oder spielen, bis sie zum Abendessen wieder ins Kinderhaus zurückgebracht wurden, im Beisein der Eltern aßen und von ihnen schlafen gelegt wurden. Weniger als ein halber Tag gehört also Eltern und Kindern gemeinsam. Am Abend sind dann die Eltern wieder frei für gesellschaftliche, kulturelle oder organisatorische Tätigkeiten.

Dass am Tag die Kinderpflegerin Mutterersatz ist, entsprach nicht Rosies Erziehungsideal. Es war auch nicht unbedingt mein

Mit Rosie und Rainer, der schon Re'uwen hieß

Ideal, besonders weil das Kind nachts nicht im Elternhaus schlief. Doch hatte die Regelung in dieser Gesellschaft damals ihre guten Gründe. Re'uwen fühlte sich im Kinderhaus wohl, und an das Klima im Jordantal gewöhnte er sich ohne Schwierigkeit.

Der Frühling 1935 kam und mit ihm das Passahfest. Entsprechend der politischen Ausrichtung des Kibbuzes wurde dieses Fest aller religiös-konservativen Nebenbedeutungen entkleidet und mit dem gegenwärtig Erreichten in Beziehung gesetzt. Anstelle des Vorlesens der traditionellen Haggadah kam eine Erzählung, die jeder Kibbuz jedes Jahr für sich neu zusammenstellte. Diese weltliche Haggadah verwendete Poesie und Prosa aus der modernen Literatur, Erzählungen, die sich nicht nur auf den Auszug der Kinder Israel aus Ägypten, sondern auch aus der Diaspora bezogen, Verse, die den nahenden Frühling und die in Fruchtbarkeit jubelnde Erde besingen. Während des Festabends wurde diese Haggadah von allen Chawerim mit verteilten Rollen verlesen. Dazwischen gab es Gesänge, entweder einfache Volkslieder oder auch kleine klassische Chorsätze, je nach den Möglichkeiten des Kibbuzes.

So schön auch manche mehr oder weniger gut verlesenen Kapitel aus der modernen hebräischen Literatur waren, so war diese programmatisch verweltlichte Haggadah doch eine unannehmbare Banalisierung der historischen Idee. Sie glich eher einem Potpourri als einem aus Begeisterung und Ehrfurcht geborenen Gedenken. Im stillen amüsierte ich mich, denn nach Beendigung des Vorlesens und des festlichen Essens gingen viele Chawerim zu ihren betagten Eltern, die nach wie vor ihre traditionelle Haggadah sangen. Die Jungen standen vor den offenen Fenstern, schauten hinein und lauschten andächtig den Gesängen ihrer Väter.

Von Haifa bis Gesher dauerte eine Bahnreise mehrere Stunden. Irgendwo mitten auf der Strecke kam noch die Gebetsstunde des moslemischen Lokomotivführers hinzu. Dann hielt der Zug, der Araber stieg von der Maschine herunter, breitete seinen Gebetsteppich aus und betete zu Allah. Die Hedschasbahn war eingleisig. Kam ein Zug aus der Gegenrichtung, musste er auf einem Nebengleis warten, bis die Strecke vom Signal frei gegeben wurde. Verspätungen bis zu drei oder vier Stunden waren nichts Ungewöhnliches. Mir waren sie willkommen, konnte ich doch dann in Ruhe arbeiten.

Oft fuhr ich Erster Klasse im verschließbaren Abteil für Scheichs mit aufklappbarem Tischchen am Fenster – ein komfortableres Schreibzimmer konnte man sich gar nicht wünschen. Beim arabischen Bahnpersonal war ich inzwischen bekannt; denn zu meinen Konzerten in Kibbuzim kamen auch Araber aus nahe gelegenen Dörfern. Sie lauschten still und verwundert der Musik von Beethoven und Schubert und verbeugten sich zum Dank vor mir mit der Hand auf Brust und Stirn. Sie nannten mich »Abu Musica« (Vater der Musik); bei den Juden hieß ich »Josef Hacholem« (Josef der Träumer).

Immer mehr Musiker kamen als Einwanderer ins Land. Bei Besuchen in den Kibbuzim wurde mir die Bedeutung dieses enormen kulturellen Potenzials immer bewusster. Die meisten israelischen Volkslieder kamen aus den Kibbuzim. Oft waren es Hirten, die auf den Feldern bei ihrer Herde vor sich hin sangen. In Beth Alpha war ein besonders begabter junger Hirte. Er hieß Matatiahu Weiner. Worte und Musik kreierte er in vollkommener Einsamkeit. Ich hatte den Auftrag, seine Melodien aufzuzeichnen. So saßen wir in den Abendstunden bei einer Petroleumfunzel im Zelt, und er sang mir seine Lieder vor. Manchmal musste ich unterbrechen, um die feinen melodischen und rhythmischen Verästelungen genau notieren zu können. Es fiel ihm schwer, zweimal dasselbe zu singen. Seine Lieder fanden bald ihren Weg durch das Land.

Im Musikunterricht in Schulen der Kibbuzim lernte ich den Begriff »Volkslied« erst richtig verstehen. Ich erinnerte mich, wie ich als Hochschulstudent eine Seminararbeit in Musikgeschichte schreiben musste über »Das deutsche Volkslied nach Einführung der Schulpflicht an preußischen Schulen«. Diese Lieder wurden von professionellen Komponisten sozusagen in einfacher Mundart geschrieben. Sie waren gesetzt und gedruckt und endgültig. Aber Matatiahus Lieder waren bisher nirgendwo gedruckt. Selbst ihr Schöpfer besaß keine endgültige Version. In ihnen drückte Matatiahu all das aus, was die Chawerim sagen wollten und konnten, Assoziationen benutzend und den Emotionen freie Bahn schaffend. Ein echtes Volkslied entsteht in einem Prozess, dem die heutigen Medien der Kommunikation im Wege stehen; sie schaffen durch Massenproduktion von Anfang an ein Klischee.

Die kulturelle Entwicklung des Landes schritt voran: Die englische Mandatsregierung beabsichtigte 1936 eine Radiostation zu eröffnen, den Palestine Broadcasting Service, PBS, und der weltberühmte Geiger Bronislav Huberman plante die Gründung eines jüdischen philharmonischen Orchesters, um jüdische Musiker aus den Konzentrationslagern der Nazis retten und nach Palästina bringen zu können. Der Plan war schon in allen Einzelheiten ausgearbeitet, die Organisation in vollem Gange. Man suchte einen Harfenisten. Als ich als Harfenist in Erwägung gezogen wurde, blieb das Angebot theoretisch, da es keine Harfe gab.

Meiner professionellen Entwicklung eröffneten sich bald Aspekte, die mit den Idealen und dem Leben des Kibbuz nicht mehr in Einklang zu bringen waren. Ich führte Gespräche mit den führenden Chawerim in Gesher und versuchte ihnen die Lebensbedingungen eines Berufsmusikers zu erklären, denn es war absehbar, dass ich sowohl zum Radio als auch zum philharmonischen Orchester in Beziehung treten würde, mit all den daraus folgenden Verpflichtungen. Eine Entscheidung konnte nur durch die Generalversammlung des Kibbuz fallen. Die Frage war, ob er mir die Bedingungen einräumen könnte, mich als Musiker in ihrer Gesellschaft zu entwickeln. Dies würde nicht mehr und nicht weniger bedeuten als eine Revolution. Als ich diese Frage im Winter 1935/36 aufwarf, war sie ein unverdaulicher Brocken. Andererseits war der Gedanke, Gesher mit meiner Familie verlassen zu müssen, genauso undenkbar – ein beklemmendes Drama.

Endlich kam der Tag der Generalversammlung. Ich ging nicht hin, denn ich wollte nicht, dass meine Gegenwart einen Einfluss auf die Abstimmung hat. Die Diskussion muss sehr stürmisch gewesen sein. Im Wesentlichen drehte sie sich um die polaren Gegensätze der Wünsche eines Individualisten gegenüber den Wünschen eines Kollektivs. Die Probleme und Entscheidungen dieser Generalversammlung in Gesher waren, historisch gesehen, Vorläufer einer kultursoziologischen Entwicklung, die elf Jahre später als formuliertes Programm auf dem parlamentarischen Tisch lag. Von alldem hatten wir bestenfalls eine Ahnung. So sehr auch das links gerichtete zionistische Denken im Kollektiv mit Doktrinen fest untermauert war, konnte die jahrhundertealte Kultivierung individualistischen Denkens nicht einfach gelöscht werden. In der Handhabung der striktesten Doktrin brach das einzelne Ich doch immer wieder durch. Es ging nicht nur um Doktrinen, es ging auch um die beiden Seelen in einer Brust.

Die Abstimmung verlief unentschieden, und es wurde mir nahe gelegt, selber zu entscheiden. Ich entschied daraufhin ohne Zögern einerseits mit Rücksicht auf das Kollektiv, andererseits im eigenen Interesse, das kleine Pflänzchen nicht von unkünstlerischen Paradigmen zertreten zu lassen. Ich nahm Abschied. Es wurden schwere Stunden. Mein Erscheinen im Speisesaal traf auf aufgewühlte Emotionen auch bei den Hütern der Disziplin. Ich beschloss, die Trennung so kurz und schlicht wie möglich durchzuführen.

Das Sekretariat des Kibbuzes verhielt sich, wie ich die russischjüdische Seele kennen gelernt habe: Aus Liebe gibt sie das letzte Hemd. Diese Chawerim wussten genau, welche Schwierigkeiten mir nun in der Stadt bevorstanden. Sie vermittelten mir ein Zimmer bei einem Landwirt, der eine kleine Milchwirtschaft in einer Arbeitersiedlung am Rande des Jerusalemer Stadtgebietes betrieb. Statt Mietzins zu zahlen, sollte ich der Tochter des Hauses Klavierunterricht geben. Dazu bekam ich noch zwei Bettgestelle mit Zubehör, vier Pfund in bar, eine Summe, mit der ich zwei bis drei Monate überbrücken und den Transport unserer Sachen mit einem Lastauto des Kibbuzes nach Jerusalem bewerkstelligen konnte. Diese generöse Geste zeigte das schmerzhaft zerrissene Empfinden über ein Geschehen, das so unberechenbar eines Tages vom Himmel fiel, wie es nun ebenso unberechenbar wieder entschwand.

Es gab aber noch lange Reperkussionen.

Pola

Die Araber, aufgeschreckt durch die Flut jüdischer Einwanderer – insbesondere aus Deutschland – und die dadurch rasant beschleunigte Veränderung des Landes, begannen unruhig zu werden und durch zahlreiche Attentate das Land unsicher zu machen. Schon damals achtete man als Straßenpassant auf umher liegende Schachteln oder Taschen aus Furcht, sie könnten Bomben mit Zeitzündern enthalten. In dieser Beziehung hat sich bis heute nichts geändert, nur dass die Wirksamkeit der Bombenanschläge stärker geworden ist. Der Ausbruch des Zweiten Weltkriegs veränderte die innenpolitische Lage in Palästina schlagartig. Die arabischen Unruhen brachen ab, denn die Engländer brauchten ein ruhiges Hinterland für die Mittelmeerfront, sie konnten einen bewaffneten Konflikt im Lande nicht dulden. Bis dahin war die offizielle Reaktion auf ein Attentat das sofortige Ausgehverbot, der »curfew«.

Die curfews wurden für mich eine wichtige Einnahmequelle. Wenn nachmittags ein curfew verhängt worden war, konnten auswärtige Musiker nicht nach Jerusalem gelangen. Sendeprogramme mussten kurzfristig geändert werden, mit Schallplatten konnte man den Ausfall von Musik noch nicht ausgleichen. Also wurde ein Pianist gebraucht, dessen Repertoire ein plötzliches Einspringen ermöglichte. Nach einiger Zeit erhielt ich einen permanenten curfew-Pass, mit dem ich zu jeder Tages- und Nachtzeit auf die Straße und zu meinen musikalischen Sondereinsätzen gehen konnte. An jeder Ecke wurde ich von verängstigten Hilfspolizisten mit Gewehr und aufgepflanztem Bajonett bedroht.

Mit Re'uwen –
»Sehet, ein Sohn!«

Die Einnahmen wuchsen, sodass wir auf die Suche nach einer Wohnung gehen konnten. Es war notwendig, in der Mitte der Stadt zu wohnen, um alles schneller erreichen zu können. Wir fanden eine kleine Zweizimmerwohnung in einem arabischen Häuschen mit Garten. Der sympathische Hauswirt, ein christlicher Araber, wohnte mit seiner deutschen Frau, einer ehemaligen Krankenschwester, und zwei Kindern in der Parterrewohnung; wir bekamen die Wohnung darüber, die man über eine steinerne Außentreppe erreichte. Das Haus war ganz aus dem für Jerusalem typischen rötlichen Stein gebaut mit dicken Innenwänden, die sowohl gegen Hitze als auch Kälte schützen.

Noch bevor wir in die neue Wohnung einzogen, kamen eines Tages die beiden Brüder Rotenstein aus Gesher in offiziellem Auftrag zu uns. Mit unserem Weggang aus Gesher war das Problem unserer An- oder Abwesenheit für die Chawerim des Kibbuzes noch nicht gelöst. Trotz eines Beschlusses der Generalversammlung waren sie inzwischen zur Überzeugung gekommen, uns eine Rückkehr vorzuschlagen. Wir könnten ein großes Zimmer bekommen, in dem ein Klavier nur für mich allein stehen würde. Ich sollte mich ausschließlich meiner musikalischen Arbeit widmen, Sprachunterricht bekommen und Musiklehrer an ihrer Schule werden.

Nachdem ich meine Rührung darüber überwunden hatte und tatsächlich minutenlang mit dem Gedanken an eine Rückkehr nach Gesher kämpfte, stellte ich den beiden Brüdern doch die negativen Folgen einer solchen Ausnahmeposition für den gesellschaftlichen Zusammenhalt des ganzen Kibbuz so dramatisch dar, dass sie diese Gefahr erkennen mussten. Ich versprach ihnen, weiterhin regelmäßig zu kommen und zu spielen; und sie sollten

*Parodie auf die moderne Musik – Zeichnung mit Widmung
von Jacob Steinhardt*

mich unverändert als ihren Chawer betrachten, dessen Arbeitsstätte in Jerusalem läge. Diese kleine Szene in unserem Bauernzimmer, auf den Betten sitzend, denn wir hatten nicht genug Stühle, war Ausdruck einer echten geistigen Aristokratie, die keinerlei äußerer Symbolik bedurfte, um einen Mangel an seelischem Adel zu übertünchen. Mein Versprechen an den Kibbuz habe ich gehalten, bis Jahre später politische Umstände einen Keil zwischen uns trieben.

Nachdem wir uns ein schönes, gemütliches Heim eingerichtet hatten, kamen wir auch mit unserer näheren Umgebung in Kontakt. Im Nachbarhaus wohnte der Maler Jacob Steinhardt. Sein Haus war im gleichen arabischen Stil gebaut, hatte einen großen Innenhof mit herrlichen Gewächsen und im Anschluss an die Wohnräume ein sehr geräumiges Maleratelier. Steinhardt war die Güte in Person, ein fleißiger Meister des Holzschnitts und aller Maltechniken. Seine Frau Mimi sang, und ich wurde bald ihr Begleiter am Klavier. Das Haus Steinhardt war schon ein etabliertes Künstlerzentrum, das uns gleich in seine Mitte aufnahm. Bei curfew besuchten wir uns abends über die Dächer. Die Häuser waren so ineinander verschachtelt gebaut, dass man ganze Spaziergänge von Dach zu Dach machen konnte. So bildete sich schnell ein Freundeskreis.

Bald erreichte mich die bittere und traurige Nachricht vom Tode meiner Mutter. Für Vater war damit ein lebendiger Teil seiner selbst weggerissen. Er sollte diesen Schmerz nie überwinden. Vaters Freund, der Rabbiner Emil Levy, der zu dieser Zeit in Tel Aviv lebte und dort eine kleine Gemeinde betreute, schrieb zum Tod der Mutter an meinen Vater: »... Vielfach wird hier noch vermisst, was Sie, verehrter Herr Dr. Grünthal, in so weitem Maße besitzen, eine feinere Männlichkeit, innere Vornehmheit, Herzensteilnahme.« In memoriam meiner Mutter schrieb ich damals »Drei Lieder der Ruhe«, die ich zusammen mit der Sopranistin Hede Türk im Radio uraufgeführt habe. Meinem Vater tat die Nachricht von der Aufführung dieser Lieder sehr gut, aber hören konnte er sie leider nicht, denn damals gab es noch keine Tonbandaufzeichnungen, die ich ihm hätte schicken können.

Das Jahr 1937 brachte große Veränderungen in meinem Beruf. Die Harfenistin Klari Szarvas löste mich ab von meiner stellvertretenden Funktion im Philharmonischen Orchester. Der Geiger Emil Hauser, weltberühmt geworden durch das Budapester Streichquartett und rechte Hand Hubermans bei der Gründung des Philharmonischen Orchesters, kam auf die nahe liegende Idee, durch Künstlerzertifikate der palästinensischen Regierung junge jüdische Musiker aus den Konzentrationslagern zu retten, was vor der »Kristallnacht« immer noch möglich war. Dazu musste eine Musikschule gegründet werden mit professionellem Ausbildungsprogramm, die den stolzen Titel einer »Akademie« erhielt.

Es gab also ein Konservatorium für die Laienausbildung und eine Akademie für die Berufsausbildung. Hauser wurde zum selbst gekrönten Direktor beider Abteilungen. Für die Akademie fand er große Unterstützung in Sir Arthur Wauchope, dem High Commissioner der Mandatsregierung, in dessen Palast Hauskonzerte stattfanden, die zur Bildung eines »Freundeskreises der Akademie« und damit auch zur finanziellen Unterstützung beitrugen. Ich hatte inzwischen so viel Schüler, dass die abzugebenden 10 Prozent des Honorars beim Konservatorium in die

Waagschale fielen. Ich wurde also als Klavierlehrer mit Mitspracherecht aufgenommen.

Inzwischen stellte Emil Hauser die Akademie für Musik auf eine reale Basis. Studenten kamen hauptsächlich aus Deutschland und Österreich. Dort waren Juden inzwischen nicht nur boykottiert, Juden wurden nunmehr als minderwertige Rasse systematisch verfolgt. Für viele dieser Verfolgten wurde die Jerusalemer Musikakademie ein Hoffnungstraum möglicher Rettung. Gemessen an der Zahl der Verfolgten, gelang es nur wenigen, diese Insel zu erreichen. Doch jeder Einzelne wog eine Welt auf. Hauser und Helene Cagan, eine führende Kinderärztin in Jerusalem, spannten ihre Fäden in alle Richtungen und leisteten Großes für Menschen und Musik zugleich. Für Konservatorium und Akademie wurde in einem großen Gebäude des abessinischen Generalkonsulats eine ganze Etage im Parterre gemietet. In Gästezimmern konnten die aus Europa eingetroffenen Studenten zunächst wohnen.

Auch Stefan Wolpe und seine Frau Irma bekamen dort eine Wohnung, in der sie unterrichteten. Stefan war der erste Komponist, der die Zwölftonmusik ins Land brachte. Das war nun für Palästina, mehr noch als für Europa, schwer zu verdauende Kost. Es gab auch kaum Musiker, die fähig waren, solche Musik zu spielen. Stefan hatte eine Komposition für zwei Klaviere geschrieben: Marsch und Variationen. Sie war noch nicht in orthodoxer Dodekaphonie komponiert, jedoch ausgesprochene Avantgarde-Musik. Ich erklärte mich bereit, dieses Werk zusammen mit seiner Frau Irma einzustudieren. Wir brachten es in Jerusalem zur Uraufführung. Anwesend war die Jerusalemer High Society, die nach Stefans Komposition dem Klavierduo, das zu solcher Akrobatik fähig war, turbulent applaudierte, wohingegen sie der Musik fassungslos gegenüberstand.

Danach wurde Stefan als Enfant terrible einer extremistischen Musikideologie angesehen, verstärkt durch seine kompromisslosen politischen Anschauungen und sein ich-betontes Auftreten. Studenten strömten ihm zu, die sich bald so sehr mit ihm identifizierten, dass sie sogar seine Physiognomie annahmen. Stefan beteiligte sich mit einer Komposition an einem internationalen Kongress in Moskau, der dem Arbeiterlied der Welt gewidmet

Treppe an der Musikakademie im Zentrum von Jerusalem

war. Er sandte Arbeiterlieder für vierstimmigen Chor ein, die er in Palästina geschrieben hatte. Etwa ein halbes Jahr später bekam er das Notenmaterial zurückgeschickt und stellte bei der Durchsicht fest, dass allzu dissonante Akkorde in konsonanten Wohlklang verbessert worden waren. Das traf ihn.

Das Musikleben in Palästina war für ihn zu konservativ. Weder das Philharmonische Orchester noch das Radio nahmen zeitgenössische Musik ins Programm. Er streckte seine Fühler nach Amerika aus. Mir gegenüber hatte er anfangs eine reservierte Haltung eingenommen; denn er meinte, mit ihm könne nur

Aufmerksame Zuhörer. Josef Tal als Lehrer in einem studentischen Seminar der Musikakademie

jemand zusammenarbeiten, der eine psychoanalytische Behandlung durchgemacht hatte – was er von seinen Schülern verlangte. Bei mir blieben diese Bemühungen erfolglos, weshalb er mich intellektuell nicht als vollwertig betrachtete. Für diese Aufführung seiner Variationen musste er dennoch in den sauren Apfel beißen, denn es war kein anderer analysierter Pianist zur Hand, der so etwas spielen konnte.

Die arabischen Unruhen wurden vehementer. In den Städten und auf dem Lande nahmen die Bombenanschläge zu. Auf Kibbuzim gab es regelrechte militärische Angriffe. Der jüdische Selbstschutz, genannt Haganah, wurde zunehmend straffer organisiert. Der Weg zur Akademie in der Prophetenstraße in Jerusalem war oftmals Schauplatz schwerer Überfälle. Durch diese Straße kehrten die Lastautos zurück, die jüdische Arbeiter von den Bromwerken am Toten Meer nach Jerusalem brachten. Der Weg führte über steinige Gebirgslandschaft in steilem Anstieg langsam nach oben, ein bequemes Ziel für Heckenschützen hinter den Felsblöcken. Mit Grauen sah man, wie die Verwundeten in das nächste Spital gebracht wurden. Solche Bilder wurden zum täglichen Ereignis. Trotzdem oder gerade deswegen wurde der jüdische Widerstand entschlossener und härter. Schließlich wollten die Eltern ihre Kinder nicht mehr in das Konservatorium in der Prophetenstraße schicken und die Leitung suchte nach einer anderen großen Wohnung im besser geschützten jüdischen Stadtteil.

Infolge dieser äußeren und inneren Umstände wanderte Stefan Wolpe nach Amerika aus. Um die dadurch entstandene Lücke zu schließen, wählte Emil Hauser mich als Ersatz. Ganz sicher war er meiner nicht. Aber was die Modernität meiner Kompositionen betraf, so blieb die Entscheidung nahe dem Stil des Vorgängers. Auf diese Weise wurde ich Haupt- und Nebenfachlehrer in der Akademie für Komposition, Klavier und alle musiktheoretischen Fächer.

Das war mehr als ein volles Amt. Zum Komponieren blieb nicht viel Zeit. Diese vielseitige Tätigkeit war allerdings sehr wohl eine Vorbereitung für das musikalische Denken, das ich später in meinen Kompositionen entwickelte. Das intensive Unterrichten war niemals nur in finanziellen Erwägungen begründet und nahm mir nicht die Zeit zum Komponieren. Mit den Finanzen war es nicht so gut bestellt. Niemand wusste am Ersten des Monats, wann er sein Geld wirklich bekäme.

Daneben liefen meine Aktivitäten für das Radioprogramm des Landes. Der musikalische Direktor Karl Salomon überzeugte die Engländer mit Erfolg von der Notwendigkeit des Aufbaus eines eigenen Rundfunkorchesters. Zunächst war es ein winziges Kammerorchester, das sich dann über die Jahre zu einem kleinen Symphonieorchester entwickelte und heute neben dem Israelischen Philharmonischen Orchester das zweite vollgültige Orchester Israels ist.

Hauser hatte große Probleme mit dem Lebensunterhalt der Studenten, die über Zertifikate für Musikstudenten ins Land kamen. Unter ihnen waren auch einige, die keine Musiker waren, für die ein Zertifikat jedoch die Lebensrettung bedeutete. So kam er auf die Idee, ein Marionetten-Theater zu gründen, in dem die Studenten, die keine Musiker waren, das Führen der Puppen erlernten.

*Konzentrierte und fröhliche
Arbeit mit dem Orchester
der Musikakademie
Anfang der Vierzigerjahre*

Inzwischen wurde in Jerusalem die Palästina-Sektion der International Society for Contemporary Music (ISCM) gegründet. Im Komitee saß ich neben dem aus Berlin emigrierten Komponisten E. W. Sternberg und dem englischen Pianisten Sidney Seal, der in Jerusalem ein kleines Privatkonservatorium unterhielt. Das erste Programm (Harald Genzmer, Sonate für Violine solo; Paul Hindemith, Streichersuite; Josef Grünthal, Ouvertüre zu einer Marionettenoper) wurde im großen Atelier des Malers Jacob Steinhardt veranstaltet.

Rosies berufliche Entwicklung machte gute Fortschritte. So wie schon in Berlin als Assistentin von Elsa Gindler wurde auch bald in Jerusalem ihr Name zu einem Begriff für außergewöhnliche Physiotherapie. Sie konnte sich ganz auf die Gegebenheiten einer individuellen Physis konzentrieren, die exakte Stelle der Krankheit finden und diese wieder in den sonst gesunden Organismus einordnen. Es war immer der Mensch als Ganzes mit seinen Besonderheiten, der von ihr behandelt wurde.

Im Verlauf des israelischen Kriegs hat sie unter den verwundeten Soldaten wahre Wunder vollbracht. Gegen ihr eigenes depressives Verhalten konnte sie hingegen nicht angehen. Es war leicht, sie zum Lachen zu bringen, zu ganz herzhaftem Lachen, unmittelbar darauf konnte sie in Traurigkeit zurückfallen. Nur Re'uwen gegenüber machte sie jede Anstrengung, sich nichts anmerken zu lassen. Re'uwens Freundschaft zu Jussuf, dem Sohn des arabischen Hauswirts, war enger als zwischen Brüdern. Jussuf, ein sehr intelligenter Junge, dem ein ehrlicher und treuer Charakter aus den großen schwarzen Augen leuchtete, spielte eine große Rolle in Re'uwens früher Jugend.

Rosie litt unter ihren Stimmungsschwankungen. Die äußeren Umstände des täglichen Lebens machten sie unzufrieden und krank. Tanzen und Musizieren fehlten ihr. Nächtelang schrieb sie. Nach Monaten kam es zur Krise und wir trennten uns. An einer Lebenswende musste ich wieder neu aufbauen. Und es fügte sich.

Das Restaurant »Lebanon« bot eine gutbürgerliche und zugleich preiswerte Küche. Meist aß ich allein und hatte Lektüre dabei. Schräg gegenüber, am anderen Ende des Lokals, saß eines Tages ein junges Mädchen, den Kopf hinter der Tageszeitung ver-

Pola, ein Gesicht, an dem man nicht vorübergehen kann

steckt. Sie warf hie und da über den Rand der Zeitung einen Blick herüber, den meine Antenne auffing. Mehr ereignete sich nicht, aber der Blick war notiert.

Am nächsten Tag setzte ich mich auf denselben Platz. Da sah ich sie wieder, unsere Blicke festigten sich, und ihr Gesicht blieb nicht mehr hinter der Zeitung verborgen – ein slawisches Gesicht mit breiten Backenknochen, eigenwilliger Nase, blühenden Lippen, forschenden Augen, ein Gesicht, an dem man nicht vorübergehen kann, ohne in seinen Gedanken aufgehalten zu werden. Zum ersten Mal in meinem Leben geschah es: Ich fasste Mut und sprach sie an. Vielleicht wusste sie, wer ich war, vielleicht hatte sie mich auch schon in einem Konzert gehört, jedenfalls kam das kurze Gespräch sogleich auf Musik. Sie zeigte daran großes Interesse, ich lud sie ein, sie kam, ich spielte ihr vor. Pola wurde bald meine zweite Frau.

Polas Eltern kamen bei der Besetzung Polens durch die Deutschen um, zwei Brüder und eine Schwester lebten entweder noch oder auch nicht, man hatte keine Nachricht darüber. Sie selbst war schon 1935 über die zionistische Jugendbewegung nach Palästina gekommen. Zwischen dem verheirateten Mann mit Kind und der jungen Frau aus ehrbarem Haus gab es viele Gespräche und Erwägungen, gegen die Gewalt der Natur aber gibt es keine Argumente aus Gewohnheiten.

Die Enthüllung dieser Verbindung war für Rosie ein schwerer Schlag. Sie weinte nicht, aber ein feines Tongefäß hatte einen Sprung bekommen. Es klang nicht mehr.

Rosie lernte natürlich Pola kennen. Da entpuppte sich plötzlich wieder jene kräftige und sprühende Rosie, die einst in meinen Lebenskreis getreten war. In der Zuspitzung der Krise ihres Lebens Jahre später sollte Pola noch eine große Hilfe werden.

Bald entwickelte ich die Idee, mit dem Akademieorchester ein schönes Programm vorzubereiten und eine Konzertreise in die Kibbuzim des Landes zu organisieren. Denn es war wichtig für die jungen eingewanderten Studenten, mehr vom jüdischen Palästina zu sehen, als nur von den arabischen Unruhen im Lande zu hören und den täglichen Gefahren in Jerusalem ausgesetzt zu sein. Doch eine solche Reise war kein leichtes Unterfangen, denn Geld war dafür überhaupt nicht zu bekommen, und was die Kibbuzim bezahlen konnten, deckte knapp die Transportkosten. Von Ort zu Ort mussten wir einen Autobus mieten. Für eine Woche waren wir vollständig ausgebucht, bis auf einen freien Abend in der Mitte der Tour. Das war gefährlich, denn an diesem Tag lagen wir dann sozusagen auf der Straße. Wir mussten es trotzdem wagen oder das Ganze aufgeben. Das erste Konzert fand im Kibbuz Kiriath Anawim nahe Jerusalem statt. Ein ganzes Orchester zu hören war für jeden Kibbuz eine Sensation. Der Kibbuz baute das Orchesterpodium aus aufeinander gestapelten Strohbündeln, die irgendwie mit Brettern zusammengehalten wurden. Wir begannen das Konzert mit einer kleinen Symphonie von Mozart für Oboen, Hörner und Streicher. Trotz der Übermüdung waren wir in großer Anspannung und gaben unser Bestes.

Im zweiten Satz wollte ich dem Hornisten einen Einsatz geben, sah aber zu meinem Schrecken, dass er nicht an seinem Platz war. Sein Nachbar sah meinen suchenden Blick und bedeutete mir mit unmissverständlicher Handbewegung, dass der Hornist mitsamt seinem Stuhl soeben zwischen zwei Strohbündel gefallen sei. Die trockene mimische Geste und die Vorstellung vom irgendwo zwischen Strohbündeln vergrabenen Musiker verursachten bei mir, wahrscheinlich auch wegen der nervlichen Überanstrengung, einen Lachkrampf auf offener Bühne. Das Publikum lachte aus Nervosität mit, ohne den eigentlichen Grund zu kennen, bis ich mich schließlich fasste und einen Chawer rief, der die Bühne in Ordnung brachte und den abgestürzten Musiker wieder an die Oberfläche zog.

Auf Konzertreise mit dem Akademieorchester in die Kibbuzim des Landes. Für die jungen Einwanderer Gelegenheit, ihre neue Heimat kennen zu lernen

Instrumente auf Lastwagen – ungewöhnliche Anlässe verlangen ungewöhnliche Transportwege

Auch der letzte Stuhl wird gebraucht, kommen die Zuhörer doch oft aus weit entlegenen Kibbuzim zu den Konzerten

Die Auftritte sind honorarfrei, denn die Kibbuzim hatten kaum Geld. Kost und Logis allerdings frei – meist in Zelten, denn Gästehäuser gab es noch keine

Warten am »Bahnhof«, wenn einmal der Zug statt Bus oder Lastwagen zum nächsten Ziel führte

In Jerusalem lebte Alfred Marcus, einst Vorsteher der Jüdischen Gemeinde in meiner Geburtsstadt Pinne bei Posen. Mit ihm korrespondierte Vater bis zu seinem Abtransport nach Auschwitz. Eines Tages brachte mir Marcus einen der vielen Briefe:

»... wenn man aber an die vielen Menschen denkt, die immer noch in Deutschland wie unter einem gewitterschwangeren Himmel leben müssen oder an die Ausgewanderten, die in den fremden Ländern zugrunde gehen, oder gar an jene Unglücklichen, die an der Küste Palästinas landen, um aber, statt den Boden des erreichten Landes zu betreten, sofort in die Gefängnisse zu wandern, so möchte man doch einen Blick nach oben wenden und sprechen: Was tust du da, Hüter Israels, von dem wir immer gehört und gelernt haben, dass du nicht schlummerst?! ... Ist es zu verwundern, mein lieber Herr Marcus, wenn selbst gläubige Menschen, zu denen auch ich mich rechne, in diesen Zeiten von inneren Zweifeln geplagt werden ... und das ist es, was bei Schiller in der ›Braut von Messina‹ zu lesen ist: Die Welt ist vollkommen überall, wo der Mensch nicht hinkommt mit seiner Qual.«

Belagerung der Platten

Die von der englischen Regierung eingesetzte Peel-Kommission, die eine Teilung des Landes vorschlug, war mit dem Tag des Kriegsausbruchs Vergangenheit geworden. Die Einwanderung der deutschen Juden bis 1939 und zu einem kleinen Teil nach 1940 verlieh dem jüdischen Teil Palästinas eine deutliche Prägung. Jahrelang lebten die Kabaretts von den Witzen über die deutschen Juden. Eine Anekdote über die zahlreichen deutschen Akademiker, die jetzt als Land-, Straßen- oder Bauarbeiter Beschäftigung und Broterwerb suchen mussten: Weil es damals noch keine Kräne gab, bildeten die Arbeiter eine Menschenkette. Einer warf dem andern die Ziegelsteine zu. Da hörte man sie sagen: »Bitte schön, Herr Doktor«, »Danke schön, Herr Doktor«. Die Würde des akademischen Status blieb also gewahrt.

Im Kibbuz Yagour lernte ich einen Chawer kennen, der aus diesem Milieu stammte. Er hieß Herbert und hebraisierte sich in

Nehemiah. Sein Vater besaß eine Apotheke in Berlin. Nehemiah zeigte früh Interesse am Theater. Er wurde einer der Direktoren des großen Konzerns Rotter Bühnen. Seine tägliche Kleidung war Smoking, schwarzes Umhängecape, Zylinderhut und weiße Glacéhandschuhe. Von Zionismus wusste er absolut nichts. Die Brüder Rotter wurden sofort von den Nazis verfolgt, auf der Flucht gefasst und liquidiert. Nehemiah gelang es knapp zu entkommen.

Vollkommen mittellos in Haifa vom Schiff gestiegen, machte er einen scharfen Schnitt in seinem Leben. Nehemiah ging geradewegs vom Hafen zum Kibbuz Yagour, wo er als deutscher Einwanderer aufgenommen wurde. Er erhielt ein kleines Zimmerchen und lebte in völliger Isolation, da er entweder hebräisch oder gar nicht sprechen wollte. Man gab ihm die primitivste Arbeit auf dem Feld, abends unterrichtete er sich selbst in der hebräischen Sprache. Im Kibbuz war er bekannt als einer dieser skurrilen Jekkes, die sich einfach nicht veränderten.

Nach einem Jahr erschien Nehemiah plötzlich auf einer Generalversammlung des Kibbuz, meldete sich unter Gelächter der Chawerim zu Wort und sprach zu einem Punkt der Tagesordnung in so klassischem Hebräisch, dass nur die besten Kenner der Sprache ihn verstehen konnten. Die Folge war, dass er an der Schule Hebräisch und Mathematik unterrichtete. Danach kam eine Blitzkarriere, er wurde zu Fortbildungskursen an die Universität Jerusalem geschickt und schließlich Direktor eines Gymnasiums.

In Jerusalem lebte eine Pianistin russischer Abstammung, Elishewa Kaplan. Sie ließ sich nicht in Methoden einzwängen und proklamierte ihre eigenen Ideale. Sie animierte mich, gemeinsam ein Rezital für zwei Klaviere zu geben. Dafür schrieb ich die Komposition »Thema mit Variationen für zwei Klaviere und Schlagzeug«. Da ich wegen der Kriegslage über die musikalischen Geschehnisse in der Welt nicht informiert war, wusste ich nichts von Bartóks Komposition für zwei Klaviere und Schlagzeug, sonst wäre mir der kühne Lapsus einer Duplizität nicht widerfahren. So aber erfreuten wir uns ganz unschuldig an den neuen klanglichen Konstellationen. Die Verwirrung und Bestürzung des Publikums fand ihren treffenden Ausdruck in der abfälligen Bezeichnung des Werks als »Der Untergang des Grafen Spee«. Damit war meine Reputation als Komponist vorerst besiegelt.

Des Pianisten Sondereinsatz. »*Feuerwehrmann Mr. Grünthal*«,
erster Uniformierter von links – mit den viel zu langen,
hochgekrempelten Hosen ...

Die jüdische Bevölkerung wurde aufgerufen zur Verteidigung der Stadt im Falle eines Angriffs. Die Gefahr bestand eigentlich nur in Luftangriffen. Abgeworfene Brandbomben konnten katastrophale Folgen haben für eine Stadt, die nicht an einem natürlichen Gewässer liegt. So wurde ich Feuerwehrmann und erlernte Chemie und Bekämpfung der Brandbomben unter besonderer Berücksichtigung der Wasserverhältnisse in der Stadt. Zugunsten der Feuerwehrbrigade gab ich ein Konzert im »Music Calling«. Am nächsten Tag stand in der englischen Presse folgende Notiz: »Das Konzert zugunsten des Jüdischen Brandschutzdienstes wurde eingeführt vom Bezirkskommissar, Mr. Keith-Roach, der dem ›Feuerwehrmann‹ Mr. Grünthal dankte«. Der Fotograf als Pianist, der Feuerwehrmann als Pianist – und einmal wurde ich gefragt: »Sind Sie eigentlich Komponist oder Pianist?« – worauf ich antwortete: »Die Komponisten sagen, ich sei Pianist, und die Pianisten meinen, ich sei Komponist.«

Die Isolierung des Landes zwang uns, mit doppeltem Eifer an unserer eigenen Entwicklung zu arbeiten. Der Unterricht litt unter dem Mangel an Fachliteratur. Partituren konnten nicht beschafft werden. Modernere Werke, von denen höchstens ein Exemplar aufzutreiben war, hatte ich Seite für Seite fotografiert und über Diapositive an die Wand projiziert. Durch einen englischen Offizier kam ich in den Besitz eines kleinen Kodak-Projektors. Für unzählige Vorträge hat er mir beste Dienste geleistet. Danach dürstete einen ebenso wie nach Konzerten.

Ich begann, das Tätigkeitsfeld des Akademieorchesters zu erweitern. Einer meiner Kompositionsschüler erhielt den Auftrag, Händels »Perseus und Andromeda« für unser Ensemble zu bearbeiten. Mit einer szenischen Aufführung wollten wir auf eine zweite Kibbuztour gehen. Alle Bühneneinrichtungen wurden aus eigenen Kräften hergestellt. Unser Tenor war auch Elektriker und sorgte für die Bühnenbeleuchtung. Die Regie führte ein Arzt. Die weibliche Hauptrolle sang unsere beste Sopranistin, Hilde Zadek, wenige Jahre später Primadonna an der Wiener Staatsoper.

Nach der Generalprobe in der Stadt war die erste Aufführung im Kibbuz Kinnereth. Wegen des großen Interesses entschieden wir uns für eine Freilichtaufführung; die Tischlerei des Kibbuz baute eine breite, feste Bühne aus schweren Holzlatten. Die Natur umgab uns mit einer fast subtropisch heißen Sommernacht voll herrlicher Düfte. Die Luft war entsprechend angefüllt mit schwirrenden Insekten in allen Größen und Farben. Unter ihnen gab es eine Spezies mit einem langen, dicken und hochroten Hinterleib, bevorzugtes Jagdziel großer Ameisen, die sich in den Leib verbissen und mit dem Insekt zusammen in die Luft flogen; bald fiel das Insekt dann herunter und wurde Beute der Ameisen.

Die hellen Bühnenlampen lockten natürlich zahllose dieser Insekten an, die am Hals, unter den Ärmeln, an den Beinen entlang krabbelten, so dass jeder von uns mehr mit Kratzen und Totschlagen als mit Spielen beschäftigt war. Vor lauter toten Insekten waren die Noten kaum mehr erkennbar. Kritisch wurde es am dramatischen Höhepunkt der Oper. Hilde als Andromeda war angebunden an ein als Felsen geformtes Pappstück, nicht viel größer als sie selbst. Perseus, der Held, näherte sich ihr mit schmetternder Arie, um sie mit dem Speer vom Strick zu befreien. Aus voller Kraft sang er das hohe F mit weit aufgesperrtem Mund – in den auch prompt eines dieser großen roten Insekten hineinflog. Er würgte, schluckte – und sang weiter, eine wahre Heldentat. Aller-

*Mit Studenten während einer Seminarbesprechung
auf der zweiten Kibbuz-Reise*

dings schüttelte sich der Felsen mit seiner angebundenen Andromeda vor Lachen.

Gegen Ende des Krieges fesselte mich für kurze Momente eine Erscheinung, die so, wie sie gekommen war, auch wieder verschwand. In einer der Hauptstraßen Jerusalems lebte der aus Deutschland emigrierte Caféhausbesitzer Sichel. Hatte man Hunger und kein Geld, bekam man immer noch bei Sichel einen Kaffee mit Brötchen. Engelsgeduldig wartete er, bis die angewachsenen Schulden langsam abgestottert wurden. Dort saß ich eines schönen Tages an einem Tisch, trank meinen Kaffee und las ein Buch. Eine alte Frau kam herein, ganz in Schwarz gekleidet, sehr unordentlich, als hätte sie nur Lumpen an. Sie suchte einen Platz. Viele Tische waren leer, aber sie kam zu meinem Tisch und fragte auf Deutsch, ob sie sich zu mir setzen dürfe. Natürlich lud ich sie ein. Sie bestellte nichts, aber fixierte mich mit durchbohrendem Blick aus zwei großen Augen. Ich las weiter und wollte sie ignorieren. Schließlich stand ich auf, grüßte sie, was sie mit einem Nicken beantwortete, bezahlte und ging.

Am anderen Morgen um dieselbe Zeit wiederholte sich das gleiche Spiel. Das Café war ganz leer, aber die Frau setzte sich wieder zu mir und beobachtete mich so intensiv, als wollte sie mich hypnotisieren. Es wurde mir peinlich und ich stand auf. Beim

Weggehen fragte ich Sichel, ob er wisse, wer diese Frau sei. »Ja natürlich, das ist Else Lasker-Schüler.« Sie kam nicht mehr und starb bald danach. Später habe ich über sie eine »Cantate Else« komponiert.

Die jüdischen Behörden hatten schon seit einiger Zeit Listen ausgelegt, auf denen man nach vermissten Angehörigen suchen konnte. Ich ging regelmäßig zu dieser Stelle und fahndete nach meinem Vater und der Familie meiner Schwester. Ende Juni 1945 fand ich Vor- und Nachname eines Kindes, das dem Alter nach der Sohn meiner Schwester Grete hätte sein können. Ich begann zu recherchieren. Noch bevor eine Antwort kam, erhielt ich einen Brief von meiner Schwester, geschrieben in Eindhoven, dem Ort in Holland, in dem die Familie vor Ausbruch des Krieges lebte. Der Brief in seinem Tatsachenstil und doch mit einer bewahrten Menschlichkeit bedarf keines Kommentars:

»Eindhoven, den 24. Juni 1945
Mein guter Seppel!
Noch jemals etwas von mir zu hören hast Du nicht gedacht, was?
An mir hat sich wirklich ein Wunder vollzogen. Zwei Jahre habe ich alle Misshandlungen, Entbehrungen etc. eines deutschen Konzentrationslagers mitgemacht, zwei Jahre lang, getrennt von Mann und Kind, ohne zu wissen, wo sie waren (auch verschleppt ins KZ) und alle drei wie durch ein Wunder gerettet. Seit acht Tagen bin ich hier zurück. Heini war schon 14 Tage eher hier (er ist durch Freunde gerettet worden, eben bevor man das Kind erschießen wollte und per Schiff über Odessa zurückgebracht). Fritz lebt auch und versucht über Prag zurückzukommen. Wir gehören zu den ganz wenigen wunderlichen kompletten Familien. Du kannst Dir nicht vorstellen, was ich gelitten habe. Ich war bis zum Skelett abgemagert, und es war nur eine Frage von wenigen Tagen bis zu meinem Ende. Ich wurde durch die Amerikaner am 26. 4. befreit und habe es dann sehr gut gehabt. In meiner Leidenszeit habe ich oft an Dich denken müssen. Wie glücklich kannst Du sein, dass all diese Schrecknisse an Dir vorübergegangen sind! Der Vater hat ein furchtbares Ende erlitten. Vergast – verbrannt. Man hat ihn nach einem der schlimmsten Vernichtungslager transportiert. Nach Auschwitz. Uns drei auch. Aber mit alten Menschen wurde kurzer Prozess gemacht. Welch eine gütige Vorsehung, dass unser Mutterchen normal in ihrem Bett sterben durfte.

*Das letzte Bild vom Vater –
allein mit seinen Zweifeln*

*Materiell und finanziell haben wir alles verloren. Keinen Stuhl, um darauf zu sitzen, keinen Löffel, um zu essen, kein Hemd auf dem Leib etc. Ich hoffe, dass Fritz gleich wieder arbeiten wird, aber trotzdem sind wir arm wie eine Kirchenmaus. Bist Du imstande und in der Lage, mir ein bisschen auf die Beine zu helfen? Soviel Jahre habe ich Dich nicht gesehen und doch bist Du für mich der alte Seppel geblieben.
Schreibe mir bitte bald und schreibe viel – viel – noch mehr.
Allerallerherzlichst und einen dicken Kuss
Deine Grete «*

Ihrem Mann Fritz gelang es tatsächlich, in einem gestohlenen Autobus den Nazis zu entkommen und nach Eindhoven zurückzukehren. Aber die Firma Philips wollte ihn nicht wieder einstellen, denn er war ein Deutscher und musste erst »entnazifiziert« werden. Bei erster Gelegenheit wanderte die Familie weiter nach Amerika.

Nun wusste ich also vom Ende meines Vaters. Man darf wohl über diesen unfassbaren Wahnsinn trauern, aber man darf sich nicht der Trauer hingeben. Man muss ihr widerstehen, um sie ganz erleben zu können. Aus »Bilder einer Ausstellung« von Mussorgski wählte ich den kurzen Teil »Cum mortuis in lingua mortua« und schrieb darüber eine Klavierkomposition. Es waren wieder Variationen. Mein häufiges Hinwenden zu dieser musikalischen Technik war keine Äußerlichkeit. Es war strenge Selbsterziehung zu musikalischem Denken, das sich nicht in Floskeln und Figurationen an der Oberfläche verliert, sondern ganz bewusst nach den wesentlichen kleinsten Teilen forscht, um aus ihnen neues Wachstum zu fördern. Jede Variation ist eine Entdeckung und führt zu neuem Suchen. Während der Vierzigerjahre schuf ich mir langsam eine Grundlage für kompositorische Sicherheit. Der Tanz begann mich wieder zu beschäftigen. Damals lebte in Tel Aviv die Tänzerin Deborah Bertonoff. Sie war über ihre tänzerischen Fähigkeiten hinaus eine phantasievolle Pantomimin. So war ihre Kunst eine Mischung von Tanz und Schauspiel und verlangte von der Musik einen entsprechenden Zugang. Ihr erstes mehrteiliges Tanzwerk dieser Art basierte auf der biblischen Geschichte vom »Auszug der Kinder Israels aus Ägypten«. Selbstverständlich identifizierte sie dieses Thema mit dem Auszug der Juden aus Deutschland – zurück nach Israel. Ich schrieb die Musik für Klavier, Schlagzeug und einen Sprecher, der vor jedem Tanz die relevanten Bibelpassagen, mitunter melodramatisch, rezitierte. Später, als der Staat Israel schon bestand, schuf sie ein zweites Werk dieser Art, »Der Pilger nach Jerusalem«, welches dann, über den Auszug hinaus, den Aufbau des Landes zur Darstellung brachte.

Allmählich kamen wieder Solisten und Dirigenten aus dem Ausland, wir waren nicht mehr isoliert. Wie ein trockener Schwamm sog man schnell die neuen Informationen über musikalische Entwicklungen in der Welt auf. Man konnte wieder Noten bestellen, soweit das Geld dazu reichte. Überaus hilfreich dabei war der emigrierte Berliner Musikalienhändler und Verleger Benno Balan, dessen Berliner Geschäft sich in der Mommsen-/Ecke Dahlmannstraße befand. In der Musikgeschichte spielte er insofern eine Rolle, als dass er einer der ersten Verleger Arnold Schönbergs war. Bei ihm paarten sich musikalischer Sachverstand und geschäftlicher Mut. Nun hatte er sein Geschäft in den Räumen der Jerusalemer Akademie und bemühte sich, nebst Notenverkauf auch den Komponisten in bescheidenem Rahmen durch Publikationen zu helfen. Notendruck gab es damals nicht, aber Benno Balan beschaffte sich metallene Notentypen, mit denen er auf liniertem Glaspapier Note für Note setzte und dann durch Lichtpausen vervielfältigte.

Musiktheoretische Lehrbücher in hebräischer Sprache erschienen allmählich in Tel Aviv. Meist waren es Übersetzungen veralteter europäischer Schriften. Benno Balan beauftragte mich, eine originale Elementarlehre der Musik zu schreiben. Ich schrieb dieses Büchlein in deutscher Sprache. Ein junger Mann namens Marcuse übersetzte es ins Hebräische. Er nannte sich inzwischen Yohanan Meroz und avancierte in der Regierungszeit von Helmut Schmidt zum israelischen Botschafter in Bonn.

Das Musikleben entwickelte sich. Zum Philharmonischen Orchester kam der italienische Dirigent Bernardino Molinari. Er interessierte sich für eine Orchesterkomposition von mir. Aus der Komposition für die Tänzerin Deborah Bertonoff entnahm ich thematisches Material und schrieb daraus das Symphonische Poem »Exodus« für großes Orchester und Bariton-Solo.

Während der Arbeit an dieser Komposition spitzte sich die politische Lage im Lande zu, und es begannen die historischen Sitzungen der UNO, auf denen über das Schicksal eines jüdischen Staates entschieden werden sollte. Im September 1947 brachte das Philharmonische Orchester das Programm der folgenden Saison heraus, und ich traute meinen Augen nicht, als ich meine »Exodus-Symphonie« angezeigt sah. Beim Durchsehen meiner Partitur fand ich unendlich viele Schreibfehler. Ich wusste, wie

»Josef der Träumer« während eines Klavierkonzerts in Tel Aviv

wütend Molinari auf unsauberes und fehlerhaftes Notenmaterial reagierte. Bei den Postverhältnissen der Nachkriegszeit blieb keine Zeit mehr, bis zu seinem Kommen eine korrigierte Partitur anzufertigen. Ich fuhr nach Tel Aviv zur Leitung des Orchesters und sagte ihnen, sie sollten diese »Exodus«-Aufführung vergessen.

Im November kam eines Morgens ein Expressbote. Molinari verlangte mich umgehend zu sprechen. Ich wusste, was mir blühte. Gefasst fuhr ich zu ihm. In seinem Zimmer saß Molinari an einem Tisch, begrüßte mich kaum und forderte mich auf, mich zu ihm zu setzen. Dann gab er mir die Partitur meines »Exodus« und begann mit klarer Stimme, auswendig den Part jedes einzelnen Instruments zu singen und dabei zu dirigieren. Kam er dabei an einen vermeintlichen Schreibfehler, so ließ er ihn von mir bestätigen und strich ihn ab von seiner Liste, die voll war mit notierten Fehlern, in kalligraphischer Schrift übersichtlich geordnet. Wenn ich bestätigte, freute er sich wie ein kleines Kind. Nur einmal fluchte er auf Italienisch, weil ich als Tempovorschrift M.M. [Viertelnote]=66 geschrieben hatte und er [Viertelnote]=63 dirigierte, wobei ich ihn nicht sofort korrigiert hatte. Er verlangte dann schließlich, dass ich bei jeder Orchesterprobe anwesend sein sollte.

Während dieser Tage wurde in der UNO die Gründung des Staates Israel beschlossen. In der Stadt brach großer Jubel aus. Vom Balkon unserer Wohnung sahen wir an der Straßenecke einen englischen Panzerwagen stehen. Die Soldaten stiegen herunter und tanzten mit vorbeikommenden Jungen und Mädchen auf der Straße den Nationaltanz Horra – rings um den Panzer. Sehr schnell kamen Meldungen von arabischem Widerstand. Die arabische Altstadt Jerusalems wurde wieder heißes Pflaster.

Die Proben zu Molinaris Konzert mit meiner Komposition »Exodus« rückten heran – in ihrer Art auch heißes Pflaster für mich, denn ich wusste, wie ungern das Orchester zeitgenössische Musik spielte. Ich wurde zur ersten Probe im Konzertsaal Ohel Shem eingeladen. Die bergige Straße von Jerusalem nach Tel Aviv war bereits unsicher, man fuhr nicht mehr in einzelnen Autos, sondern im Konvoi.

Um acht Uhr morgens verließ ein großer Konvoi der Autobusgesellschaft »Egged« die Zentralstation in Jerusalem. Zwischen den Autobussen fuhren kleine Fünfsitzer mit bewaffneten jungen Männern, um eventuelle Angriffe erwidern zu können. Alle Autobusse wurden mit Steinen beladen, damit auch die Passagiere zurückwerfen konnten, wenn sie mit Steinen beworfen wurden.

Auf diese nicht gerade gemütliche Art fuhren Pola und ich nach Tel Aviv. Die Fahrt verlief ruhig, bis wir die arabische Stadt Ramla in der Ebene erreichten. Schon von weitem sahen wir zu beiden Seiten der Landstraße dichte Reihen von Arabern, die auf unseren Konvoi warteten, um ihn im Spalier zu steinigen. Als wir die Stelle erreichten, legten sich Frauen und Kinder im Gang auf den Boden. Die männlichen Passagiere hielten sich bereit, Steine zurückzuwerfen. In vollem Tempo fuhren wir durch einen Hagel von Steinen bis zur Größe von richtigen Quadersteinen, die Scheiben klirrten, vereinzelte Schreie, auch Schüsse, aber wir blieben nicht stecken und kamen auf der anderen Seite der Stadt wieder hinaus. Irgendwo hielten wir, damit Verwundete verbunden werden konnten, und da bemerkten wir, dass unser Autobus kein Dach mehr hatte. Es war einfach von den großen Steinen weg geschlagen worden. Noch eine halbe Stunde Fahrt und wir kamen in Tel Aviv an, halb elend, halb betäubt.

Jetzt zu einer Orchesterprobe zu gehen, schien höchst deplaziert. Dennoch gingen wir zum Konzertsaal, setzten uns im Dunkeln in die letzte Reihe, um nicht bemerkt zu werden. Mein »Exodus« wurde geprobt. Jemand erspähte mich als Silhouette im Gegenlicht. Molinari unterbrach und beorderte mich in die erste Reihe. Keine Begrüßung, kein Wort, gleich weiter. Er probte mit den Streichern, mit jedem Pult einzeln, dann mit den Bläsern, mit jeder Stimme einzeln. Ich versank unter die Erde, denn ich konnte des Orchesters Gedanken lesen. In der Pause sagte ich zu Molinari, er brauche doch nicht jedes Pult einzeln zu proben, schließlich sei dies doch kein Schülerorchester. Darauf antwortete er: »Mein Lieber, wenn ich Beethoven schlecht aufführe, dann sagt das Publikum: ›Was für ein schlechtes Orchester und was für ein schlechter Dirigent‹. Aber wenn ich das Werk eines unbekannten Komponisten schlecht aufführe, dann sagt das Publikum: ›Was für eine scheußliche Komposition.‹«

Das Bariton-Solo sollte Karl Salomon singen. Da er als Musikdirektor des Jerusalemer Radios höherer Regierungsbeamter war, forderte er, dass ihn ein englischer Patrouillen-Panzerwagen nach Tel Aviv bringen solle, was aber nicht bewilligt wurde. Die Verbindungsstraße von Jerusalem nach Tel Aviv wurde täglich gefährlicher und so sagte er ab. Drei Tage später sollte die Premiere sein. Für den Perfektionisten Molinari konnte das nur die Absage meiner Komposition bedeuten, denn einen anderen Sänger zu suchen, dafür war keine Zeit mehr.

Am nächsten Tag wurde ich von Molinari ins Hotel bestellt. Krieg ist Krieg, und damit musste ich mich abfinden. Er wollte um jeden Preis die Aufführung retten und beschloss, den Baritonpart von einem guten Sprecher im Rhythmus der Musik rezitieren zu lassen. Die Töne der Gesangspartitur instrumentierte er in die Partitur hinein, damit kein Ton verloren ginge. An dieser Arbeit hatte er die ganze Nacht gesessen und wollte nun meine Einwilligung. Auf meinen Einwand, ich hätte das selber machen können, antwortete er mir: »Oh nein! Nicht genug, dass ich deine Partitur verstümmeln muss, soll ich auch noch von dir verlangen, dass du dich selber verstümmelst?« Ich fiel ihm um den Hals. Er wollte keine Sentimentalitäten, nur dass ich alles überprüfte, bestätigte oder verbesserte.

So kam der Abend des Konzertes, der 15. Dezember 1947. Der Saal war überfüllt, die Stimmung aufs höchste gespannt von den Geschehnissen draußen und in Erwartung des Themas »Exodus«, diese historischen Tage reflektierend. Molinari verlangte von mir, hinter den Kontrabässen zu stehen, damit ich mit dem letzten Schlag sofort zum Verbeugen nach vorne kommen könne, während er selbst sich nicht verbeugen wolle, denn das sei meine und nicht seine Aufführung. Molinari

Komponist und Pianist,
Mitte der Vierzigerjahre

kam auf die Bühne und wurde mit großen Ovationen empfangen. Hinter den Kontrabässen war eine Tür, hinter der ich mich verstecken konnte, um nicht vom Publikum gesehen zu werden.

Meine Komposition war so perfekt einstudiert, dass das Orchester sie praktisch auswendig spielte. Nach dem letzten Ton entlud sich ein Beifallsorkan, der Molinari zwang, sich kurz zu verbeugen, nicht ohne bereits nach mir zu spähen. Kaum kam ich ihm entgegen, da rannte er schon an mir vorbei – der Erfolg sollte ganz mein Erfolg sein, das war es, was er wollte. Der Applaus war überwältigend. Ich ging zurück zu Molinaris Zimmer, um mit ihm gemeinsam noch einmal auf die Bühne zu gehen. Er weigerte sich. Ich nahm einen Stuhl und setzte mich darauf und sagte, dass ich nur mit ihm zusammen hinausginge. Er steckte den Kopf in die Schultern – eine bekannte Bewegung, bevor er wütend wurde. Ich saß völlig unbeteiligt auf meinem Stuhl. Draußen tobten die Leute. Da stand er auf, ging mit mir hinaus, ließ das Orchester sich erheben und stieß mich nach vorne neben die ersten Geigen. Ich wollte ihm danken, fand ihn aber nicht, denn er stellte sich hinten zwischen den Musikern auf. Ich ging ab, er war schon in seinem Zimmer. Beifall, Getrampel, Rufe – wir mussten wieder raus. Diesmal ging er ohne Widerstand mit, nur mit einem merkwürdigen Flackern in den Augen. Er ging mit mir zum Dirigentenpodium, verlangte, dass ich darauf steige und mich von oben verbeuge. Das kam gar nicht in Frage, ich erklärte ihm, dass das sein Podium sei und nicht mein Platz, doch er bestand darauf. Das Publikum amüsierte sich, denn aus der Mimik war leicht zu verstehen, was zwischen uns vor sich ging, und ehe ich mich versah, packte er mich mit seinem linken Arm und hob mich wie ein Kran auf das Podium. Da stand ich nun. Die Freude über die gelungene List blitzte aus seinen Augen.

Die folgende Aufführung war in Haifa mit Karl Salomon als Solist. Während des Konzertes fielen Schüsse rings um das Theater. Beim Hinausgehen musste man vor Scharfschützen auf der Hut sein. Bald kamen wir aber heil nach Jerusalem zurück, obgleich die Engländer den Geleitzug auf Waffen untersucht hatten. Es gab da viele »schwangere« Mädchen und Frauen unter uns. Die haben die Engländer aber nicht berührt. Nur eine Schrecksekunde lang stockte uns der Atem, als aus Ahuvas Bauch der Teil eines

Sten-Gun herausfiel. Der junge englische Soldat drehte sich um und sah nichts.

Nach Jerusalem kam das Orchester nicht mehr. Es begann der Belagerungszustand der Stadt. Sie war umzingelt von jordanischen, ägyptischen, syrischen und irakischen Streitkräften, die sich alle langsam zum Angriff auf die Stadt vorbereiteten. Noch saßen die Engländer im Zentrum, unmittelbar neben unserer Wohnung. Das hielt die Araber vorläufig noch zurück. Verpflegung wurde knapp, viele Geschäfte waren leer und verschlossen. Nur die Lebensmittelgeschäfte mussten offen halten, um die rationierten Esswaren verteilen zu können. In einer der Hauptstraßen unweit unserer Wohnung war ein Büro der Haganah. Auf dieses Haus wurde um Mitternacht ein Sprengstoffattentat verübt, welches das ganze mehrstöckige Haus in die Luft sprengte und alle Häuser entlang der Straße beschädigte. Im Nachbarhaus hatte Else Lasker-Schüler gelebt, der wenigstens diese Katastrophe erspart blieb.

Ich wurde noch in der Nacht als Helfer für die Aufräumungsarbeiten mobilisiert. Es war eine kalte, windige Nacht, die gruselige Szene mit Hilfsscheinwerfern beleuchtet. Das Haus war zusammengebrochen bis in die Keller. In den Ruinen mussten wir nach Toten und Verwundeten suchen. Bei dieser gespenstischen Arbeit ertappte ich mich, mit der rechten Hand ein Marmeladenbrot essend und mit der linken Hand eingeklemmte Menschenteile aus den Trümmern ziehend. In solchen Situationen gibt es nur Funktionieren, aber keine Empfindsamkeit. Zum Nachdenken blieb keine Zeit.

Die jüdische Bevölkerung wurde auf Abwehr organisiert. Jeder Zivilist war gleichzeitig Soldat. Uniformen gab es nicht. Den Unterschied zwischen Offizier und Soldat entnahm man der Sicherheit des Befehls. Auch dies führte zu grotesken Situationen. So war ich einer Gruppe zugeordnet, die erste Exerzierübungen lernte.

In dieser Gruppe war ein kleiner Jemenite, der keinesfalls Soldat werden wollte. Er boykottierte auf seine Art. Beim Befehl »Rechtsum« drehte er sich linksrum und umgekehrt und brachte damit alle anderen zum Lachen, die Disziplin war weg. Der arme Offizier schnauzte, was er konnte; es half nichts. Er drohte, er werde ihn die Toiletten saubermachen lassen, aber das war ja, was der Jemenite wollte – nur nicht schießen. Er bedrohte ihn mit einem Revolver, aber dazu lachte der Jemenite nur, denn der Offizier durfte ja nicht auf ihn schießen. Am nächsten Tage rief ihn der Offizier in sein Zimmer. Nach einer Weile kam der Jemenite heraus in Khakihosen, Khakihemd und einem schwarzen Barett. Woher der Offizier diese Sachen hatte, wusste niemand. Nun steckte der Jemenite in einer Uniform, sah ungeheuer überlegen aus und war plötzlich der diszipliniertste Soldat.

Trotz alldem ging die Musik weiter. Proben und Konzerte des Radioorchesters fanden aus Sicherheitsgründen in einem kleinen Saal im jüdischen Sektor statt. Von hier wurden weiter Musikprogramme gesendet. Sogar eine Uraufführung spielte ich: ein Klavierkonzert mit vollem Symphonieorchester von Karl Salomon. Die improvisierten Sendeapparate waren im Keller untergebracht. Dort saßen die Techniker. Rotes Ruhelicht oder grünes Endlicht gab es nicht. Salomons Frau rannte in den Keller und rannte wieder zurück, um uns das Anfangszeichen zu geben. Das Studio war ein kleiner Saal für etwa 200 Personen, der bis unter

Konzert für vier Pianos unter der musikalischen Leitung von Karl Salomon, 1944. Josef Tal ganz rechts

die Decke mit Zuhörern besetzt war. Alle Fenster und Türen waren mit großen Sandsäcken verbaut. Das Konzert konnte im ganzen Land gehört werden – als Lebenszeichen aus Jerusalem.

Pola war schwanger, unsere Nahrung völlig unzureichend. Zu Beginn der Belagerung kaufte ich aus unerfindlichem Grund in der Apotheke ein großes Glas mit Vitamintabletten, damals noch selten zu haben. Jetzt leisteten sie beste Dienste. Eines Morgens erfuhr ich, dass in einem Milchgeschäft kleine Butterrationen für schwangere Frauen verteilt wurden. Sofort lief ich hin, hörte auf dem Weg eine Detonation und traf dann im Geschäft auf tote und verwundete Frauen. Eine Granate hatte den Laden getroffen und war explodiert. Draußen raste ein Jeep davon mit einer blutüberströmten Frau. Auf dem Gehsteig lag ein Arm, ich hob ihn schnell auf und rief dem Fahrer nach, dass er den Arm vergessen hätte, aber er bog schon um die Ecke. Da habe ich den Arm wieder vorsichtig zurückgelegt. Von Butter war auch keine Rede mehr.

Vor den Unruhen unterrichtete ich eine halberwachsene Klavierschülerin, Tochter eines reichen christlich-arabischen Antiquitätenhändlers in der Altstadt. Das junge Mädchen war begabt und kam so weit, dass sie im Radio ein Konzertprogramm geben konnte. Entsprechend wurde ich in ihrer Familie mit größtem Respekt behandelt. Die Verbindung war nun abgebrochen. Weder konnten sie zu mir noch ich zu ihnen kommen. Als sich der Ring der Araber immer enger schloss, kam der Vater im Schutze einer dicht bewölkten, dunklen Nacht zu uns, fiel buchstäblich auf die Knie und beschwor uns, wir sollten sofort mit ihm in seine Wohnung kommen, denn Tausende von Arabern warteten nur auf das Zeichen, die jüdische Stadt zu stürmen. Er meinte, wir würden wie Hunde abgeschlachtet, er werde uns aufnehmen, in seinen Kellerräumen verstecken, und wenn der Spuk nach ein paar Tagen vorbei sei, wisse er Wege und Mittel, um uns weiterzuhelfen. Wir sollten um jeden Preis gerettet werden. Unsere Erklärungen, dass wir unsere Freunde nicht im Stich lassen könnten, fruchteten wenig. Er ließ sich zunächst durch nichts von seinem Entschluss abbringen, musste aber schließlich doch ohne uns wieder weggehen.

Der Ring um die Stadt wurde immer enger gezogen. In verschiedenen Teilen der Neustadt waren heftige Gefechte im Gange. Die Rolle der Engländer war undurchsichtig. Es gab viel Spionage in der Stadt. Sie war spürbar bei der Wasserversorgung. Wasser war streng rationiert, alle Zisternen wurden notiert und kontrolliert. Einige dienten als Benzinreservoir und wurden dadurch für immer unbrauchbar. Wasser wurde nur zu bestimmten Zeiten an bestimmten Stellen verteilt. Die langen Reihen der Frauen, die mit ihren Kübeln, Wannen und anderen Behältern kamen, waren ein beliebtes Ziel für arabische Kanonen in den Bergen rings um die Stadt. Nur durch Spionage konnten die bewusst unregelmäßigen Wasserverteilungen bekannt sein.

Die Aufsicht über eine Verteilungsstelle war ein besonders anstrengender und nervenaufreibender Dienst. Nach einem solchen Dienst wurde ich einmal direkt zu einer anderen Stelle geschickt, um eine andere Aufgabe zu übernehmen. Inmitten der Stadt lag ein großer Park, ein strategisch äußerst wichtiges Gelände; denn er trennte die Stadtteile. Das irakische Militär hatte das Dach eines großen Hotels besetzt, das am Rande des Parks lag. Für den Fall eines Angriffs wurde ein Maschinengewehr eingesetzt, und meine Aufgabe bestand darin, das Gewehr mit Patronengurten zu füttern. Nach der kurzen Dämmerung wurde es stockdunkel, nichts war mehr erkennbar. Den ganzen Tag und die vorherige Nacht war ich bereits auf den Beinen, also fielen mir ständig die Augen zu. Mein Kollege meinte, ich solle ruhig schlafen, wenn es losginge, würden er und der Krach mich schon wecken. Das ließ ich mir nicht zweimal sagen und schlief fest auf meiner Munitionskiste ein. Mitten in der Nacht kam der Offizier dieses Frontabschnitts und fand mich in seligem Schlummer. Am anderen Morgen wurde ich zu ihm beordert, um meine Strafversetzung entgegenzunehmen.

In Jerusalem kann sich selbst eine militärische Bestrafung in Mystik verwandeln. Mitten in der Stadt, unweit des großen Parks, Schauplatz meines Delikts, lag das jüdische Regierungsgebäude. Wegen seiner geographischen Lage und als Zentrale politisch-militärischer Operationen war es von besonderer strategischer Bedeutung. An dieser Stelle hatte die Haganah eine hohe, dicke Betonmauer quer über die breite Straße gezogen, um jeden Durchbruch zumindest aufhalten zu können. Nicht weit von dieser Stelle lag das arabische Villenviertel Katamon. Der Besitz dieses Viertels war entscheidend für das Schicksal des jüdischen Jerusalem.

Für die folgende Nacht war ein Großangriff auf dieses Viertel geplant. Die Engländer mussten davon Wind bekommen haben, sie brachten hinter der Betonmauer einen Sherman-Tank in Stellung, um notfalls durchbrechen zu können. Diese Mauer sollte in der Nacht des Angriffs von zwei Leuten bewacht werden; einer davon war ich. Darin bestand meine Strafversetzung. Ich wurde bewaffnet mit einer Rauchbombe, über die der Tank wohl nur gelacht hätte, mein Kollege immerhin mit einem Sten-Gun, was dem Tank auch nicht mehr als ein paar Kratzer zugefügt hätte. Er stand mit seiner Waffe an einer Ecke der Mauer, ich mit meiner Räucherkerze an der gegenüberliegenden Ecke.

Wir wussten, was uns erwartete. Die Mauer hatte ein winziges Guckloch, das die Engländer eifrig benutzten. Es kam eine klare Mondnacht mit frischer Brise. Plötzlich, gegen Mitternacht, brach ein Höllenlärm los. Es war der Angriff auf Katamon. In der Luft sausten, pfiffen, knallten Tausende von Kugeln mit ihren kleinen Feuerschwänzen, rot-blau-grün, je nach Art der abgefeuerten Munition. Aus allen Richtungen füllten sie den Himmel und brausten in allen Frequenzen eine wahre Orgelmusik. Wir beide drückten uns in unsere Ecke, um uns vor Querschlägern zu schützen. Man verlor jeden Zeitbegriff, man war aufs höchste angespannt.

Überrascht sah ich am Ende der langen geraden Straße eine hohe Figur auf uns zukommen. Sie ging in der Mitte des breiten Fahrdamms und war in der Silhouette als Mann erkennbar. Englische Offiziere machten manchmal solch tollkühne Streiche, und mein erster Gedanke war, dass die Engländer uns in die Zange genommen hätten. Bald aber sah ich, dass der Mann einen langen Bart hatte, einen langen Kaftan trug, auf dem Kopf einen hohen schwarzen Hut mit breiter Krempe, die typische Tracht eines ultraorthodoxen Juden. Er ging seelenruhig Schritt für Schritt, als promenierte er unbekümmert durch eine Sommernacht, nicht achtend die Kugeln, die von allen Seiten flogen. Wie er sich uns näherte, kam er geradewegs auf mich zu, legte seine Hände auf meinen Kopf und sprach Segensssprüche. Dann zog er ein Blatt aus seiner Tasche, faltete es zusammen und steckte es in mei-

Das gefaltete Blatt.
Kabbalistische Zeichen und Sprüche

לשמירה

הועתקה מכתיבת יד הרב הגדול המקובל האלהי
ר' יאודה משה פתייא זצוק"ל

לתאר וליב יוהך כלך ב ויהי
בנסע הארן ויאמר משה קומה
יהוה ויפצו איביד וינסו משנאיך
מפניך ובנחה יאמר שובה יהוה
רבבות אלפי ישראל ב ׃
יובדיהוזומקוהיוזאהוזמם לקי
יאיאוזמם כרזב אאו ליך תבא
לתו לתב כתע טמי חרתך וזח
אעה אסן ראבי ׃ תעאו בזיך
עיעי עיע זק ׃

ne Manteltasche. Dazu sagte er, mir werde kein Unglück geschehen, weder mir noch meiner Familie, denn Gottes Schutz sei über mir. Ohne meinen Kollegen zu grüßen, drehte er sich um und ging denselben Weg so ruhig zurück, wie er gekommen war.

Der Angriff auf Katamon war gelungen, der Sherman-Tank drehte und fuhr zurück, die Engländer räumten Jerusalem; nun standen sich nur noch Juden und Araber gegenüber. Danach hatte ich einen wohlverdienten freien Tag voll tiefen Schlafes. Das Blatt vergaß ich völlig. Erst im nächsten Winter, als Pola die Winterkleidung wieder aus dem Schrank holte, erinnerte ich mich wieder daran und sah, dass darauf kabbalistische Zeichen und Sprüche gedruckt waren, die mir ein Kabbalist von der Universität übersetzen musste. Bis heute begleitet mich dieses Blatt auf meinen Reisen.

Mein nächster Dienst war in Katamon. Die Araber flohen Hals über Kopf aus ihren Villen und ließen alles stehen und liegen. Gegen Plünderung wurde sofort vorgegangen. Ich bekam ein deutsches Mausergewehr mit dem ausdrücklichen Befehl, jedem, den ich mit Esswaren aus einem Haus laufen sah, in die Beine zu schießen. Ich habe es bei dieser Gebrauchsanweisung bewenden lassen. Aber eines Abends hörte ich in einer Villa Schüsse. Ich ging vorsichtig hinein und überraschte einen jungen Soldaten auf einem Flügel sitzend und aus purem Vergnügen in ihn hineinschießend. Den Flügel konnte ich nicht mehr retten. Der Soldat aber verschwand schnell.

Während einer Inspektion des Hauses fand ich den Keller bis an die Decke voll gestopft mit Hunderten und Aberhunderten von nagelneuen Schallplatten. An einer Seite standen viele tragbare Grammophone, die man noch mit der Hand aufziehen musste. Auch Trageköfferchen für die Platten, Grammophonnadeln, Plattenreiniger, kurz, alles was dazugehörte. Bald stellte sich der Raum als das Lager des Generalvertreters für Decca und His Master's Voice heraus. Dieser Schatz musste gerettet werden, bevor wieder jemand aus Vergnügen hineinschoss. Die ganze Nacht hindurch machte ich Pläne.

Am anderen Tag ging ich, uniformiert mit scharf geplätteter Khakihose, Khakihemd und Schirmmütze, zum Kommandanten, zu dem ich anders nicht vorgedrungen wäre. Er empfing mich höchst erstaunt. Ich berichtete über meinen Fund in Katamon und trug meinen Plan vor: Alle Einheiten rund um Jerusalem, auch Spitäler, werden mit Plattenkonzerten und Erklärungen zum Programm versorgt, damit sie, besonders am Vorabend des Sabbat, eine festliche Musikstunde genießen können. Jede Einheit hat einen Kulturoffizier, den ich mit Programmvorschlägen berate. Mit den transportablen Grammophonapparaten sind wir unabhängig von Elektrizität, sie sind mobil und überall einsetzbar. Die Idee schlug ein.

Ein requiriertes Haus wurde zur Verfügung gestellt, ein Lastwagen, um alles dorthin zu bringen, eine militärische Telefonverbindung und sogar eine Sekretärin mit Schreibmaschine. Wir bauten eine Plattenbibliothek auf, katalogisierten den Bestand und verliehen Programme mit Erläuterungen. Ich war mit solchen Plattenkonzerten ständig unterwegs. Einmal hätte es mich fast das Leben gekostet. Nahe der Mauer um die Altstadt stand die am weitesten vorgeschobene kleine Einheit. Sie hatte keinen Kulturoffizier, man wollte aber gerne ein solches Konzert übernehmen. Um zu ihnen zu gelangen, musste ich über einen Hügel zum Zionsberg hinaufklettern. Die Scharfschützen der arabischen Legion sichteten mich, sahen im Fadenkreuz einen Mann, in jeder Hand einen Koffer. Das konnte nur Nachschub mit Munition bedeuten. Also nahmen sie mich aufs Korn. Ich fand eine Mulde, in die ich hineinkroch, warf wie ein Maulwurf in Windeseile Sand heraus, um das Loch zu vergrößern. Darin versteckte ich mich bis zur völligen Dunkelheit und zog mich dann vorsichtig heraus.

Auf dem Rückweg durch die Stadt begannen die Ägypter ein schweres Bombardement. Ich musste in ein verlassenes Haus flüchten, das besonders stark beschossen wurde, und brachte mich unter einem Bett vor Granat- und Glassplittern in Sicherheit. Unter dem Bett stieß ich an etwas Kühles. Es war ein herrlicher toskanischer Weinkrug in schönster farbig glasierter Keramik. Den Krug nahm ich mit, nachdem es wieder still geworden war. Am Ende des Krieges fand ich heraus, dass diese Wohnung der Inhaberin eines führenden Antiquitätengeschäftes in Jerusalem gehörte, Frau Charlotte. Ich brachte ihr diesen Krug zusammen mit meiner Geschichte. Sie fiel mir um den Hals, küsste mich und schenkte mir den Krug, an dem wir uns bis heute erfreuen.

Dann kam der große Tag, an dem die Straße von Jerusalem nach Tel Aviv befreit wurde und wieder offen war. In der Stadt wurde zwar noch geschossen, aber Lastwagen aus den Kibbuzim kamen herangefahren, beladen mit Säcken voller Esswaren, jeder Sack an einen Bekannten adressiert. Die Säcke wurden am Eingang der Stadt abgeworfen. Ein Adressat benachrichtigte den anderen.

In der Plattenbibliothek erschienen zwei hohe Offiziere aus Tel Aviv mit dem Befehl, sie nach Tel Aviv zu befördern. Im Lande gebe es keine Platten, und Jerusalem sei überschwemmt damit. Ich wusste, dass damit mein schöner Plan vernichtet wäre, denn in kürzester Zeit würden die Platten in den Militärkantinen zerkratzt und abgespielt sein.

Also brachte ich die hohen Herren erst einmal in das große Jerusalemer Militärcamp, führte sie in die große Kantine, entschuldigte mich, dass ich sie nicht zu einer Tasse Kaffee oder Tee oder Bier oder Saft einladen könne und verwies auf die leeren verstaubten Regale ringsum. Nicht eine Zigarette, nicht ein Biskuit, nicht ein Stück Schokolade, nicht ein Bonbon, nichts von all den Herrlichkeiten, mit denen Tel Aviv überschwemmt ist. Mein Vorschlag: Sie sollten einen großen Lastwagen schicken, bis oben angefüllt mit all den paradiesischen Leckerbissen, an die wir Jerusalemer uns nur noch im Traum erinnerten. Dann würde ich ihnen denselben Lastwagen, angefüllt mit Hunderten von Duplikaten aller Schallplatten, wieder zurücksenden. Gleichzeitig schlug ich vor, in Sarafand, dem größten, von den Engländern übernommenen Militärcamp des Landes, regelmäßig Seminare für Kulturoffiziere zu organisieren, die in ihren Einheiten Musikprogramme veranstalten sollten. Diesem Seminar sollte dann die Plattenbibliothek dienen, die deshalb in der Nähe von Sarafand unterzubringen sei.

Das traf die Offiziere unerwartet. Sie dachten wohl anfangs: Befehl ist Befehl – und damit basta. Zu ihrer Ehre sei hinzugefügt, dass der ganze Plan von Anfang bis Ende ausgeführt wurde. Ein riesiger Lastwagen erschien in Jerusalem voller lukullischer Dinge, und die Plattensammlung kam in ein Haus in Ramla, wo wir zuvor auf dem Weg zur ersten »Exodus«-Probe gesteinigt worden waren.

Der Krieg 1947/48 ging zu Ende, die erste israelische Regierung konnte proklamiert werden – und in diesem Finale ertönte der Hymnus über die glückliche Geburt unseres Sohnes Etan am 13. August 1948.

Die kleine Familie.
Mit Pola und dem fünfjährigen Etan in Jerusalem, 1953

Saul und der Kantor

Jerusalem kehrte langsam zum normalen Leben zurück. Als Ergebnis des Krieges war die Stadt zweigeteilt. Die Altstadt war von der jordanisch-arabischen Legion militärisch eingenommen, der jüdische Teil der Altstadt zerstört, die jüdische Bevölkerung während der Kämpfe unter großen Opfern in die jüdische Neustadt gebracht. Viele fanden Unterkunft in den Häusern Katamons.

Israel öffnete sich der Einwanderung aus östlichen Ländern. Die Bevölkerung veränderte sich. Kulturelle Probleme waren die Folge. Das israelische Militär war von Beginn an von größter Bedeutung für die Verschmelzung der verschiedenen Gruppen von Immigranten, die gemeinsam Sprache, Lesen und Schreiben erlernten.

Eine gemeinsame Musiksprache bereitete jedoch unüberwindliche Schwierigkeiten. Komponisten wurden zu einer Besprechung mit den für Kultur und Bildung verantwortlichen Offizieren geladen – zwecks Beratung des Problems: Wenn nach dem Abendessen Soldaten gemeinsam singen wollten, gab es keine Lieder, die Europäer, Marokkaner, Jemeniten, Perser, Iraker und anderen Gruppen gleichermaßen kannten. Die Melodien waren in ihrem »Dialekt« so verschieden, dass keiner den anderen verstand – ein musikalisches Babel. Nun sollten Melodien komponiert werden, die von allen verstanden und gesungen werden konnten. Mein Einwand: Das Resultat werde ein musikalisches Esperanto sein, eine Nivellierung des musikalischen Ausdrucks. Nur die allgemeine Musikerziehung für die nächsten Generationen könne eine gemeinsame musikalische Sprache schaffen. Eine rasche Lösung war nicht zu finden.

Im Kulturministerium wurde recht naiv die Notwendigkeit eines israelischen Stiles in der Kunstmusik erörtert. Dur-Moll-Tonalität sei zu vermeiden, weil sie West- und Osteuropa in der Musik repräsentiere. Man griff zurück auf die längst vergessenen und von der Entwicklung überholten prätonalen Kirchentonarten. Mit dorischem oder phrygischem Modus wurde das Aroma einer neuen Musik des Mittelmeers zubereitet, der symmetrische Periodenablauf europäischer Liedform asymmetrisch verschoben und in diesem Sinne auch mit anderen Parametern verfahren. Eine Art exotische Tonalität sollte gewahrt bleiben, um den östlichen Typ herauszuarbeiten und nicht in atonale oder dodekaphonische Musik westlicher Moderne zu geraten. Solche »Mittelmeermusik« war zu Beginn des Staates Israel die temporäre Lösung zur Schaffung israelischer Kunstmusik.

Das Künstliche dieser Prozedur, zum Teil auch auf Unwissenheit beruhend, widersprach mir gänzlich, aber ich wollte mich nicht vor dem Problem drücken. In Idelsohns »Thesaurus« fand ich einen solch unermesslichen Schatz an melodischen Erfindungen orientalischer Juden, dass ich nur zuzugreifen brauchte, um Motive auf hohem Niveau zu finden. Die Motive verarbeitete ich, meine Erfahrungen aus der Variationstechnik nutzend, entweder in freier atonaler oder in gebundener serieller Harmonik. Meine Erste Symphonie, mein Zweites Klavierkonzert und andere Kompositionen aus dieser Zeit stehen als Stationen auf diesem Wege.

Meine Kompositionen riefen immer Kontroversen hervor. Nach einer Aufführung fand ich am nächsten Tag in der Presse zwei Kritiken. In der einen hieß es, diese Musik könne in London oder Paris oder New York geschrieben sein; jedenfalls habe sie nichts mit Israel zu tun; in der anderen biblisch pathetisch: »Kommet und sehet. Dies ist die Musik Israels!« Auf welchen Stuhl sollte ich mich nun setzen?

Ich erhielt eine Einladung nach London zu einem Festkonzert des London Philharmonic Orchestra unter Eduard van Beinum in der Royal Albert Hall. Das Programm bestand nur aus israelischer Musik: eine Suite von Uri Boscowicz, ein Klavierkonzert von Paul Ben-Chaim und mein »Exodus«. Seit der Auswanderung unternahm ich meine erste Auslandsreise, meinen ersten Flug mit einer viermotorigen Maschine der BOAC.

Meine kindliche Freude am Reisen und meine Neugier blühten auf wie eine japanische Papierblume im Wasser. Die Lebensgewohnheiten im Flugzeug standen im scharfen Kontrast zu den Lebensgewohnheiten des israelischen Alltags. Die Umgangsformen der Stewards, der Luxus in der Verpflegung, die ständige Nachfrage nach individuellen Wünschen – meine Erinnerung sprang zurück, ich dachte an das elegante Abendessen mit meinem Lehrer Max Saal im Hotel Reichshof in Berlin. Als die Maschine die Alpen überflog, konnte ich auf von gleißender Sonne überstrahltem Schnee deutlich Menschen erkennen, sah die Schatten sich in Farbe und Form ständig verändernder Wolken; und ich erinnerte mich an die sommerliche Wanderung mit Rosie, in der Hand einen Fotoapparat, der lehrte zu sehen, was unter den Füßen davonläuft. Während noch die Gedanken durch die Zeiten kreisten, lag schon die Stadt London unter uns.

Das Konzert fand im April 1950 statt, es öffnete mir die Tore nach Europa. Aufgrund der beginnenden Auslandsbeziehungen beschloss ich, meinen Namen zu hebraisieren und zu vereinfachen. Außer den Deutschen konnte niemand den Namen Grünthal richtig aussprechen. Also habe ich das »Grün« fallen lassen, und es blieb »Tal«, ein hebräisches Wort, welches Tau (im Sinne von Morgentau) bedeutet.

Im Zuge der Natur fand Re'uwen eine Freundin. Irit war in Paris geboren und früh mit den Eltern nach Jerusalem gekommen. Gemeinsam tendierten die beiden zur Kibbuzbewegung des »Schomer Hatzair« (Der junge Wächter) des linken Flügels der Arbeiterpartei. Dazu gehörten viele Künstler und Intellektuelle. Sie siedelten sich im Kibbuz Megiddo an, einem schon in biblischen Zeiten berühmten Ort auf halbem Weg zwischen Haifa und der heutigen Westbank.

Das Kind war flügge und Rosie war nun ganz alleine. Die Krise kam bald. Man fand sie unweit ihres Hauses unter einem Baum, betäubt von einer Überdosis Schlaftabletten. Nur dem schnellen Eingreifen unseres unvergesslichen Hausarztes Dr. Spighel war es zu verdanken, dass sie durch seine übergroße Mühe und menschliche Sorgfalt wieder zum Leben zurückkam. Man konnte sie nicht alleine lassen. So beschloss Pola, sie zu pflegen. Und Pola tat es auf ihre Art, die keine halben Taten kennt, immer noch etwas über das Ganze hinaus gibt.

Rosie wurde gesund und konnte wieder arbeiten. Bei guten Freunden im Kibbuz Na'an im Süden des Landes wurde sie aufgenommen, bekam ein Zimmer und hatte ein reiches Arbeitsfeld. Ich besuchte sie oft, gab auch ein Konzert im Kibbuz und lernte ihre Freunde kennen. So vergingen Monate. Grund zur Beunruhigung gab es nicht; wir glaubten Rosie in Sicherheit. Eines Tages wurde sie vermisst. Die Polizei war alarmiert und nach Tagen fand man sie in einem dicht bepflanzten Orangenhain. Diesmal war es zu spät.

Als ich Re'uwen zur Beerdigung seiner Mutter abholte, hatte ich den Eindruck, dass er mehr um mich besorgt war als ich um ihm. Eine kleine Gruppe von Rosies Freunden versammelte sich um das Grab, darunter eine hochintellektuelle, sehr belesene alte Dame, die ebenfalls ohne Verwandte im Kibbuz lebte. Sie hatte die seltene Gabe, dem Gesprächspartner in absoluter Ruhe zuzuhören, doch machte sie dann eine einzige Bemerkung, so traf sie damit immer den Kern. War es eine Voraussicht, so traf sie auch ein. Für Rosie war sie gleichsam eine Orakelpriesterin.

Diese Frau bat mich, am Grab ein paar Worte sagen zu dürfen. Sie sprach ein sehr fehlerhaftes Hebräisch und hatte große Mühe, ihre Gedanken zu formulieren. Langsam und leise, aber fest begann sie zu sprechen. Und dann sagte sie, sie hoffe, dass Re'uwen bald seiner Mutter folgen werde. Das Herz blieb mir stehen. Was sie weiter sagte, hörte ich schon nicht mehr. Natürlich wollte sie sagen, dass Re'uwen den Spuren seiner Mutter folgen möge, aber so, wie es in der Ruhe des Grabes klang, war es gleich einem Richterspruch, unabänderlich. Als die Bahre in das Grab gesenkt wurde, sah ich zwei Hände, die Re'uwen mit hinunterziehen wollten. Damals konnte ich nicht wissen, dass der Satz der alten Dame sich erfüllen würde. Aber ich habe es nicht über mich bringen können, das Grab von Rosie je wieder zu besuchen. Es hat einen Ring um sich, den ich nicht übertreten darf.

Beruflich begann eine neue Phase. Ich wurde als Musikdozent an die Hebrew University in Jerusalem berufen, wo der B.A.-Grad mit Musik oder Bildender Kunst als Pflichtfach eingeführt worden war. Musik bedeutete »Music Appreciation«, ein einjähriger Kurs mit schriftlicher Abschlussprüfung. Der Kurs verlangte keinerlei Vorkenntnisse, war ausdrücklich für Nichtmusiker gedacht, obwohl in der Praxis viele Musikstudenten in die Vorlesungen kamen.

Ein kleines Kuriosum sei erwähnt: Wenn ich eine Vorlesung über Wagner ansetzte, konnte ich sicher sein, dass die Stühle im großen Auditorium nicht ausreichten. Ganz besonderes Interesse an Wagner hatten die meist sehr orthodoxen Professoren für Judaistik. Das kannte ich auch von meinem Vater, der glücklich war, wenn ich im Nebenzimmer mit meinen Sängern Wagner korrepetierte. Ich habe noch mit Gershom Scholem kurz vor dessen Tod die Verbindung zwischen der Kabbalah und Wagner diskutiert – ein Gedanke, der nicht so grotesk ist, wie er zunächst anmuten mag.

Von nun an reiste ich sehr häufig ins Ausland, aber trotz aller Erfolge blieben die Lebensbedingungen karg. Gleichwohl machte ich wichtige Erfahrungen – auch für meine musikalische Entwicklung.

Um einer Einladung nach Zürich zu Radio Beromünster Folge leisten zu können, kaufte ich ein billiges Schiffsbillett »Dormitory Class retour« auf dem Schiff »Arza« der israelischen Zim-Linie. Es war, wie der Berliner sagen würde, ein »Äppelkahn«, aber es fuhr. Als der Kapitän meinen Namen auf der Passagierliste sah, bekam ich sofort eine Oberdeck-Kabine für mich allein; denn er kannte mich von früheren Kibbuz-Konzerten, und er bat mich um ein Konzert »on the captains evening« im Salon Erster Klasse. Chopin und Rachmaninow sollten es sein. Doch die See wurde stürmisch und der Magen auch. Mit einem Beruhigungsmittel verbrachte ich die Reise bis Neapel schlafend und hungernd. Unter blauem Himmel ging die Reise weiter nach Marseille. Nachts wurde das Meer noch stürmischer.

Das Schlafmittel wirkte immer noch, und ich war beunruhigt wegen des versprochenen Konzerts am Abend. Unaufhaltsam rückte die Stunde heran. Mit größter Mühe, von einer Wand der Kabine zur anderen torkelnd, kleidete ich mich in meinen blauen Abendanzug und zog mich die Schiffstreppe zum Speisesaal hinauf. Für mich war ein Platz am Tisch einer älteren, distinguierten englischen Lady reserviert. Der Kapitän grüßte von ferne. Zu einer Unterhaltung mit der Lady war ich nicht in der Lage. Ich muss wie ein verschimmelter Käse ausgesehen haben. Zwei weißbemützte Köche kamen herein, auf ihren Schultern ein braungebranntes Vieh. Ich schloss die Augen. Ein Kellner kam an unseren Tisch, nahm erst die Bestellung der Lady auf und dann meine. Ich bestellte Haferbrei. Der Kellner sah mich entgeistert an, wusste er doch, dass all diese Dinge, die hier in Hülle und Fülle auf dem Tablett serviert wurden, in Israel nicht zu haben waren. Aber der Brei kam. Ich habe ihn nicht angerührt, habe mich nach eini-

Vor dem Abflug von Eilat, 1951, mit einer der ersten Maschinen, die innerhalb des Landes verkehren

gen Minuten bei der Lady entschuldigt und kletterte eine Etage höher zum Salon, in dem das Konzert stattfinden sollte. Dort waren schon alle Plätze hergerichtet, ganz vorne zwei reservierte Klubsessel für den Kapitän und mich.

An einer Wand stand ein braunes Klavier. Etwa fünfzig Stühle waren aufgestellt. Ich wartete in Ruhe und versuchte, mich mit Atemübungen in diesem auf und ab, nach rechts und links schaukelnden Raum im Gleichgewicht zu halten. Endlich hatte man sich unten voll gegessen, dann kamen alle herauf zum Konzert. Ich setzte mich ans Klavier. Während des ersten Stücks, einer Nocturne von Chopin, wurde der Sturm immer heftiger. Das Klavier begann zu rollen. Bald hatte ich den Diskant, bald den Bass unter den Fingern. Doch mit dem ersten Ton verschwand meine Seekrankheit, ich fühlte mich immer besser. Der Kapitän grinste ununterbrochen und applaudierte aus Leibeskräften mit seinen großen knorrigen Händen. Er konnte nicht genug haben – noch eine Zugabe und noch eine Zugabe, bis ich im Stile Rachmaninows zu improvisieren begann, denn ich wusste nichts mehr auswendig. Danach musste ich aber statt des reservierten Klubsessels sofort meine Kabine aufsuchen. Schon der Weg dorthin war eine Tortur. Festlich gekleidet blieb ich bis zur Landung in Marseille rücklings auf dem Bett liegen.

Mit dem Nachtzug fuhr ich nach Zürich, wo ich mein Zweites Klavierkonzert aufführte. Dort traf ich mit Rolf Liebermann zusammen, der damals die Musikabteilung von Radio Beromünster leitete.

Die Verbindungen Israels zu den internationalen Musikzentren wurden zunehmend enger. Die International Society for Contemporary Music (ISCM) veranstaltete 1954 ihr Festival in Haifa – ein waghalsiges Unternehmen, denn eigentlich waren wir noch nicht genügend ausgestattet, um kongeniale Aufführungen moderner Werke garantieren zu können. Das Erscheinen eines offiziellen deutschen Delegierten war delikat und wenig populär, die diplomatischen Beziehungen waren noch nicht etabliert. Sowohl für ihn als auch für uns war es ein Eiertanz. Er bekam Tag und Nacht einen Polizisten als Leibwächter.

Schon auf meinen frühen Reisen habe ich Material gesammelt zum Stand der Elektronenmusik nach dem Zweiten Weltkrieg. Die fehlenden Kenntnisse aber waren nicht ohne längeren Aufenthalt in Europa aufzuholen. Doch wer sollte das finanzieren? Ich erfuhr, dass die UNESCO Fellowships für Forschungszwecke vergab. Israel konnte als Mitglied der UNESCO entsprechende Anträge einreichen, sofern das israelische Komitee davon überzeugt werden konnte, dass Forschung auf dem Gebiet der Elektronenmusik im nationalen Interesse Israels läge. Ich reichte ein Memorandum ein.

Der Vorsitzende des Komitees, Physiker der Hebrew University, bestellte mich zu einer Besprechung. Sein erster Einwand war, ich hätte bewiesen, für Orchester schreiben zu können, also wozu bräuchte ich schlechte Surrogate. Außerdem lägen für das Wohl des Staates weit dringendere Projekte vor – was solle also dieser ganze Unsinn. Diese Reaktion hatte ich erwartet. Ich musste das Thema auf eine wissenschaftliche Basis bringen. Ich verwies auf theoretische Literatur und bot ihm an, eine kleine internationale Bibliographie zusammenzustellen, aus der er sich von der Bedeutung des Themas überzeugen könne. Dem stimmte er zu, ich habe es getan, und darüber vergingen Monate.

Wieder wurde ich bestellt. Nun waren die harten, vorgefassten Meinungen schon aufgelockert. Mein Vorschlag entsprang nicht nur einer Musikerlaune. Man streckte Fühler aus zum Komitee der UNESCO in Paris. Es stellte sich schnell heraus, dass die Herren in Paris über dieses Thema keinerlei Kenntnisse hatten, infolgedessen gab es auch kein Forschungsprogramm, nach welchem der Fellow hätte arbeiten können. Hilfe kam von anderer Seite.

Um diese Zeit lernte ich in Jerusalem Recha Freier kennen, sie hatte die Emigration Jugendlicher nach Israel organisiert. Recha Freier sollte von nun an wie ein Planet am Himmel meines Lebens stehen. Dieser Planet kreiste um mich trotz mancher Konflikte und schuf immer neue Konstellationen, bis er von Gott ins All zurückgerufen wurde. Ich spüre ihn auch weiterhin, denn er misst nicht Nähe und Ferne. Rechas Sohn Shalhevet leitete ein Büro der israelischen Regierung in Paris. Ich erzählte ihm von meinen Schwierigkeiten. Selber Physiker, Amateurviolinist, bewandert in den zeitgenössischen Künsten und ihren Stilwandlungen, verschaffte er sich durch gezielte Fragen ein vollständiges Bild des Problems, bat um ein detaillierteres Memorandum zum Dialog zwischen Elektronik und Musik. Er nahm es mit nach Paris und wollte persönlich bei der UNESCO vorsprechen. Es verging noch viel Zeit, bis Fragen und Antworten beider Seiten koordiniert werden konnten.

Während dieser Monate des Wartens schrieb ich auf Bestellung des Kammerorchesters von Ramat Gan eine halbstündige konzertante Oper »Saul in En Dor«. Dieses Ensemble wurde geleitet von Michael Taube, der mir noch aus meiner Berliner Zeit durch seine Konzerte in der Singakademie in Erinnerung war. Zusammen mit Kurt Singer und Leonid Kreutzer gehörte er 1933 zu den Begründern des »Jüdischen Kulturbundes«.

Ich wählte als Stoff ein Kapitel aus der Bibel, und zwar das einzige Beispiel, das in Dialogform erzählt ist. Deshalb brauchte ich keinen Librettisten für den gesungenen Text. Allerdings stellte sich mir ein ebenso schwieriges wie interessantes Problem in den Weg. Gute Instrumentalisten für das Orchester waren schnell gefunden; aber professionelle Sänger waren nicht in gleichem Maße aus dem westlichen Europa eingewandert. Und die Stimmkultur wurde im Lande noch nicht gepflegt.

Für die Rolle des Sprechers fand ich bald einen Lehrer, der die hebräische Bibelsprache beherrschte, eine wohl tönende dunkle Männerstimme besaß und sogar Noten lesen konnte. Auch entdeckte ich eine erfahrene Mezzosopranistin und einen echten russischen Bass. Nur ein Tenor für die Rolle des jungen David war nicht aufzufinden. Schließlich wurde ich auf die Große Synagoge in Tel Aviv aufmerksam gemacht; dort betete ein Kantor vor, der von der Gemeinde hochgeschätzt wurde wegen seiner voluminösen Stimme und seines tiefen Verständnisses für den Inhalt jedes Wortes, das er sang. Er kam aus dem Osten, dem polnisch-galizischen Gebiet. Durch meinen Vater kannte ich diesen Typus des konservativen Judentums sehr gut. Wenn er erfährt, dass ich ein aufgeklärter Jekke aus Berlin bin, der noch dazu Musik für die Theaterbühne schreibt, also ein Bohèmien ist, dann werde ich wohl wenig Glück haben, ihn für meine Komposition zu gewinnen – so dachte ich spontan, als er mir empfohlen wurde.

Dennoch beschloss ich, am Freitagabend zum Gottesdienst in den Tempel zu gehen, um die Stimme des berühmtem Kantors Leib Glanz zu hören. Er schritt in seinem prächtigen Gebetsmantel an das große Lesepult auf dem Altar und die Gemeinde erhob sich. Dann begann er das Gebet. Gleich zu Beginn bemerkte ich die persönliche Aussage, die er einer traditionellen, schon tausendfach wiederholten Melodie hinzufügte – mit einer intensiven und zugleich intimen Stimme, als spräche er nur zu seinem Nächsten. Phantasie und eigene Gestaltungskraft strömten aus ihm heraus. Die vielen musikalischen Nuancen waren eingebettet in einen weinerlichen Singsang, der mir aus den Gebetsstuben der Ostjuden im Berliner Scheunenviertel wohlbekannt war. Ob gepriesen oder geklagt oder gejubelt wurde, es war immer ein seufzendes Glissando von Ton zu Ton in dieser Stimme.

Dieser Vortragsstil in einer modernen Komposition des 20. Jahrhunderts droht sofort als Kitsch empfunden zu werden.

Trotzdem hatte ich starke Sympathie für Leib Glanz und verabredete ein Treffen in seiner Privatwohnung. Er empfing mich mit tiefen Verbeugungen und ehrenvollen Gesten, als sei ich der große Meister und er der kleine Schüler. In diese Atmosphäre habe ich sogleich frische Luft geblasen. Wir sprachen über die Oper »Saul in En Dor« und die Figur des jungen David. Dieser David war nicht nur König, sondern auch Psalmist – und wenn ein Goliath ihm in den Weg trat, so antwortete er nicht mit einem seufzenden Glissando, sondern mit wohl gezielten Steinwürfen. Leib Glanz saß still auf seinem Stuhl und hörte gespannt zu. Er verstand auch sogleich, worum es ging. Er bat um Geduld – er wolle sein Bestes tun. Er tat sein Bestes – und ich erhielt eine Lektion: Trotz der aufrichtigen Bemühungen des Kantors, eine moderne Komposition zu verstehen, blieb in seinem Gesang immer noch ein Rest jener Kultur, die ihm zur zweiten Natur geworden war. Jede Kultur hat das Recht auf ihre Eigenart.

Die Bibel als Opernlibretto zu verwerten, war riskant. Judaisten sahen die Gefahr weltlicher Profanierung. Das Gegenteil stellte sich heraus: Zu hören war jüdische Musik ohne jedes Melodiezitat aus traditioneller Liturgie, israelische Musik ohne nationale Symbole und obendrein in modernistischer Atonalität.

Von »Saul in En Dor« erfuhr man auch bei BBC London, von wo eine Partitur angefordert wurde. Man lud mich ein, das Werk in einer öffentlichen Studioaufführung in London zu dirigieren. Die Proben verliefen abenteuerlich. Zunächst wollte ich mit den Sängern proben, um mich bei der Orchesterprobe dann ganz auf das Orchester konzentrieren zu können. Man versicherte mir, die Sänger seien vertraglich verpflichtet, zur ersten Orchesterprobe voll studiert zu erscheinen. Ich war skeptisch: Was auf ein Repertoirestück zutreffen mag, dürfte auf ein neues, ganz unbekanntes Stück nicht so leicht übertragbar sein.

Meine Skepsis bestätigte sich. Die Sängerin, welche die Rolle der Wahrsagerin übernommen hatte, lebte in einem Badeort an der Küste Englands, wo ihr Mann Trompete in einer Jazzband spielte. Ich bat darum, sie wenigstens einen Tag früher kommen zu lassen. Inzwischen begann ich, mit den anderen Sängern und dem Sprecher zu arbeiten. Nur die Sängerin fehlte noch. Am Tag vor der Orchesterprobe, sollte sie morgens im Studio erscheinen.

Ich spielte gerade ein bisschen am Klavier vor mich hin, als es klopfte. Eine hoch gewachsene, junge Sängerin mit pechschwarzem langem Haar und großen dunklen Augen stand in der Tür mit einem Reisekoffer in der Hand. Sie blickte irritiert, war atemlos und abgehetzt, sie komme direkt vom Victoria Station und habe sich verspätet. Ich bot ihr einen Tee an, sie lehnte ab, wir müssten sofort arbeiten. Ich witterte Probleme, denn sie war sehr nervös. Wir begannen und gingen die ganze Partie durch. Musikalisch war ihr Vortrag völlig indifferent, aber in Intonation und Rhythmus genau und zuverlässig. Darüber war ich schon sehr froh, zur Musik würde ich sie noch hinführen. Meinen Dank nahm sie mit einem ungläubigen, eigentlich verzweifelten Gesichtsausdruck entgegen. »Meinen Sie das ernst?« fragte sie mit hochgezogenen Augenbrauen. »Was ist denn geschehen?« Und da erzählte sie folgende Geschichte:

Die Bibliothek der BBC schickte ihr die Noten. Sie las alles durch und konnte mit der Musik überhaupt nichts anfangen. Ihr Mann empfahl ihr einen guten Klavierlehrer im Konservatorium, der vielleicht dieses Stück mit ihr erarbeiten könnte. Sie ging also ins Konservatorium. Der Pianist las die Noten durch und sagte, jede Seite sei voll von Druckfehlern; sie solle erst einmal ein korrigiertes Exemplar verlangen, so könne man gar nicht wissen, was der Komponist eigentlich meine; aber der Direktor habe Kenntnisse in solcher Musik, er könne vielleicht helfen. Dieser, ein ergrauter vornehmer Herr, blätterte in den Noten, schaute über seine Brillenränder, schüttelte den Kopf und sagte, nur der Musiktheorielehrer könne sich da zurechtfinden und ihr sagen, was da richtig und was da wohl falsch sei. So kam sie zum Theorielehrer, der auch komponierte. Zitternd schaute sie auf ihn, während er las, denn der Tag der ersten Orchesterprobe kam immer näher.

Der Theorielehrer sagte, das sei eine heutige Musik, bei der es weder falsche noch richtige Noten gebe; es sei ganz egal, was sie singe, der Komponist selber wisse auch nicht, wie es klingen solle; das Ganze sei ein scheußliches Durcheinander. Die arme Sängerin war völlig verzweifelt, denn wer sollte in diesem Kurort die Partie mit ihr vorbereiten? Ihr Mann meinte lakonisch, sie solle als letzten Versuch den Pianisten seiner Jazzband fragen. Aber die Sängerin hielt das für lächerlich, wenn die professionellen Musiker vom Konservatorium diese Musik nicht verstünden, was solle dann der Jazzpianist damit machen. Doch blieb keine Zeit mehr. Auch an den letzten Strohhalm musste sie sich klammern. Der Jazzpianist stellte die Noten auf das Klavierpult, spielte fließend Seite für Seite, begeisterte sich an Rhythmus und Harmonien, er war wie gebannt von dieser Musik. Nun war sie doch skeptisch, ob der Jazzpianist wohl wirklich alles richtig verstanden habe. Ich bestätigte es ihr, und zentnerschwere Steine fielen von ihrem Herzen.

Am nächsten Tag begann die erste Orchesterprobe. Der Inspektor machte darauf aufmerksam, dass ich Probendauer und Probenpausen genau einzuhalten habe. Zu diesem Zweck hing über dem Dirigentenpult eine Uhr mit Sekundenzeiger. Es kam der große Moment, ich stieg auf das Pult, begrüßte die Damen und Herren des Orchesters und die Solisten und gab den ersten Auftakt. Zu meiner Freude waren sie alle gute Blattspieler, die Arbeit ging voran. Nur war ich nicht gewohnt, dass Orchestermusiker während der Probe rauchten. Ein Gastdirigent sollte nun nicht gleich bei der ersten Probe mit erzieherischer Arbeit anfangen, auch war mein Englisch nicht gut genug dafür.

Mir schräg gegenüber saß ein Bratscher, der während des Spiels Pfeife rauchte, wobei die leicht geschwungene Tabakspfeife mit dem Geigenbogen kollidierte und dabei jedes Mal eine Rauchwolke in den Himmel stieß. Ich musste an Karl Valentin denken, der daraus eine herrliche Szene gemacht hätte, und bei dieser Vorstellung musste ich herzhaft lachen. Alle sahen mich erstaunt an, und es blieb mir nichts anderes übrig, als mein Lachen zu erklären. Wegen meines dürftigen Englisch habe ich sehr wenig gesagt, dafür den Bratscher und den Kampf zwischen Pfeife und Bogen imitiert. Mit ihrem kultivierten Sinn für Humor haben alle sofort verstanden und ebenso herzhaft mitgelacht. Zigaretten und Pfeifen verschwanden lautlos und kehrten nie wieder zurück.

Die Teepause habe ich genau eingehalten und mitten in der Phrase mit Hinweis auf den Sekundenzeiger abgeschlagen. Wieder großes Gelächter und die Bitte, diesen Teil zu Ende zu proben. Die Zeit, die sie mir geschenkt haben, fügte ich zur Teepause wieder hinzu. Die Vormittagsprobe ging in bester Stimmung vorüber. Bis zur Nachmittagsprobe waren noch anderthalb Stunden.

Eines der Orchestermitglieder lud mich zum Lunch in ein Pub ein. Dort gab es warmes hellbraunes Bier zu trinken, was mächtig in die Knie ging. Fünfzehn Minuten vor Beginn der Probe waren wir zur Stelle. Zehn Minuten vor Beginn mussten alle Musiker mit gestimmten Instrumenten auf ihren Plätzen sein, damit dem Dirigenten keine Zeit verloren geht.

Mit dem Sekundenzeiger auf zwei Uhr stand ich am Dirigentenpult und wollte mit der Partie des Sprechers beginnen, der seine Sätze in vorgeschriebenem Rhythmus zusammen mit Orchester sprechen musste. Der junge Mann, der diese Rolle auszuführen hatte, war aber noch nicht da. Sich zu einer Probe zu verspäten, ist eine unverzeihliche Unhöflichkeit dem Dirigenten und allen Kollegen gegenüber, abgesehen von den daraus entstehenden gewerkschaftlichen Problemen. Ich war solche Verspätungen von zu Hause gewohnt und nahm es mit Gelassenheit. Durch das große Fenster des Tonmeisterraumes sah ich den Inspektor erregt telefonieren. Auch das Orchester wurde nervös, dem jungen Mann musste wohl etwas passiert sein. Ich beschloss kurzerhand eine andere Stelle zu probieren.

Es vergingen wenige Minuten, ich spürte den Inspektor neben mir stehen, auf einen Moment wartend, etwas sagen zu dürfen. Ich unterbrach und wurde zaghaft informiert, dass der Sprecher draußen stehe und um Erlaubnis nachsuche, eintreten zu dürfen. Der junge Mann kam auf Zehenspitzen herein und berichtete ganz leise, seine Frau habe in der Mittagspause einen Sohn geboren. Wegen der Formalitäten im Spital habe er den Autobus versäumt, und so wolle er sich für die Verspätung entschuldigen. Ich drückte ihm beide Hände, gratulierte herzlichst und teilte dem Orchester die frohe Botschaft mit. Ich ließ ihn unter Applaus auf das Dirigentenpodium steigen. Er berichtete, er habe seiner Frau über die Vormittagsprobe und die Komposition erzählt, und beide hätten beschlossen, den Sohn »Saul« zu nennen. Die Proben und auch die Aufführung verliefen danach in fast religiöser Atmosphäre.

Nach Hause zurückgekehrt, erwarteten mich Nachrichten von Shalhevet Freier aus Paris: Die verantwortlichen Herren der UNESCO wollten noch mehr Informationen zum Thema »Elektronenmusik«; auf eigenes Risiko sollte ich nach Paris kommen, da eine mündliche Darstellung überzeugender wirkte; im positiven Falle würde ich ja das Fahrgeld zurückbekommen. Voller Optimismus borgte ich mir das Geld, diesmal auch für Pola. In Paris ging ich mit Shalhevet in das schöne UNESCO-Gebäude, wurde den Herren vorgestellt, beantwortete ihre Fragen. Sie erbaten noch ein weiteres Memorandum, was ich mit Hilfe von Shalhevets Sekretärin noch am selben Tag ins UNESCO-Büro expedierte – und vierundzwanzig Stunden später war das Stipendium bewilligt. Es galt für eine Studienzeit von sechs Monaten, in der ich jedes Elektronenmusikstudio in Europa, auch Industriefirmen, die spezielles Instrumentarium entwickelten, besuchen und mich von kompetenten Vertretern hinsichtlich musikalischer oder auch technischer Aspekte des Themas beraten lassen konnte – kurz, für die Zusammenstellung meines Studienprogramms war ich selbst verantwortlich. Solch ideale Bedingungen für ein Studium habe ich weidlich genutzt und meine Wissenslücken nach besten Kräften geschlossen.

Moses hadert mit Gott

Bald wurde mir klar, dass bei all dem technischen Fortschritt seit den Zwanzigerjahren die Ton erzeugenden elektronischen Instrumente und die Möglichkeiten der Tonkombinationen sowie ihr Einbau in rhythmische Abläufe in keinem Verhältnis zur Vorstellungswelt eines Komponisten standen. Eine elektronische Komposition von einer Minute Dauer mit detailliertem und kombinativem Inhalt war eine langwierige Arbeit und das Resultat am Ende doch recht dürftig.

Ende der Fünfzigerjahre kam ich in Kontakt mit dem Dirigenten Hermann Scherchen. Er war Berater der UNESCO und leitete das berühmte Studio für elektronische Musik in Gravesano in der italienischen Schweiz. Er wollte wissen, was ich mir unter Elektronenmusik vorstellte. Gegen meine Auffassungen hatte er Einwände, aber – wie mir schien – mehr um der Provokation willen. Ich widersprach jedem Einwand. Nach einer Weile wurde er still, bedankte sich kurz und erklärte, er wolle das Gespräch mit

Pola, Künstlerin, Ehefrau und Mutter, mit den wachen Augen

mir in der Woche darauf in Berlin fortsetzen, wo er ein Konzert mit dem Berliner Philharmonischen Orchester dirigieren würde. Ich solle am Vormittag zur Probe kommen. So wurde ich verabschiedet.

Am verabredeten Tag landeten Pola und ich auf dem Flughafen Tempelhof – mein erster Besuch in meiner Heimatstadt seit der Auswanderung. Der Flugplatz war mir vertraut, denn er grenzte an die Neuköllner Neubausiedlung, in der ich mit Rosie und Re'uwen eine kurze Zeit gewohnt hatte. Wir nahmen ein Taxi. Ich sperrte meine Augen weit auf – es wurde eine Geisterfahrt. Nach kurzer Zeit sagte ich zu Pola auf Hebräisch:»Du, der fährt uns spazieren, um eine größere Zeche rauszukriegen. Den Weg kenne ich genau, aber der fährt ganz woanders lang.« Schließlich fragte ich den Fahrer doch nach der Gegend. Da zeigte er auf eine Ruine aus Ziegelsteinen: »Das da war mal der Anhalter Bahnhof.« Da wusste ich, dass er richtig fuhr. Von hier ging mein Emigrantenzug nach Triest. Kein Wort mehr, nur noch geschaut, rechts und links und rechts und links.

Das Hotelzimmer war in einer Pension im zweiten Stock eines einsam stehenden Hauses nahe der Budapester Straße, also nicht weit von der Hochschule für Musik, wo die Konzertprobe stattfinden sollte. Auch hier kannte ich einmal jedes Haus, da viele meiner Lehrer in dieser Gegend gewohnt hatten. Überall waren nur grüner Rasen und Schilder »Vorsicht Bombenlöcher«.

Oben öffnete eine weißhaarige Dame, ganz in Schwarz gekleidet, mit weißem Spitzenbesatz um den hochgeschlossenen Hals und an den Ärmeln. Sie hätte eine Generalswitwe sein können. Überaus freundlich führte sie uns in den Salon einer weiträumigen typischen Berliner Wohnung. Der Salon war unser Schlafzimmer mit zwei riesigen Betten, Daunendecken und -kissen aus

Großelters Zeiten – blühend weiß und sauber. Wir bekamen ein zweites Frühstück, serviert auf schwerem Silbergeschirr, an dessen Emblemen die wilhelminische Herkunft noch zweifelsfrei erkennbar war.

Wenig später gingen wir zu Fuß in die Hochschule, ein Weg aus einem Film des Grauens und der Zerstörung. Da stieg in mir ein groteskes Gefühl von Schuld auf: Ich habe die Stadt verlassen, und nun ist sie dafür bestraft worden.

In der Hochschule, wo die Philharmoniker damals ihre Konzerte gaben, war Scherchens Probe in vollem Gang. Man führte uns zu einem kleinen Warteraum. Als endlich die Probe beendet war, erschien Scherchen in weiße Frotteehandtücher gehüllt und außer Atem. Nachdem er sich umgezogen hatte, fuhren wir gemeinsam in einem Taxi zum Café Bristol am Kurfürstendamm. Dort warteten schon Andere auf ihn. Wir saßen alle an einem langen Tisch, der Meister umringt von seinen Jüngern. Man sprach über Musikphilosophie, Orchestertechnik von heute und dergleichen mehr. Nach etwa einer Stunde, in der sich viele Worte in die Luft verflüchtigten, erhob man sich wieder, und beiläufig bemerkte Scherchen, er lade uns für vierzehn Tage nach Gravesano ein. Zwar gebe es dort kein Kino, aber er werde uns ein Zimmer in einem hübschen Bauernhaus in der Nähe seines Studios mieten. Das war alles, was er uns zu sagen hatte, und dazu mussten wir nach Berlin fliegen.

Gravesano im Tessin war eher landschaftlich als musikalisch interessant. Bei Scherchen waren wir zum Essen eingeladen. Ganz Patriarch saß er an der Stirnseite der großen Tafel, vor sich die vielen Kinder aus mehreren Ehen. Pola platzierte er sich gegenüber am anderen Ende des Tisches. Er begann, die israelische Politik zu kritisieren mit einer Mixtur aus marxistischen, religionsphilosophischen und nationalistischen Argumenten. Er begriff nicht, dass er eine Polin vor sich hatte und Polen mit Nationalstolz geboren sind, der sich auch auf jeden Wechsel der Nationalität überträgt. Danach wurde er betont liebenswürdig.

Auch der italienische Komponist Evangelisti kam in diesen Tagen auf Einladung Scherchens nach Gravesano. Er präsentierte eine elektronische Komposition auf Tonband. Scherchen entdeckte Quinten und war darüber so erbost, dass er den Komponisten hinauswarf. Evangelisti fuhr noch am selben Abend mit dem Zug zurück nach Rom.

All dieses sind Skurrilitäten, die ein falsches Bild dieses Meisters geben. Wenn bei einer glücklichen Phase sein stets brausendes Denken ein ausführliches Gespräch mit ihm erlaubte, so offenbarte er tiefe Erkenntnisse, die der Hörer mit größter Dankbarkeit erwiderte.

Nach drei Monaten der Recherche in Europa hatte ich noch nicht gefunden, wonach ich suchte. Um viel versprechende neue Ansätze in Nordamerika kennen zu lernen, beantragte ich mit Erfolg, das Stipendium zur Hälfte für eine Studienreise in die USA verwenden zu dürfen.

Bis dahin bereitete ich in Jerusalem den Boden für Elektronenmusik vor. Es entstand meine erste elektronische Komposition von sechs bis sieben Minuten Dauer. Gesungener Text wurde nur geringfügig elektronisch modifiziert. Ich griff auf das »Exodus«-Thema zurück und fügte den beiden vorigen Versionen eine dritte, diesmal elektronische, hinzu. Nur der israelische Rundfunk verfügte über Oszillatoren und Tonbandgeräte. Dort war man interessiert, aber skeptisch. Die Arbeit wurde in einem öffentlichen Konzert im Saal des YMCA vorgestellt, davor gab ich dem Publikum eine Einführung in die Elektronenmusik. Damit begann diese Art neuer Musik in das Konzertleben Israels einzusickern – mit ebenso viel Widerstand wie Interesse und Neugier beim Publikum.

Die Reise in die Vereinigten Staaten trug professionell reiche Früchte. Das größte Ereignis war die Begegnung mit dem RCA-Synthesizer an der Columbia University, dem ersten seiner Art, einem technologischen Wunderwerk von imposanten Ausmaßen. Er arbeitete mit einem Lochkartensystem, der damaligen Methode zur Speicherung von Informationen. Milton Babbitt führte mich in diese faszinierende Welt ein.

Die amerikanischen Komponisten, die mit dem elektronischen Instrumentarium arbeiteten, entwickelten ästhetische Kriterien als Unterbau methodischer Ordnung in der neuen Klangwelt. Den einen faszinierte die Komplexität des Klanges, den anderen die bisher nicht erreichbare Präzision in der Verwendung aller musikalischen Parameter. Die Verbindung des Synthesizers mit der Tonbandtechnik erlaubte musikalische Formulierungen, die von menschlichen Interpreten nicht mehr ausgeführt, vom Hörer aber doch erfasst werden können. Die Grenzen des Gewohnten waren um ein gewaltiges Stück ins Ungewohnte verschoben worden. Zielgerichtete Wege in diesem endlos erscheinenden Raum zu finden, verursachte erheblichen Zeitaufwand. Trotz hoch entwickelter Technologie blieb das Missverhältnis von Einsatz zu Resultat eher frustrierend.

Keines dieser Instrumente war aus musikalischer Notwendigkeit gebaut, sondern lediglich adaptiert. Kontakte zu Ingenieuren der Elektronik hatten zum Ziel, das Instrumentarium von der gewohnten Musikästhetik her zu entwickeln und mit einem musikalischen Willen zu koordinieren. Ich reiste durch das Land, führte Gespräche im Massachusetts Institute of Technology in Boston, in der Magna Tech Electronic Comp. New York, lernte schließlich auch Mr. Moog kennen, dessen Synthesizer bereits Musik atmete, wenngleich er bald aus kommerziellen Gründen zur Live Electronic für Pop-Musik degradiert wurde. Eine Orgelbaufirma, etwa eine Flugstunde von Washington DC entfernt, spezialisiert auf elektronische Orgeln, erzielte erstaunliche Erfolge in der Entwicklung von Transistoren-Oszillatoren.

In Illinois kam ich erstmalig in Kontakt mit der Computermusik. Dort komponierte Lejaren Hiller seine Illiac-Suite mit dem großen Illiac-Computer der Universität Illinois-Urbana. Endlich Kalifornien, das Paradies der Elektronik. Als Fellow der UNESCO wurde ich überall freundlich empfangen, blieb aber nirgendwo unbeobachtet; denn für die Industrie war jeder Besucher ein potenzieller Spion.

Kalifornien wurde für mich noch zu einem anderen Schlüsselerlebnis. In San Francisco lebte meine Schwester Grete. Ich sah sie nach fast dreißig Jahren zum ersten Mal wieder. Sie war inzwischen weißhaarig, hatte aber immer noch ihre roten Bäckchen und große Kulleraugen. Die Tage vergingen mit Erzählungen ohne Ende. Gruselig wurde es, wenn ich über ihre Berichte vom Lager lachen musste. In unmenschlichsten Situationen kamen immer noch die kleinen Schwächen der Menschen zutage. Und Grete fügte dem Horror noch einen Tropfen ungewollten Humors hinzu – aus der Ambivalenz scheußlich-grotesken Geschehens. Es

Letzte Begegnung.
Abschied von Schwester Grete

war ihr Geheimnis, dass man sie trotz grässlicher Misshandlungen am Leben ließ, denn sie behielt ein Lächeln und bewahrte einen Anflug von Lebensfreude in ihren Augen. Das berührte selbst die Bestien unter den Schergen.

Grete erzählte die Episode vom Ende des Konzentrationslagers, das gleichzeitig das Kriegsende bedeutete: Schon waren die immer näher kommenden Schüsse aus den Kanonen amerikanischer Truppen zu hören. Da wurden die Insassen des Lagers gezwungen, auf einem Gewaltmarsch dem Feind zu entfliehen. Wer nicht gehen konnte, wurde auf der Stelle von Begleitsoldaten erschossen. Da die meisten bis zum Skelett abgemagert waren und keine Kraft mehr zum Laufen hatten, verringerte sich schnell die Zahl der Übriggebliebenen. Meine Schwester hatte eine ältere Lagerkameradin, deren Füße schon zu bluten begannen. Beide zogen sich Kleidungsstücke aus und wickelten sie um die Füße, denn Schuhe hatten sie nicht, aber die Schmerzen wurden unerträglich. Sie beschlossen, ein Gewehrschuss sei die Erlösung aus diesen Qualen, und der Tod hatte keinen Schrecken mehr. Also setzten sie sich auf einen Baumstumpf am Waldrand und erwarteten den nächsten Soldaten. Der kam auch bald, aber statt auf sie zu schießen, warf er sein Gewehr ins Gebüsch, entledigte sich seiner Uniform, zog sich splitternackt aus und entfloh in den Wald, um den herannahenden Amerikanern zu entkommen. Grete und ihre Kameradin wurden befreit und in ein Krankenhaus gebracht. Hier endete für sie der Krieg.

Diese Tage in San Francisco gehören zum Unwahrscheinlichsten in meinem Leben. Ich glaubte im Wachen zu träumen, obgleich jede erlebte Minute der Beweis für Realität war.

Ich setzte meine Nachforschungen über die neuesten Entwicklungen elektronischer Musik in Kanada fort und erfuhr von einem Ingenieur in Ottawa, der eine Kombination von Synthesizer und Multitrack-Recorder entwickelt hatte, die meinen Vorstellungen von Musik-Technologie am nächsten kam. Hugh Le Caine arbeitete am National Research Council, wo ich offiziell bei ihm angemeldet wurde. Auf dem Weg zum Institut bereitete mich ein Assistent darauf vor, dass Le Caine hauptsächlich nachts zu arbeiten pflegte und am Tage schlief. Es konnte durchaus sein, dass man ihn zu der angesetzten Besprechung nicht antreffen würde.

Nach Erledigung der Sicherheitsformalitäten brachte mich der Assistent in ein riesiges Laboratorium, wo Le Caine experimentierte und elektronische Musikinstrumente entwarf. Er war tatsächlich nicht da. So suchte man nach ihm. Es dauerte etwa eine Stunde, da kam ein großer Mann herein mit dichtem, schneeweißem Haarwuchs, einem zarten Babygesicht, den gütigsten Augen, die man sich vorstellen kann, verlegen in seinen Bewegungen und schwer zu verstehen, weil er beim Sprechen die Zähne nicht auseinander brachte. Wir setzten uns in eine Ecke und begannen eine musiktheoretische Diskussion über Zwölftonmusik. Zu meiner Freude bemerkte ich, dass ich einen Ingenieur vor mir hatte, der in der Musik beschlagen war. Er hatte Musik studiert und komponierte auch. Nun wollte er noch vieles hören über die Manipulation der Reihentechnik in der Dodekaphonie und hatte tausend Fragen. Die Zeit verging, ich kam nicht zu meinem eigentlichen Thema.

Mein Hotel war nur für eine Nacht bestellt, ich musste also am selben Tage zu irgendeinem Ergebnis gelangen. An einem Punkt konnte ich ihn unterbrechen, endlich die Elektronenmusik zur Sprache bringen und meine Fragen über das relevante Instrumentarium stellen. Ich wollte unbedingt seinen legendären Apparat sehen. Da wurde er abweisend, alles sei noch im Stadium des Versuchs. Er zeigte auf ein Stahlgerippe in einer Ecke des Labors, es gebe da nichts zu sehen. Ich glaubte zunächst, dass er mir seine Arbeit aus Sicherheitsgründen nicht zeigen wollte und machte ihm klar, dass ich der UNESCO einen Report schuldig sei, der nur die musikalischen Fragen betreffe, nicht die technologischen, wofür ich ohnehin nicht kompetent sei.

Hugh Le Caine vom National Research Council in Ottawa inmitten seiner elektronischen Apparaturen

Diesmal ließ ich nicht locker, sodass er mich schließlich zögernd zu dem Stahlgerippe in der Ecke führte. Es war wirklich ein Modell, noch im Bau, aber alle wesentlichen Teile klar erkennbar und funktionierend, so dass eine Demonstration möglich war. Das Neue an diesem Instrument war sein vereinfachter technischer Zugang; der Komponist sollte sich im Umgang mit der Technik weniger behindert fühlen, was die bislang große Zeitspanne zwischen Denken und Tun beträchtlich zu verkürzen versprach. Meine Begeisterung hatte ich nicht zurückgehalten und gleich an Ort und Stelle kompositorische Prozesse entworfen – ich sah mich bereits mitten in der Arbeit. Le Caine stand daneben und sagte kein einziges Wort. Zu sieben Uhr abends waren wir in einem französischen Restaurant verabredet.

In der Zwischenzeit zerbrach ich mir den Kopf, wie ich zu einem solchen wahrscheinlich sehr kostspieligen Instrument gelangen könnte. Als ich im Restaurant ankam, war Le Caine schon da. Erst eine Vorspeise, dann eine Suppe – er war stumm wie ein Fisch. Ich unterhielt mich mit seinem Assistenten. Plötzlich weinte Le Caine. Der Assistent blinzelte mir zu, es nicht zu beachten. Bald darauf beendeten wir das vorzügliche Essen, und endlich murmelte Le Caine zwischen seinen Zähnen, er könne jetzt nicht schlafen gehen und wolle uns zu irgendeiner Vorstellung in Ottawa einladen.

Viel war nicht los in der Stadt, lediglich in einem Kino lief Chaplins »Diktator«. Den Film hatte ich zwar schon mehrmals gesehen, aber er gab mir noch Zeit, das Gespräch auf den Erwerb des Instruments zu bringen. Wir gingen also ins Kino, und mit Chaplin vor den Augen zerbrach ich mir weiter den Kopf. Nach dem Kino auf der Straße meinte Le Caine, er könne jetzt immer noch nicht schlafen gehen, und wir sollten noch einen Drink nehmen. Mir war es nur recht.

So saßen wir wieder an einem kleinen runden Tisch, und der Alkohol löste die Zunge. Ich erzählte den Traum eines Komponisten, der Le Caines Instrument besitzt. Er schaute mich unverwandt mit seinen lieben Augen an und sagte: »Willst du wirklich so etwas haben?« Ich lächelte nur als Antwort. Dann beschrieb er einen großen Regenbogen in der Luft und sagte: »Welch herrliche Idee. An diesem Punkt liegt Ottawa« – er führte den Finger im Bogen an die andere Seite – »und hier liegt Jerusalem. Ja natürlich, du musst das Instrument haben. Lass mich das nur in die Wege leiten, ich werde dir in den nächsten Tagen nach New York schreiben.«

Spät nachts brachte mich der Assistent zum Hotel zurück. Ich fragte noch, warum Le Caine beim Essen geweint habe. Er antwortete, Le Caine habe schon jahrelang an diesem Instrument gearbeitet, und ich sei der erste Komponist gewesen, der sich begeistert darüber aussprach. Das habe ihn tief bewegt.

Wie auf himmlischen Wolken schlief ich ein. »Briefträger« war alles, woran ich in New York dachte, und worauf ich wartete. Um mich etwas abzulenken, besuchte ich Edgar Varèse in seiner Wohnung in Greenwich Village. Wir hatten uns schon in Holland kennen gelernt, als er bei Philips in Eindhoven die Elektronenmusik für einen Pavillon der Brüsseler Weltausstellung komponierte. Seine Wohnung war voll gestellt mit neuen Instrumenten aller Art, die er mir alle vorführte. Ich verlebte einen herrlichen halben Tag mit ihm, voller neuer Ideen und Perspektiven.

Endlich kam der Briefträger mit einem Schreiben des Direktors des National Research Councils in Ottawa. Mit vielen Komplimenten und Elogen über meine Wertschätzung von Le Caines

Harmonie im elektronischen Musikstudio: Hugh Le Caine (hinten) und Usi Sharon

Arbeit, aber ... aber ... Alles war sehr diplomatisch und überaus freundlich formuliert; doch ich verstand, dass sie mir ein solches Instrument nicht verschaffen wollten. Was nun? Mit dem Brief ging ich zum israelischen Generalkonsul in New York und erklärte ihm, dass ich Politik in der Angelegenheit vermutete; wahrscheinlich meinte man in Ottawa, ein solches Instrument müsste dann auch an die Araber gegeben werden, aber dort wäre wohl niemand daran interessiert. Der Konsul wusste keinen Ausweg.

Kurzerhand ließ ich mich in Ottawa anmelden und flog zwei Tage später wieder hin. Der Direktor empfing mich mit größter Liebenswürdigkeit. Ohne ein Wort über die vermuteten politischen Hintergründe schlug ich vor, das Instrument der UNESCO im Rahmen meines Fellowship zu überlassen, zweckbestimmt für die Hebrew University in Jerusalem, wo ich als Resultat des Stipendiums ein Zentrum für Elektronenmusik aufbauen werde. Dieser Gedanke wurde vorbehaltlos akzeptiert. Es dauerte noch über ein Jahr, bis Le Caines Multitrack-Recorder endlich in Jerusalem eintraf.

Die riesige komplizierte Maschine, die noch mit Röhren arbeitete, wurde aus ihrer Verpackung gehoben und in der Universität aufgestellt. Wir organisierten eine kleine Feier. Schlimm war nur, dass der Apparat nicht funktionierte. Wir waren verzweifelt. Man erzählte mir von einem jungen, hoch begabten Ingenieur in Tel Aviv, der sich durch Lösungen kompliziertester technischer Probleme in der Industrie einen Namen gemacht hatte. Usi Sharon schaute sich Le Caines Recorder an und erkannte sogleich, dass das Ganze schichtweise neu gebaut werden müsse. Er opferte jede freie Stunde, auch ganze Nächte aus Interesse an der Sache.

Als Le Caine über die Lage informiert war, wurde er von seinem Institut nach Jerusalem entsandt. Furchtsam sah ich der Begegnung der beiden Experten entgegen, denn sie waren gleichermaßen empfindsam und leicht verletzlich. Die Furcht war begründet, der sonst so schweigsame Le Caine wandte sich in scharfem Ton an Usi Sharon mit der Frage, mit welchem Recht er an seinem Instrument Veränderungen vorgenommen habe. Ich versuchte zu vermitteln und erklärte, dass ich in meiner Verzweiflung Usi um Hilfe gebeten hätte. Darauf Le Caine: »Wenn Tal nicht arbeiten konnte, ändert das natürlich die Situation.«

Er ließ sich von Usi dessen Modifizierungen erklären; dieser zeichnete veränderte Schaltungen und weitere Verbesserungen an die Tafel. Le Caine nahm seinen Zeichenblock, notierte sich jeden Strich und jedes Wort. Auf dem Weg zum Mittagessen gratulierte er mir: »Dass du einen so befähigten Mitarbeiter gefunden hast.« Usi investierte weitere unzählige Arbeitsstunden, währenddessen ich weiterhin meine musikalische Fantasie der noch unvollkommenen Technologie anzupassen suchte.

Das »Zentrum für elektronische Musik in Israel« etablierte sich. Seitdem wurde ich als Komponist betrachtet. Das Attribut »elektronisch« war abschreckend und erregte Befürchtungen. Offenbar war schwer einzusehen, dass ein Synthesizer nur ein Instrument anderer Art zur Erzeugung musikalischer Klänge ist. Bis heute blieb die verbale Trennung zwischen »konventionellen« und »elektronischen« Musikinstrumenten. Als ob ein Klavier ein »mechanisches« Instrument genannt werden könnte, nur weil es gegenüber der Violine so viel mehr mechanische Teile hat.

Im Jahre 1955 kam ich in Kontakt mit Nicolas Nabokov (genannt »Niki«), Generalsekretär des »Kongresses für Kulturelle

Karikatur nach einem Konzert für Klavier und elektronische Musik von Josef Tal

Freiheit«. In dieser Funktion lud er mich zu einem Kongress nach Tokio ein, wo zeitgenössische Musik einschließlich der elektronischen Musik auf dem Programm stand. Dort lernte ich eines Abends Boris Blacher kennen, als wir beide vor der verschlossenen Tür eines Restaurants in Tokio standen. Boris Blacher war Präsident der Akademie der Künste in Berlin und Direktor der Hochschule für Musik, seine Frau die Pianistin Gerty Herzog.

Wir gingen zusammen in ein nahe gelegenes China-Restaurant, und Niki Nabokov kam hinzu. Während des Essens, bei dem auch reichlich Reisschnaps konsumiert wurde, erzählte Blacher, auf dem Rückweg von Tokio werde er nach Jerusalem kommen, wohin der Sender »Kol Israel« (Stimme Israels) Gerty Herzog als Solistin seines Klavierkonzerts für eine Rundfunkaufnahme eingeladen hatte. Für ein öffentliches Konzert konnte eine deutsche Solistin noch nicht engagiert werden, aber mit einer Bandaufnahme sollte doch guter Wille demonstriert werden. Blacher wollte wissen, was ich darüber dachte. Nun lebten beide während der Nazizeit im Untergrund, waren also persönlich unanfechtbar. Angesichts der starken Aversion gegen Deutsche in Israel war Besorgnis dennoch angebracht. So versprach ich, bei den Proben anwesend zu sein und notfalls hilfreich einzugreifen. Sie zeigten sich beruhigt, zumal sie an einer Verbesserung der deutsch-israelischen Beziehungen interessiert waren.

In Jerusalem kam ich kurz vor Gerty Herzogs erster Probe an. Das Orchester saß schon auf der Bühne, der Dirigent Shalom

Ronly-Riklis führte die Solistin herein und stellte sie dem Orchester vor. Gerty, wie üblich, reichte dem Konzertmeister die Hand zur Begrüßung, aber der Geiger zog seine Hand zurück. Mir stockte der Atem. Gerty wandte sich ohne jede äußere Reaktion ab, setzte sich ans Klavier und spielte konzentriert das Klavierkonzert von Blacher. Nach dem Beifall des Orchesters ging der Konzertmeister zu ihr, reichte ihr die Hand und gratulierte herzlich.

Nun ging ich intensiv an die Arbeit des Vierten Klavierkonzerts. Für den elektronischen Teil der Komposition musste ich mich auf die begrenzten Möglichkeiten von Le Caines Multitrack-Recorder beschränken. Der Pegel unerwünschter Nebengeräusche konnte durch die inzwischen transistorierten Amplifier wesentlich reduziert werden. Den Klavierpart schrieb ich in traditioneller Notation, darüber deutete ich den elektronischen Part durch graphische Zeichen an, sodass sich der Pianist hinreichend orientieren konnte. Es war mein erster, noch unvollkommener Versuch, elektronische Musik aufzuzeichnen.

Die Uraufführung fand auf Einladung des Israel Festivals 1962 im großen Mann-Auditorium des Israel Philharmonic Orchestra in Tel Aviv statt. Auf dem Programm standen zwei Orchesterwerke mit Chor und Solisten: »Job« von Dallapiccola und »The Vision of a Prophet« von Paul Ben-Chaim, dazwischen mein Klavierkonzert mit Tonband. Einige Orchestermusiker sprachen von einer Entweihung des Konzertsaals. Vorurteile gegen elektronische Musik beherrschten einen beträchtlichen Teil des Publikums.

Hunderte von Mitwirkenden füllten zunächst die Bühne. Danach leerte sich das Podium vollständig. Lediglich zwei Lautsprecher wurden an den Seiten aufgestellt. Sie ersetzten das überflüssig gewordene begleitende Orchester des Klavierkonzertes. Herein kam ein Pianist von kleiner Statur und setzte sich an den Flügel. Ein größerer visueller Kontrast war kaum denkbar. Nachdem ich zuerst mit Applaus begrüßt worden war, wollte das Gerede gar nicht aufhören. Schließlich wurde es ruhiger, und ich konnte beginnen. Ich spielte vom Notenblatt, falls eine technische Störung des Tonbandes auftreten sollte; aber es funktionierte alles einwandfrei.

In der ersten Reihe saß der japanische Botschafter, der meine Noten mit einem Fernglas mitlas. Am Ende des Stückes erhob sich großes Getöse, Beifall, Pfiffe, Buh-Rufe. Hörer stürmten zur Bühne, obgleich es gar nichts zu sehen gab, der ganze Saal war in Bewegung. Dann Pause, und Autogrammjäger ließen mich nicht zum Atemholen kommen.

Am nächsten Morgen schlug der Hammer der Tagespresse mit aller Wucht zu. In der Tageszeitung »Letzte Nachrichten« erschien die Musikkritik unter der in fetten Blockbuchstaben gedruckten Überschrift »TERROR«, entsprechend war auch die Kritik. Es gab daneben vereinzelt auch lobende Berichte, aber diese waren in der Minderheit. Gerade die bösartigen, attackierenden Hiebe machten jedoch das Publikum neugierig auf diese unerhörten Klänge.

Mit meiner elektronischen Komposition »Ranges of Energy« 1965 für die Tänzerin Deborah Bertonoff geschrieben, erweiterte ich das Konsonanz-Dissonanz-Verhältnis auf eine Skala von Energiesteigerungen innerhalb harmonischer Komplexe, die in musikalisch sinnvolle Beziehungen gesetzt wurden. Die Aufgabe der Tänzerin bestand darin, eine entsprechende Komposition ihrer Bewegungen zu finden. Nach Erhalt des Tonbandes schrieb sie mir: »Das Stück ist 21. Jahrhundert. Und zugleich erweist es viel mehr den Zusammenhang zwischen klassischer und moderner Musik, als die angenommene Meinung vom diametralen Gegensatz beider. So auch vom Tänzer aus gesehen: Solche Musik erklärt ihm, was einmal geschichtlich war, und was morgen erfordert wird.«

Elektronenmusik war inzwischen in Israel zum Begriff geworden – eine zweifelhafte Berühmtheit. An einem heißen Tag fuhr ich von Tel Aviv nach Jerusalem in einem Überland-Autobus. Ich saß in der ersten Reihe hinter dem Fahrer, der ununterbrochen Musik aus seinem Transistorradio hörte. Wenn die Straße am Berg anstieg, lief der Motor heiß, verursachte immer stärkere Geräusche, und der Fahrer drehte sein Radio immer lauter auf. Musik und Motor machten Krach um die Wette. Schließlich sagte ich dem Fahrer, man höre nur noch Geräusche, aber keine Musik mehr. Da schaute er über den Rückspiegel auf mich und antwortete: »Ausgerechnet du mit deiner Elektronenmusik musst dich über Geräusche beklagen.« Eins zu Null für den Busfahrer – ich war still.

Es wuchs die Neugier auf diese ungewöhnliche Elektronenmusik. Das Kulturamt in Haifa lud mich zu einem Vortrag über meine elektronische Komposition »Exodus« ein. Also fuhr ich mit meinem Tonbandgerät nach Haifa. Eine halbe Stunde vor Beginn des Vortrags meldete ich mich im Büro des Kulturhauses und wurde ins dritte Stockwerk in einen größeren Raum für etwa hundert Personen gewiesen. Drinnen saßen auf einer Seite etwa ein Dutzend Greise mit langen weißen Bärten, gekleidet in bucharischer Tracht, mit Stickereien reich besetzt und silberverbrämt, auf der anderen Seite die Frauen in festlichen Kleidern. Ich meinte mich in der Zimmernummer geirrt zu haben und rannte hinunter ins Büro, um den richtigen Raum zu erfragen; aber die alten Bucharen waren tatsächlich gekommen, um mir zuzuhören. Was sollte ich ihnen über elektronische Musik erzählen?

Ich beschloss, die Geschichte vom Auszug der Kinder Israel aus Ägypten lang und breit, möglichst farbig und märchenhaft zu erzählen und über elektronische Musik nur einige romantisierende Randbemerkungen zu machen. Sie sollten keine bucharisch-jüdische Folklore erwarten, sondern unbekannte Klänge. Ich stellte das Tonbandgerät mit seinen Lautsprechern aufs Katheder, begrüßte das Publikum in tiefem Respekt und begann die Erzählung, die sich – mit eingeflochtenen Kommentaren aus der jüdischen Geschichte – auf eine halbe Stunde erstreckte. Dann spielte ich das Band mit meiner Komposition ab und fügte noch ein paar Schlussworte hinzu.

Alle saßen still und gebannt. Wohl der Älteste unter ihnen erhob sich, kam langsam auf mich zu und sagte: »Diese Töne aus

*Der Komponist vor seinem Instrument in der Hebräischen Universität.
Heute ein Museumsstück: der Moog-Synthesizer*

himmlischen Sphären hat Gott durch dich zu uns gesandt.« Er legte beide Hände auf meinen Kopf und segnete mich. Dann verließen die Männer und Frauen langsam und ergriffen den Raum.

Sowohl die »Ranges of Energy« als auch das Vierte Klavierkonzert habe ich inzwischen aus dem Verkehr gezogen. Das elektronische Instrumentarium, das mir zur Verfügung stand, war dem, was ich eigentlich tun wollte, nicht gewachsen, und das Resultat blieb zu weit von meinen Vorstellungen entfernt. So sehr ich auch Hugh Le Caine für seinen Multitrack-Recorder dankbar war, musste ich doch die Augen offen halten für neue technologische Entwicklungen. Das Problem lag in der Finanzierung weiterer Ankäufe. Der Moog-Synthesizer war seinerzeit das fortgeschrittenste Instrument, ermöglichte eine qualitativ weitaus bessere Arbeit und eröffnete neue musikalische Perspektiven. Bis heute bildet dieser Synthesizer den Kern des Studios in Jerusalem, obgleich er technologisch schon als ein Museumsstück anzusehen ist.

Das Israel Philharmonic Orchestra plante 1964 seine erste Weltreise. Für das Programm wurden Orchesterwerke bei zehn israelischen Komponisten bestellt. Nach einem Wettbewerb sollten die drei erstplatzierten Werke auf die Tournee mitgenommen werden. Die Jury erhielt nicht wie üblich die Partituren zur Durchsicht, sondern saß mit den Partituren im Auditorium und ließ sich alle zehn Werke vom Orchester vorspielen – mit Dirigenten, die der Komponist auswählen konnte. Ich schrieb meine Zweite Symphonie und wählte als Dirigenten Shalom Ronly-Riklis aus, der auch das Klavierkonzert von Boris Blacher mit Gerty Herzog dirigiert hatte. Das Orchester amüsierte sich über meine Katzenmusik; da sie aber professionelle Spieler waren und der Dirigent die Partitur beherrschte, sind sie doch bis zum letzten Takt vorgedrungen.

Die Jury schickte mir einen Zettel mit der Frage, was an dem Stück eine »Symphonie« sei; Exposition, Entwicklung und Reprise seien nicht zu erkennen. So erhielt sie auch nur Platz zehn und war eigentlich nur noch für den Papierkorb gut. Die Partitur verschwand in der Orchesterbibliothek. Die Uraufführung leitete der Dirigent dann mit dem Rundfunk-Symphonieorchester in Jerusalem.

Als Jahre später Zubin Mehta Künstlerischer Leiter des Philharmonischen Orchesters wurde, studierte er systematisch die Partituren israelischer Komponisten. Er entdeckte meine Partitur, vergraben und verstaubt in den Regalen der Orchester-Bibliothek. Seitdem dirigierte er diese Symphonie so oft, dass das Orchester sie fast auswendig beherrschte. Man muss eben Geduld haben und lange genug leben.

Stets zwischen höchstem Lob und heftigster Ablehnung schwankten die Reaktionen auf meine elektronischen Kompositionen. Zu meiner größten Verwunderung hörte ich nach meinem Fünften Klavierkonzert mit Tonband im großen Saal des Lincoln Center in New York sogar Bravo-Rufe. Als Gerty Herzog dasselbe Konzert in einem Programm der Berliner Festwochen 1964 in der Akademie der Künste vortrug, war das Echo im Publikum recht zurückhaltend. In New York folgten den Bravo-Rufen tags darauf vernichtende Kritiken in der Presse. Meine Musik wurde mit den Geräuschen von Kaffeemaschinen, Waschmaschinen,

Mixern oder ähnlichen Küchengeräten verglichen. Im Schlusswort einer Kritik hieß es: »A terrific pianist, Tal may also be the Beethoven of the tape. Who can tell?«

In der folgenden Nacht klingelte das Telefon. Eine tiefe Frauenstimme stellte sich als Impresario vor. Sie lud mich ein, mein Fünftes Klavierkonzert in San Francisco zu spielen. Ich fragte, woher sie denn davon wisse. Ihre Antwort: Sie habe alle Morgenblätter von New York gelesen, und auf diese Kritiken hin wolle sie mich nach San Francisco einladen: »Seien Sie nicht dumm. Sie wissen nicht, wie man die Zeitungen richtig zu lesen hat. Ihr Werk war das einzige, das man so ausführlich beschrieben hat. Es muss großartig sein.«

Das Flugbillett nach San Francisco war am nächsten Tag im Hotel, das Konzert fand zwei Tage später statt. Bedingung war, das Stück zweimal zu spielen und dazwischen dem Publikum etwas über diese Komposition zu erzählen. Der Beifall war stark, und die Rezensionen voller Begeisterung. Es folgten Einladungen an Universitäten in Kalifornien, aber auch nach New York, wo man inzwischen die Presse aus San Francisco gelesen hatte. Kritiken müssen nur richtig gelesen werden.

An der Universität Jerusalem wurde die Abteilung Musikologie im Rahmen der Fakultät für Geisteswissenschaften etabliert. Das Fach sollte streng wissenschaftlich gelehrt werden und durfte keinesfalls Kompetenzen der Musikakademie tangieren. Kunst und Wissenschaft waren streng getrennt. Der Vorschlag, mich als Ordinarius zu berufen, erregte Proteste: Man wollte einen Musikwissenschaftler, aber doch keinen Komponisten, denn Komponieren habe nichts mit Musikologie zu tun. Über diesem Streit wäre fast der ganze Plan gescheitert.

Über zwei Amtsperioden leitete ich die neue musikwissenschaftliche Abteilung. Das Zentrum für elektronische Musik wurde integraler Teil der Abteilung und im Lehrplan berücksichtigt. So war von vornherein die hermetische Trennung zwischen Kunst und Wissenschaft durchbrochen. Langsam aber systematisch wurde immer mehr praktisches Musizieren vermittelt. Von den Studierenden wurden in der Aufnahmeprüfung sowohl musiktheoretische Vorkenntnisse als auch Grundlagen des Instrumentalspiels verlangt.

Sederabend, die Eröffnung des Passahfestes. Josef Tal sitzt der Tafel vor, singt und liest, daneben Schwester Grete

Nach der Aufnahme diplomatischer Beziehungen zwischen Israel und der Bundesrepublik Deutschland wurden besonders auf kulturellen Gebieten Verbindungen geknüpft. Einer der ersten Emissäre war Dietrich Fleischhauer vom Norddeutschen Rundfunk in Hamburg. An einem betörend duftenden Frühlingstag erreichte mich aus dem Außenministerium die Mitteilung, dass am folgenden Morgen Rolf Liebermann mit einem Fernsehteam des NDR mein Studio besuchen würde, um ein Interview sowie Filmaufnahmen zu machen.

Acht Uhr früh auf die Minute fuhr eine Autokolonne vor. Liebermann, der Produzent, eine junge Dame mit Mikrofon und Aufnahmegerät über der Schulter, Filmleute mit Lampen, Kabeln, ein Kameramann, alle stürmten in mein kleines Zimmer, das ohnehin von Le Caines Apparat fast ausgefüllt war. Ohne lange Vorreden setzte sich Liebermann mir gegenüber, ein Mikrofon pendelte permanent vor unseren Nasen. Seine klugen Fragen kamen wie aus der Pistole geschossen, druckreif formuliert, einfach und klar, auch provozierend; meist enthielten sie auch schon die Antwort. Ich fühlte mich animiert und gar nicht bedrängt von oberflächlicher Neugierde. Liebermanns Interesse galt den empfindlichen und kritischen Aspekten des Komponierens mit elektronischen Mitteln.

In einer kurzen Pause fragte er mich, ob ich Lust hätte, ein Werk für die von ihm als Intendant geleitete Hamburgische Staatsoper zu komponieren. Ich hielt das für freundliches Gerede, um die Pause zu überbrücken.

Anderentags wiederholte sich dasselbe Szenarium. Es ging weiter, wo wir aufgehört hatten. Es kam wieder zu einer Pause, um Filmmaterial aufzufüllen und den Durst zu stillen. Da fragte Liebermann schon dringlicher: Ob ich mir inzwischen ein Thema für die gewünschte Oper ausgedacht hätte. Ich wurde unsicher. Kurz entschlossen sagte ich zu Liebermann: »Von Herzen gerne komponiere ich für Sie.« Wir verabredeten ein Treffen in Hamburg auf dem Weg nach Südamerika.

Ohne jede Erfahrung, wie man mit einem Intendanten über ein solches Projekt verhandelt, sah ich dieser Zusammenkunft mit großer Besorgnis entgegen. Ein erfahrener Freund gab mir den Rat, ich solle zunächst nicht zu viel erwarten; wenn mich Liebermann zu neun Uhr morgens in sein Büro bestellen würde, dann könnte es nur freundliches Geplauder werden mit Hoffnung auf die Zukunft; wenn er mich aber zum Lunch in ein Restaurant einladen würde, dann ginge das Ganze sehr schnell vor sich, mit präzisen Daten und finanziellen Bedingungen.

Mit dieser Belehrung fuhr ich nach Hamburg, stieg in einem Hotel gegenüber dem Opernhaus ab und telefonierte mit Liebermanns Sekretärin. Sie bestellte mich in freundlichem Ton für elf Uhr morgens. Das war nun weder neun Uhr noch Lunchtime – ich war ratlos. Punkt elf Uhr meldete ich mich zur Stelle. Im Büro war große Aufregung, weil eine Sängerin, die die Senta in Wagners »Fliegendem Holländer« am Abend singen sollte, plötzlich erkrankt war und in ganz Europa telefonisch eine äquivalente Senta gesucht wurde. Ich musste warten. Liebermann erschien kurz und entschuldigte sich mit force majeure, ich war jedoch ganz zufrieden mit dieser Verzögerung, denn sie brachte mich näher zum Lunch.

Es dauerte tatsächlich über eine Stunde, in der ich mich über diese kleine Oper in der Oper amüsierte. Dann öffnete sich die

Tür zum Generalintendanten, und ich wurde sehr liebenswürdig mit Whisky und kleinen Zigarren bewirtet, war aber viel mehr am Lunch interessiert. Plötzlich sagte Liebermann, er sei hungrig, ob er mich wohl zu einem kleinen Mittagessen einladen dürfe. Ich war ja nicht nur hungrig, sondern absolut verhungert und nahm die Einladung mit Freuden an. Die Unterhaltung verlief sachlich, kein überflüssiges Geschmuse, er ließ mir völlige Freiheit in der Auswahl des Themas, es sollte nur irgendwie eine Verbindung zu Israel erkennbar sein, und das Libretto hätte er gerne gelesen, bevor ich mit der Komposition beginne. Nach dem Essen gingen wir zurück ins Büro, und ich unterschrieb den Vertrag für die Oper »Ashmedai«.

Das Glück war uns nicht lange beschieden. Noch ahnten wir nicht, was uns bevorstand. Komponieren und Forschen waren für mich das Wichtigste im Leben, und ich habe dafür alle meine Kraft investiert. Die politische Lage im Lande spitzte sich zu. Große Gefahren schwebten in der Luft. Man wusste nicht, woher die Bedrohung kam und wann die Gewalt ausbrechen würde.

Wir hatten inzwischen die Wohnung gewechselt und fanden ein wunderschönes altes Häuschen, aus Jerusalemer Stein im arabischen Stil gebaut, mit Innenhof und großem, in den Felsen getriebenen Keller. Es war Eigentum der äthiopischen Regierung, die es an uns vermietete. In diesen unheilschwangeren Tagen beschlossen wir, den Keller einigermaßen bombensicher zu machen und mit Proviant für wenigstens zwei Wochen zu versehen.

Es war Juni 1967, ich hatte in Tel Aviv zu tun und fuhr morgens in meinem VW-Käfer zurück nach Jerusalem. Unterwegs waren die Straßen voller Soldaten, auf dem Weg nach Jerusalem nahm ich so viele Soldaten mit, wie sich in den Wagen hineinzwängen ließen. Jeder wollte zu seiner Meldestelle, und ich habe sie alle an ihre Plätze gebracht. Es war klar, dass Krieg ausgebrochen war.

Um elf Uhr vormittags kam ich zu unserem Häuschen, fuhr den Wagen in den kleinen Vorgarten, schloss die eiserne Gartentür – und in diesem Moment explodierte die erste Granate auf der anderen Straßenseite. Dort war über Nacht eine leichte Artilleriestellung in Position gebracht worden, wovon das jordanische Militär offenbar wusste, denn sie schossen sich auf diese Stellung ein. Jede Granate, die etwas zu weit gezielt war, fiel auf unser

Haus. Der Wassertank und das Dach waren schon zerschossen. Aber wir hatten für Wasservorrat im Keller gesorgt.

Der erste Angriff der Jordanier kam überraschend und forderte viele Opfer. Von verschiedenen Stellen wurden unsere Leute zurückgezogen, etwa dreißig Mann flüchteten in unseren Keller. Die Nervenanspannung war zerreißend. Pola beruhigte alle mit Tee und reichte kleine Kuchen. Im Keller waren wir vorerst gut geborgen. Unter den Soldaten war ein marokkanischer Koch, der uns komische Geschichten in Form von Kochrezepten erzählte.

Währenddessen holte mich ein Offizier heraus. Er erklärte, vor unserer Tür stünde ein Lastwagen mit Munition beladen, alle Reifen seien zerschossen, er könne nicht wegfahren. Für den Fall, dass er explodierte, habe man in einem Garten hinter unserem Haus einen transportablen Operationsraum aufgestellt. Verwundete sollten dorthin gebracht werden. Ich dürfe aber nicht darüber sprechen, denn die Angst könnte Panik verbreiten und die Gefahr noch vergrößern.

Nach etwa einer Stunde verlagerte sich das Schießen deutlich in andere Gegenden der Stadt. Die Leute im Keller wurden zu ihren Meldestellen herausgerufen, der Lastwagen war inzwischen abgeschleppt worden. Alle gingen – bis auf einen jungen Bur-

Glückliche Momente im Kibbuz Megiddo, Mitte der Fünfzigerjahre: mit Re'uwen (links), Etan rechts und dem ersten Enkel Nir

schen, der kreidebleich an der Wand saß und sich nicht wegbewegen wollte. Ich wusste, in welch schwierige Situation ihn das bringen würde, versuchte ihn zu überreden, aber er reagierte auf nichts. Da nahm ich ihn bei der Hand wie ein Kind, ging mit ihm zusammen hinaus und brachte ihn ein Stück des Weges zu seiner Dienststelle.

Kaum war ich zurück, um den Schaden in unserem Hause zu besehen, klingelte das Telefon, das offenbar noch funktionierte. Ein Mitglied vom Kibbuz Megiddo: Unser Sohn Re'uwen sei sehr schwer verwundet, ich solle so schnell wie möglich ins Spital nach Haifa kommen.

Mein Käfer hatte noch genug Benzin, ich fuhr alleine los. Noch in der Stadt musste ich meine Lampen blau bemalen, denn bis zu meiner Ankunft in Haifa könnte es schon dunkel sein. Die Hauptstraße konnte ich nicht benutzen, da sie wegen Kampfhandlungen gesperrt war. Ich fuhr durch die Berge auf schmalen Nebenwegen, begegnete Tanks, die die ganze Breite des Weges einnahmen. Mein pausenloses Hupen ließ die Panzerfahrer vermuten, dass ich einen Verwundeten transportierte. Sie fuhren sofort auf die äußerste Seite, ich schob mich vorbei, hart am Abgrund. Im Flachland geriet ich in ein Kampfgebiet, das sich nicht umfahren ließ. Erst hielt man mich an, ich erklärte meine Situation, da ließ man mich passieren.

Durch all diese Behinderungen kam ich erst in der Abenddämmerung an. Aus dem Gesicht der Oberschwester und eines hinzukommenden jungen Arztes war schon das Schlimmste abzulesen. Dann kam ein älterer Arzt und wollte mich zu überreden, nicht an Re'uwens Bett zu gehen. Er bat um Vertrauen; Re'uwen sei nicht bei vollem Bewusstsein, aber meine Stimme würde er vielleicht erkennen, die Erregung könnte für uns beide von Gefahr sein, ich solle mir eine Übernachtung verschaffen und ganz früh am Morgen wiederkommen.

Am nächsten Morgen kam ich schon zu spät. Re'uwen starb während der Nacht. Die Beerdigung fand im Kibbuz Megiddo statt, für dessen Verteidigung Re'uwen fiel. Sein Tod erschütterte zutiefst weite Kreise in Israel.

In mir stieg eine irrationale Vorstellung von seinem Tod auf, von der ich nie wieder loskam: Am Fuße des Hügels, auf dem der

Kibbuz Megiddo liegt, war eine Fliegerabwehrstellung, die mit Re'uwen und seiner Gruppe besetzt war. Ein irakisches Flugzeug griff den Kibbuz an. Es wurde abgeschossen und stürzte brennend auf die Abwehrstellung. Re'uwen verbrannte. In meiner Vision sehe ich als Piloten der irakischen Maschine Re'uwens Kinderfreund Jussuf Churi, den Sohn des lieben arabischen Hauswirts in Jerusalem, in dessen Haus Re'uwen und Jussuf wie Brüder aufwuchsen. Nun sind sie im Jenseits wieder zusammen.

Ein Bildhauer im Kibbuz Megiddo baute aus den Trümmern des Flugzeugs ein Denkmal für Re'uwen. Es schaut über das weite Tal am Fuße Megiddos. Diese Worte schreibt die Hand mit nicht zu linderndem Schmerz.

Kurze Zeit vor diesem Sechstagekrieg hatte ich mit Re'uwen eine Unterhaltung über das Requiem von Brahms, das ihn besonders bewegte. Die Tatsache, dass der Text nicht der traditionellen Liturgie folgt, sondern eine persönliche Wahl des Komponisten ist, interessierte ihn besonders. Ich schrieb ein Requiem über den Tod von Moses, der mit Gott haderte: Er wollte noch nicht sterben, da sein Ziel noch nicht erreicht war; weder die Engel Gottes und selbst der Tod hatten keine Macht über ihn. Da stieg Gott herab von den höchsten Höhen und nahm Moses mit einem Kuss. Der Jerusalemer Dichter Yehudah Ya'ari schrieb mir das Textbuch zu dieser wunderbaren Legende, die ich dann als Requiem »Der Tod Moses« in memoriam Re'uwen vertonte. Für diese Komposition erhielt ich 1971 den Staatspreis. Er weint eine ewige Träne.

Von Ashmedai bis Massada

Die Oper für Hamburg musste energisch in Arbeit genommen werden. In Jerusalem fand ich den hochbegabten jungen Schriftsteller Israel Eliraz; seine Bühnenerfahrungen kamen meiner Betonung der gleichwertigen Behandlung von Musik- und Sprechtheater entgegen. Er wartete weder auf Eingebungen des heiligen Geistes, noch hielt er seine geschriebenen Worte für Ewigkeitswerte, er feilte und kürzte und ergänzte je nach Notwendigkeit.

*Beim Komponieren
im Arbeitszimmer
des Jerusalemer
Häuschens*

Die talmudische Legende vom Teufel Ashmedai, dem es gelingt, das gute Volk des guten Königs zu zerstören, war eine bewusste Reminiszenz an die jüngste deutsche Geschichte, ohne die geringste aktuelle Anspielung zu benötigen.

Zu Beginn der Bühnenproben kam ich rechtzeitig nach Hamburg kam und wusste natürlich, dass Regisseure die Anwesenheit von Komponisten bei Proben nicht besonders schätzen. Deshalb verdrückte ich mich in eine dunkle Ecke. Am Rande der Bühne saß der Regisseur Leopold Lindtberg (genannt »Lindi«) mit seinem Stab, in der Mitte ein Hilfsdirigent und vor ihnen die Sänger mit ihren Noten. Es war eine erste Sitzprobe, in der schon Regieanweisungen festgelegt wurden. Mittendrin erschien eine aufgeregte Sekretärin mit tausend Entschuldigungen und in höchstem Auftrag, den Hilfsdirigenten für eine dringende andere Tätigkeit zu befreien.

Lindi reagierte empfindlich auf Störungen seiner Arbeit, und ohne den Dirigenten waren die Sänger hilflos. Die Stimmung war gespannt, so etwas konnte sehr schlechte Folgen für die Arbeit haben. Also bot ich Lindi ganz vorsichtig an, das Dirigieren zu übernehmen, da ich das Stück ja ganz gut kenne; widerwillig, aber von der Not getrieben, stimmte er zu, und die Probe ging störungsfrei und erfolgreich zu Ende. Seitdem erschien mein Name jeden Morgen auf dem Probenplan, als gehörte ich zum Ensemble der Hamburgischen Staatsoper. Die Uraufführung fand im November

1971 statt unter der brillanten musikalischen Leitung von Gary Bertini.

Die Regie zu meiner nächsten Oper »Die Versuchung«, einem Auftragswerk der Münchner Staatsoper für die Münchner Opernfestspiele 1976, übernahm Götz Friedrich. Bei ihm durfte ich von vornherein mitarbeiten. Seine Regie war von bestechender Genauigkeit und Werktreue. Mit somnambuler Sicherheit meisterte er die waghalsigsten Stellen. Mit reicher Fantasie vermied er jeden überflüssigen Effekt. Vom vorliegenden textlichen und musikalischen Material ließ er sich inspirieren und formte daraus das Gesamtkunstwerk.

Ich hatte großes Glück mit meinen Regisseuren. Der Komponist sollte bereits eine szenische Vorstellung antizipieren und in sein Werk des Musiktheaters hineinkomponieren, um die Dramaturgie der Musik nicht dem Programm des Textes opfern zu müssen. Der Regisseur hat Zusammenhänge aufzudecken und plausibel auf die Bühne zu bringen. In der Realisierung bieten sich ihm viele Varianten, um verschwiegene Geheimnisse zwischen den Zeilen aufzudecken. Mehr noch als der Dirigent, der an den Notentext gebunden ist, kann sich der Regisseur unter dem Deckmantel der Intuition über alles Geschriebene mit großer Geste hinwegsetzen statt sich dem Geschriebenen in Wort und Musik unterzuordnen. Es ist eine Sache des professionellen Ethos, seine freie Subjektivität nicht ungezügelt zu demonstrieren. Vielmehr sollte er aus dem Füllhorn seiner Einfälle genau kalkulierend diejenigen Mittel wählen, die aus dem Geiste des Werkes stammen. Für das Publikum ist er der unsichtbare Zauberer, der entweder mit virtuosem Bluff betört oder eine ins Innerste dringende Botschaft aussendet.

Stationen im Leben des Menschen sind keine Ruhepunkte, sondern Beobachtungsposten in einer über Jahrzehnte durchwanderten geistigen Landschaft, in der sich Erlebnisse und Erfahrungen zu Erkenntnissen kristallisiert haben. Eine solche Station ist meine Oper »Massada«, geschrieben für das Israel Festival 1973 zum 25-jährigen Bestehen unseres Staates. Inhaltlich sollte sie sich auf das geschichtliche Ereignis beziehen und mit den vorhandenen begrenzten Mitteln in Jerusalem aufgeführt werden können. Israel Eliraz schrieb das Libretto. Keinesfalls hatte ich dabei eine Heldenallegorie im Sinn, weder für die nach ihrem Selbstmord »besiegten« jüdischen Kämpfer noch für die siegreichen Römer. Die Handlung beginnt nach der Einnahme der Festung. In der Rückblende einzelner Szenen wird der Bogen gespannt von der Vergangenheit in die Zukunft; denn am Ende sieht der römische Feldherr einige gerettete Kinder aus der Festung auf einem Felsplateau spielen und begreift auf diese Weise seine eigentliche Niederlage: Das jüdische Volk lebt weiter. Gebrochen verlässt er die Bühne, am Ende besiegt nicht durch Gewalt, sondern durch eine Idee. Die Verwendung herkömmlicher Orchesterinstrumente hätte anachronistisch wirken können. Nur eine radikale Entscheidung vermied irreführende Assoziationen: Die Funktion des Opernorchesters übernahm ein Tonband mit aufgezeichneter Elektronenmusik.

Die Arbeit an dieser Partitur festigte den schon lange gehegten Wunsch, eine elektronische Notation für Elektronenmusik zu verwirklichen. Notation ermöglicht nicht nur Orientierung für den Interpreten gleich dem gedruckten Text für den Schauspieler, sie ist vor allem Referenz und Kontrolle für den Komponisten, um die Fülle der Informationen im musikalischen Fluss zu stabilisieren und zu bändigen. Dieses Projekt schien mir unerlässlich, um die Komposition für elektronische Instrumente aus ihrer einseitigen effekt- und affektbeladenen Klangwelt herauszuführen und in ein musikalisches Konzept einzuordnen. Wie schon Goethe sagte: »Doch hat das Geschriebene den Vorteil, dass es dauert und die Zeit abwarten kann, wo ihm zu wirken gegönnt ist.«

Reisen von Station zu Station sind das Wesen allen Lernens. Die unerschöpflichen Variationen menschlichen Verhaltens formen die Szenen des alltäglichen Theaters mit seinen Trivialitäten, Absurditäten, Schönheiten und Grässlichkeiten. Konkrete und abstrakte Gedanken bilden ein komplexes humanes Gefüge, überschneiden sich und treten zueinander in Beziehung. Und alles nährt den Prozess der künstlerischen Imagination.

Und wieder Berlin

Für das Studienjahr 1982/83 wurde ich als »Fellow« an das Wissenschaftskolleg zu Berlin berufen. Diese Einrichtung war als Institute for Advanced Study gegründet worden. Die Ansiedlung war politisch motiviert; West-Berlin, geografisch isoliert, sollte mit den internationalen Entwicklungen der Wissenschaften vernetzt werden. Die Mauer schnitt die Stadt in zwei Teile, in Ost- und West-Berlin, ideologisch und politisch voneinander getrennt.

Ein deutsch-jüdischer Auswanderer, der 23 Jahre seines Lebens in dieser Stadt aufgewachsen war, schlug nun als israelischer Staatsbürger sein Nachtlager in der Neubauwohnung eines eleganten Vorstadtviertels in West-Berlin auf. War das ein Traum oder Märchen? Wie konnte ein solches Geschehen aus vorangegangenem Erleben abgeleitet sein? Wie ließen sich so unterschiedliche Lebenswelten miteinander verbinden?

Meine Erinnerungen musste ich auf ihre Echtheit prüfen, um die neue Situation auszuhalten. War mein Gedächtnis noch unverletzt? Nur aus einer Distanz zu mir selbst konnte ich vermeiden, dass sich die frühere Zeit mit frischer Nähe vermischte. Doch scheint mir ein gewisser Prozentsatz dieser Mischung von der Natur vorgesehen zu sein. Sonst müsste man an Wunder glauben – und das ist mir zu leichtfertig.

Am festgesetzten Datum wurden Pola und ich am Flughafen Tegel abgeholt und zu unserer Wohnung gebracht. Uns gegenüber, durch eine Grünanlage getrennt, lag die Villa des englischen Stadtkommandanten. Wir waren also gut bewacht. Die Wohnung war geräumig und mit allem Komfort ausgestattet. Ein Jahr vorher wohnte hier der große Kabbalist Gershon Scholem mit seiner Frau.

Am ersten Abend war ein offizieller Empfang für die Fellows des neuen Jahrgangs. Wir wurden einander vorgestellt – mit Namen und Profession und in Sprachen aus vielen Teilen der Welt. Es gab Wein und köstliches Gebäck, Händedrücken und Gesprächsaustausch – teils aus Neugier, teils aus persönlichem Interesse. Selbst die Willkommensworte des Rektors gerieten herzlich. Wir waren von Sympathie umgeben.

Trotzdem irritierte mich ein nicht zu übersehendes Detail: Während man durch die weitläufigen Salons dieser schönen alten Villa streifte und sich gegenseitig bekannt machte, bemerkte ich einen großen Mann mit einem ungewöhnlich markanten Kopf, der über alle Anwesenden hinausragte. Er hinkte auf einem Holzbein; ich nahm an, dass er Kriegsinvalide war. Dieser Mann vermied unmissverständlich jede Begegnung mit mir. Seinen Namen und seine Profession konnte ich bei der Vorstellung aus der Entfernung nicht verstehen. Einmal begegneten wir uns am Tisch. Seine Augen erspähten mich, er machte eine scharfe Wendung rückwärts und humpelte in eine andere Richtung weiter. Mit meiner Vergangenheit auf dem Buckel vermutete ich spontan eine anti-jüdische Geste und vermied es künftig, seine Wege zu kreuzen.

Am selben Abend trafen wir das Ehepaar Hellmut und Antoinette Becker. Professor Becker war Direktor des Berliner Max-Planck-Instituts für Bildungsforschung, Antoinette, Toto genannt, eine schriftstellerisch hochbegabte Französin. Die warmherzigen Bekanntschaften dieses Abends einerseits, andererseits die merkwürdig aggressive Erscheinung des großen Mannes mit dem Holzbein beschäftigten uns auf dem Heimweg.

Schon am nächsten Tag öffnete sich die erste Blüte unserer neuen Freundschaft. Wir waren bei Beckers zum Nachmittagskaffee eingeladen. Die Unterhaltung führte zurück zum vorangegangenen Abend. Ich fragte nach dem großen Mann mit dem hölzernen Bein. Wir erfuhren seinen Namen: Axel Freiherr von dem Bussche-Streithorst. Diesen Namen assoziierte ich gleich mit dem deutschen Militäradel. Tatsächlich war er im Zweiten Weltkrieg ein erfolgreicher Panzerkommandeur. Und Hellmut Becker erzählte:

Beim Einmarsch in Russland führte Bussche-Streithorst seine Einheit auf dem Weg nach Moskau. Nicht weit von Smolensk beobachtete er eine Gruppe deutscher Soldaten, die eine ungewöhnlich große Grube aushoben. Er wollte ermitteln, was dort geschah, indessen erschienen zwei hohe SS-Offiziere, die ihn an weiteren Interventionen zu hindern hatten. Aus einem nahe gelegenen Städtchen kam eine lange Reihe Männer, Frauen und Kinder jeden Alters, alle jüdischen Einwohner des nahen Ortes. Sie wurden zum Rand einer Grube geführt, gegenüber saß ein deutscher Soldat, dessen Beine in das Loch der Grube baumelten. Er bediente ein Maschinengewehr, mit dem er einen Menschen nach dem anderen in die Grube hinab schoss. Für Bussche war das kalter Mord und gleichzeitig tödliche Verletzung der Ehre eines kämpfenden Soldaten. Als Folge schloss er sich der Widerstandsbewegung an. Als Vertrauter Hitlers erhielt er den Auftrag, dem Führer eine neue Uniform anzuprobieren und dabei sich und Hitler in die Luft zu sprengen. In der Nacht vor dem geplanten Datum des Attentats wurde Berlin aus der Luft bombardiert, die Werkstatt mit der neuen Uniform ging in Flammen auf. Bussche musste zurück an die Front und wurde schwer verletzt. Im Lazarett musste ein Bein amputiert werden. Hitler besuchte ihn im Lazarett und – Ironie des Schicksals – verlieh ihm das Ritterkreuz.

Und Becker fuhr fort: Nun waren Jahrzehnte seit diesen Geschehnissen vergangen. Bussche war als Gelehrter vom Wissenschaftskolleg als Fellow für dieses Studienjahr eingeladen worden. Bei seiner Ankunft in Berlin erfuhr er, dass abends die Fellows offiziell begrüßt werden und sich einander vorstellen sollten. Als Bussche das hörte, geriet er außer sich. Er meinte, es sei unvorstellbar, dass ein jüdischer Fellow aus Israel, den die Nazis vertrieben haben, einem ehemaligen hohen deutschen Offizier aus der Nazikriegszeit die Hand zur Begrüßung reiche. Also vermied Bussche am Eröffnungsabend jede Begegnung mit dem Komponisten Josef Tal aus Jerusalem. So erfuhren wir den Hintergrund des Verhaltens vom großen Mann mit dem Holzbein.

Danach verloren wir ihn vorerst aus den Augen. Er kam nicht zu den gemeinsamen Mahlzeiten und war nirgends zu sehen. Der Mittagstisch war für alle Fellows ein Pflichttermin, damit sie sich wenigstens einmal am Tag begegneten, denn die Wohnstätten lagen verstreut. Man saß gemeinsam an einem langen Tisch im großen Kellersaal der ehemaligen Tietz-Villa am Halensee. An seinem Kopfende präsidierte der Rektor des Kollegs, seinerzeit Peter Wapnewski, ein brillanter Redner. Bevor der erste Gang auf den Tisch kam, begrüßte er die Gäste mit wenigen lebhaften Worten. Dann setzte er sich, und das Essen konnte beginnen. Dieses Zeremoniell wiederholte sich alltäglich quasi rituell wie ein interreligiöses Vaterunser. Da der Tisch sehr lang war, konnte man höchstens mit dem Tischnachbarn oder mit seinem Gegenüber ein paar Worte wechseln. Deshalb wurde der Abschluss der Mahlzeit mit Kaffee und Kuchen in die oberen Geträume verlegt. Dort konnte man sich dann einen Partner nach Wunsch für ein Gespräch auswählen.

Eines Tages setzte sich ein Professor der Sorbonne zu mir und fragte mich nach der Etymologie eines polnischen Wortes. Ich konnte ihm nicht helfen, sagte aber, dass meine aus Polen stammende Frau Pola möglicherweise die Antwort wisse. Ich vermutete sie – Zeitung lesend – in einem der Nebenräume. Ich erspähte sie bald. Doch traute ich meinen Augen nicht. Sie saß auf einem großen Sofa, neben ihr Bussche, beide tief in ein Gespräch versunken. Noch wusste ich nicht, dass Bussche ein scharfes Auge für weibliche Vollkommenheiten hatte. Ohne Zögern packte ich den Stier bei den Hörnern, ging schnurstracks auf ihn zu, streckte ihm meine rechte Hand entgegen, um seine Hand zu fassen (wobei ich bemerkte, dass mehrere Finger verkrüppelt waren), und begrüßte ihn mit freudigen Worten. Wegen seines Beines konnte er so schnell nicht aufstehen – wir rückten auf dem Sofa zusammen, er saß also zwischen Pola und mir. Von nun an gab es keinen Bussche mehr, sondern nur noch Axel, Pola und Josef. Das Eis war gebrochen.

Für mich war das Leben im Wissenschaftskolleg eine Fortsetzung der Begegnungen in der Akademie der Künste, die mich als Mitglied gewählt hatte. Dort waren es Boris und Gerty Blacher, hier waren es Hellmut und Toto Becker, die uns liebevoll umgaben und deren Familien zu unseren Schutzhäfen wurden. Beide Ehepaare waren oft auch Gäste in unserem Haus in Jerusalem, Hellmut sogar recht häufig, denn er war als kompetenter, international renommierter Pädagoge und Bildungsforscher Berater des israelischen Erziehungsministeriums. Dieses magische Band, gewunden um Jerusalem und Berlin, hat seine ganz persönlichen Geschichten. Wenn ich mit Gershom Scholem Erinnerungen über diese Berliner Jahre austauschte, hatten wir beide Traumvisionen aus der Kindheit, in denen sich Einst und Jetzt mischten.

Die Einladung an das Wissenschaftskolleg war außer dem gemeinsamen Mittagsmahl an keinerlei Bedingungen geknüpft. Jeder Fellow konnte seine Zeit und Arbeit frei gestalten. Er wurde vom Kolleg unterstützt durch internationalen Bibliotheksdienst, Kopierausrüstung und technische Bürohilfe. Zunächst bedurfte ich keiner dieser Hilfen, denn meine Aufgabe war, die Partitur einer neuen Oper zu schreiben – mit der Hand, denn Notenschrift war noch nicht computerisiert. Pola war mit ihrer Textilkunst beschäftigt, die Leitung des Kollegs hatte von ihren Tie-Dye-Arbeiten erfahren und ihr die dafür notwendige technische Hilfe bereitgestellt. Eine Ausstellung ihrer Kreationen wurde mit großem Interesse aufgenommen.

Die vielen akademischen Veranstaltungen des Kollegs, teils in öffentlichen Vorträgen der Fellows und auch Gastvorlesungen, teils Diskussionsgruppen über weit gespannte wissenschaftliche Themen, auch Musikabende mit hervorragenden Solisten, all dies machte das Wissenschaftskolleg in West-Berlin zu einem Zentrum geistiger und kultureller Aktivitäten. Und das war wahrscheinlich auch das Motiv zur Gründung dieses Instituts.

Zur Weihnachtszeit endete der erste Teil des Studienjahres. Viele Fellows fuhren nach Hause. Am Abend vor Beginn der Ferien wurde für das gesamte Hauspersonal und alle Fellows ein kleines intimes Abschiedsfest ohne Gäste von außen im großen Speisesaal der Villa vorbereitet. Alle saßen um den langen Tisch herum und genossen die süßen und scharfen Zungenwunder aus der Küche. Guter Wein animierte das Singen. Das bekannte Repertoire an Weihnachtsliedern war bald erschöpft, es leerte sich der Gesangsvorrat und es wurde still und stiller. Da kam ein Fellow zu mir und flüsterte mir ins Ohr: »Du hast doch deine ganze Kindheit in dieser Gegend verlebt. Erzähl doch mal den Leuten, wie das hier damals ausgesehen hat.« Ich begriff sofort: Ich sollte die peinliche Stille retten. Habe auch gleich zugesagt, stand auf und begann zu erzählen.

Als jüdischer Fellow aus Israel, von den Nazis aus Berlin vertrieben, erwartete man von mir einen politisch gefärbten Bericht voller trauriger Einzelheiten aus dunklen Tagen der Vergangenheit, wie sie alle Anwesenden hier gewiss schon jahrzehntelang gehört und gelesen hatten. Im Gegensatz dazu sprach ich aus der Perspektive eines Jünglings, der in einem liebevollen Elternhaus aufwuchs und das Leben, wie es sich ihm bot, in vollen Zügen genoss. Wegen seines hartnäckigen Interesses an der Musik legte er sich leider viele Hindernisse selbst in den Weg, überwand sie aber und konnte sich nach einem akademischen Studium einer erfolgreichen Musiklehrertätigkeit erfreuen. All dies baute ich in das damalige Bild der geistigen und kulturellen Landschaft Berlins ein. Dann kam der Tag, an dem er am Coupéfenster des Auswandererzuges nach Triest stand und seinen Eltern zum Abschied zuwinkte, während der Zug aus dem Bahnhof hinausfuhr. Die Eltern sah er nie wieder.

Als ich diesen Punkt erreicht hatte, sah ich, wie sich einige Hörer die Augen wischten. Erschrocken wurde mir bewusst, dass ich schon zu weit gegangen war. Ich beendete die Geschichte mit ein paar hoffnungsfrohen Sätzen; denn nichts lag mir ferner, als den schönen Abend mit tragischen Erinnerungen zu verbittern. So konnte das festliche Treffen mit einer positiven Note enden. Man sagte sich »Auf baldiges Wiedersehen« und »Gute Nacht«.

Es war 14 Tage später. Ich musste alleine nach Berlin zurückkommen. Pola war durch ihre Arbeit an Jerusalem gebunden. Ich zog in eine komfortable Einzimmer-Parterrewohnung im Bibliotheksgebäude gegenüber dem Haupthaus des Kollegs. Zu meiner großen Überraschung war mein Zimmernachbar Axel Bussche. Zunächst war er längere Zeit verschwunden. Niemand wusste, wo er war. Ich erfuhr, dass er infolge des amputierten Beines an Phantomschmerzen litt. Mit Beckers hatte ich weiterhin viel über Axel gesprochen. Die Judenfrage durfte man in seiner Gegenwart nicht anschneiden. Er ertränkte sie sofort in Whisky, den er trank wie Wasser.

Als Nachbarn begegneten wir uns dann oft, besuchten uns auch abwechselnd. Sein Zimmer war zwar ungemütlich, weil jeder kleine Platz mit Büchern, Zeitschriften, Drucksachen aller Art besetzt war. Bewegen konnte man sich nur auf einem schmalen Streifen vom Bett zum Schreibtisch. Aber er rief mich immer, wenn er in irgendeinem Schriftstück eine besonders interessante Stelle gefunden hatte, über die er mit mir diskutieren wollte. Sein Lieblingsthema war Jugendpädagogik. Da konnte ich aus der Praxis meines Vaters einiges beitragen. Allmählich entwickelten wir eine Klopfsprache an der Nachbarwand, um ihm die Bewegung der Beine zu ersparen. Unsere freundschaftlichen Beziehungen wurden immer enger und stärker.

Die fliegenden Bücher

Zwanzig Jahre sind seitdem vergangen. Die chronologische Ordnung der Ereignisse lässt sich nicht fortsetzen. Eine neue Perspektive ergibt sich aus der Erkenntnis, dass Vergangenheit und Gegenwart als Einheit erscheinen. Ein bislang vernachlässigtes Phänomen ließ meine Beobachtung stocken.

Stößt der Biograf auf ein überraschendes Detail im Leben seines Subjekts und findet er dafür keine plausible Erklärung, so erfindet er sprachliche Hilfsmittel, die ihn von der Verantwortung für eine Erklärung befreien: zum Beispiel »Transzendenz«, »Magie des Zufalls« oder ähnliches. Besonders kritisch wird solche verbale Ausflucht, wenn es sich um eine Auto-Biografie handelt, also um eine Selbstdarstellung.

Der kreative Mensch kann von sich selbst überrascht werden, wenn seine Konzentration auf gewisse Vorgänge seinem Bewusstsein nicht erlaubt zu bemerken, dass auf einem Nachbargebiet seine Aktivität bereits Grenzen überschritten hat. Damit beziehe ich mich auf den vermeintlichen Grenzweg zwischen Vergangenheit und Gegenwart, einen Weg, den es nicht gibt. Vergangenheit und Gegenwart werden vom Kreislauf der Erinnerungen verwirbelt, die die Zeit unablässig als sechster Sinn durchfluten. Es war der aktive sechste Sinn, der in meiner Lebensbeschreibung wilde Sprünge gemacht hat und an einer chronologischen Ordnung bereits kräftig rüttelte.

Zur selben Zeit wie ich lebte Hans Keller als Fellow im Wissenschaftskolleg. Wer war Hans Keller? In Gesprächen unter Musikern, besonders Komponisten wurde sein Name oft erwähnt. Man sprach über ihn entlang der ganzen Skala von heißer Begeisterung bis eisiger Ablehnung. Hans Keller war in den Nachkriegsjahren prominentes Mitglied in der Leitung des Third Program bei BBC London. Diese Position brachte seine Vielseitigkeit zu voller Geltung.

Anfang der Siebzigerjahre war ich mehrfach eingeladen, mein Sechstes Klavierkonzert mit Elektronik zu spielen, und glaubte, dass es vielleicht im Third Program einen Platz haben könnte. Also meldete ich mich bei Hans Keller an. Zu meiner großen Verwunderung kam bald eine Einladung mit Datum und Uhrzeit für eine Audienz. Pünktlich zum Termin erschien ich im Bürohaus der BBC in der Great Portland Street im Zentrum Londons.

Ein grauhaariger, blau uniformierter Beamter empfing mich am Eingang mit hochstilisierter Höflichkeit. Die Erziehung dieses Mannes schien vom Zweiten Weltkrieg keine Notiz genommen zu haben. Der Beamte schrieb in ein großes Buch meinen Namen und noch einige Buchstaben und Ziffern und telefonierte mit der Sekretärin von Hans Keller, die mir sagen ließ, sie werde mich unverzüglich abholen. Im selben Augenblick schwebte eine junge Dame die Treppe herab und führte mich mit angenehmer Freundlichkeit nach oben, nicht ohne mich sehr dezent auf die abgelaufenen Treppenstufen aufmerksam zu machen. Der »Blitz auf London« hatte deutlich seine Spuren hinterlassen.

Das Büro war ein lang gestreckter Raum, durch Zwischenwände in drei Räume geteilt. Der Eingang lag am mittleren Raum, als Wartezimmer mit sehr bescheidenen Bambusrohrmöbeln eingerichtet. Rechts das Zimmer des Chefs, links das Zimmer der Sekretärin. Zwei einander gegenüberliegende Türen waren weit geöffnet. Die Sekretärin bot mir einen Platz an und meinte, Herr Keller sei in wenigen Minuten frei. Es war inzwischen etwa 11.30 Uhr. Behaglich wartend erfreute ich mich wieder einmal an den beiden Eigenschaften englischer Beamter: strikte Korrektheit, gepaart mit offener und echter Menschlichkeit – jahrhundertelang gepflegt als Kulturgut. Man erinnert sich an das Gärtnerrezept für englischen Rasen: »Viel Wasser und Liebe während dreihundert Jahren.«

Plötzlich flog aus Kellers Zimmer ein Buch an meiner Nase vorbei ins Zimmer der Sekretärin. Erschrocken blickte ich dem Buch nach. Es geschah nichts. Da flog ein zweites Buch in dieselbe Richtung. Ich rückte meinen Stuhl näher an die Wand, um aus der Schusslinie zu kommen. Jetzt bestellte mich die Sekretärin zu Keller.

Ich stand auf der Türschwelle seines kleinen Zimmers, das voll gestopft war mit Büchern, Zeitschriften, Magazinen und Papieren; vor mir ein großer Schreibtisch mit Stapeln von Büchern. In der Mitte begrüßten mich zwei aufrecht stehende Schuhsohlen. Danach, schräg abwärts führend, zwei Beine zum großen Lehnstuhl, auf dessen Sitz im dunklen Schatten eine Gestalt sich leicht bewegte. Von dort sagte eine Stimme: »Bitte setzen Sie sich!« Da stand ein kleiner Stuhl, von dem das rechte Vorderbein auf einem Buchdeckel stand. Ich setzte mich.

»Was ist bitte Ihr Anliegen?« Ich erzählte von meinem Sechsten Klavierkonzert mit Elektronik, dass ich es schon da und dort gespielt habe und dass vielleicht auch die BBC daran interessiert sein könnte. Danach Pause – ohne Reaktion. Und dann kam die nächste Frage in scharf gezieltem Ton, wie die Bücher, die an mir vorbei flogen: »Und was sagt das Klavier zur Elektronik?« Ich verstand sofort, dass Herr Keller für Elektronenmusik nichts Gutes im Sinn hat und ich das Spiel schon verloren hatte. Aber antworten musste ich. Also sagte ich unbekümmert: »Das Klavier sagt zur Elektronik das Gleiche, was die Violine in einer Mozart- oder Beethoven-Violinsonate zum Klavier sagt.« Daraufhin verschwanden Beine und Schuhsohlen vom Tisch, und aus dem Lehnsessel reckte sich der Kopf von Hans Keller empor, seine Augen mit festem Blick auf mich gerichtet. Ich saß regungslos auf meinem wackligen Stuhl und wartete. Nach wenigen Sekunden sagte er freundlich: »Darf ich Sie zum Lunch einladen?«

Wir gingen zur nächsten Straßenecke in ein griechisches Restaurant. Bis in den späten Nachmittag verputzten wir dort herrliche Delikatessen und wälzten viele Probleme der zeitgenössischen Musik. Ich war im siebten Himmel, wurde ein Freund des Hauses Keller und werde es auch nach meiner Übersiedelung ins Jenseits bleiben.

Aber wir diskutierten nicht nur, wir sollten später auch miteinander an einem gemeinsamen Projekt arbeiten. Noch bevor ich ins Wissenschaftskolleg eingeladen wurde, bekam ich von den Berliner Festspielen den Auftrag, zum 750. Geburtstag der Stadt Berlin eine Oper zu schreiben. Es gelang mir, Keller für das Libretto zu gewinnen. Tatsächlich trug ich mich schon viele Jahre mit dem Gedanken, eine Oper über den »Turm zu Babel« zu schreiben, aber nicht bezogen auf Verwirrung der Sprachen, sondern auf Verwirrungen durch Ideologien.

Um die Zusammenarbeit zu erleichtern, bekam auch Hans Keller zusammen mit seiner Frau, der bekannten Malerin Milein Cosman, eine Einladung für mehrere Monate ins Wissenschaftskolleg. Wir wohnten Tür an Tür und bedurften für Frage und Antwort keinerlei festgelegter Daten. Nur für eine Besonderheit verlangte Hans meine Einwilligung: Selbst wenn er mir den Text nur für eine Szene gebe, müsse ich diesen Teil sofort komponieren, weil er dann aus meiner Musik erkennen könne, was er an seinem Konzept ändern müsse. Ich war einverstanden, verlangte aber einen detaillierten Entwurf des Gesamtlibrettos. Denn das Ende bestimmt stets den Anfang meiner Kompositionen. Wir wurden ein Herz und eine Seele an einer gemeinsamen Aufgabe. Da ging es zum Beispiel um die Gipfelszene im Turm. Sollte seine höchste Plattform gekrönt werden mit einem Bethaus der Danksagung an den Schöpfer der Welt oder mit einem Institut für wissenschaftliche Forschung? Ich forderte, dass in dieser Szene dem Bühnenregisseur weitestgehend die Hände gebunden sein sollten. Ich fürchtete, dass das Offenhalten einer Entscheidung in Form eines theatralischen Katastrophenbildes gelöst würde, denn im Libretto erfolgt eine Explosion. Danach könnte noch ein Stück Programmmusik als Geräuschkulisse hinzu gefordert werden. So ein Feuerwerk-Finale wollte ich um jeden Preis verhindern.

Für Zwiegespräche solchen Inhalts war Hans der ideale Partner. Das Attentat auf dem Turm musste abstrakt bleiben, konkret jedoch die Trümmer des Turmes, auf denen ein Konzerthaus gebaut war, aus dem elektronische Klänge der Zukunft kommen, die aber noch keinen erschließbaren Zusammenhang haben. Auf die Bühne kommen dann vier Instrumentalisten eines Streichquartetts und spielen mein Drittes Streichquartett. Es wurde also ein Finale ohne Happy End, ohne Menschenopfer auf der Bühne, ohne Kadenz, die den Vorhang auf der Tonika herunterlässt. Statt all dessen wartet man auf die Ereignisse des nächsten Tages. Also eigentlich ein Finale gestellter Fragen zur Kultursituation des Westens am Ende des 20. Jahrhunderts.

Die Gedanken an Keller und sein Libretto für den »Turm« verwandeln sich quasi in eine chemische Substanz, die statt der Kettenglieder einer logischen oder chronologischen Abfolge andere Zusammenhänge wahrnehmen lässt. Sie gehören zur Kategorie des Zufalls wie beim Entwurf der Szene zwischen dem Rabbiner und dem Wissenschaftler. Hans wusste überzeugend zu formulieren, sowohl für den Rabbiner als auch für den Wissenschaftler – bis schließlich die Glocken der erbarmungslosen Logik den Brand des Zufalls einläuteten – der Turm krachte zusammen, und aus den Trümmern flog der Vogel Musik empor. Wer sind die Vorahnen dieser Musik? Welches Gen wirkt im Hirn des Komponisten? Hat das Gen ein Ziel oder ist es selbst das Werk des Zufalls?

Unsere Auseinandersetzungen wurden integraler Teil im Kompositionsprozess der Partitur zur Oper »Der Turm«. Als Hans und Milein in ihr schönes Heim in London zurückkehrten, blieb ich wie ein Waisenknabe zurück. Antworten musste ich nun alleine finden. Das war nicht leicht für mich. Und schlimmer noch: Ich sollte Hans nie wieder sehen. Er wurde krank und erlag seinem schweren Leiden. Einstudierung und Aufführung unserer Oper hat er nicht mehr erlebt.

Während unserer intensiven Arbeit am Schicksal des Turmes entwickelte sich am surrenden Spinnrad des Lebens ein ganz andersartiger gedanklicher Faden, von dem zunächst kaum zu erwarten war, dass er irgendwann am Denken über den Turm aktiv mitwirken würde.

Ich saß an meinem Schreibtisch im Zimmer, Wand an Wand mit Axel Bussche. Er war sporadisch tagelang weg, aber meldete sich immer wieder zur Stelle. Dann kam er in mein Zimmer und schaute mir über die Schulter zu, wie mysteriöse Noten auf und zwischen den Linien tanzten.

Darüber munkelte auch das Hauspersonal. Auf meinem Schreibtisch stand immer eine Schale mit frischen Nüssen, die ich gerne bei der Arbeit knabberte. Diese Schale hatte eine magische Anziehungskraft auf unsere Rosa mit ihrer zartrosa Hautfarbe. Ich sorgte dafür, dass die Nussschale immer bis an den Rand gefüllt war, denn sie war wie ein Barometer, aus dem ich ablesen konnte, ob Rosa im Zimmer gearbeitet hatte. Das Hauspersonal traf sich zum zweiten Frühstück in der großen Küche, und dann zieht man über alle Fellows her und erzählt sich die wundersamsten Geschichten.

Es sickerte bald durch, wie unterschiedlich es bei Bussche und Tal zugeht. Rosa erzählte von den schwierigen Arbeitsbedingungen bei Bussche. Das ganze Zimmer sei immer überfüllt mit Büchern, Zeitschriften und Papieren in allen Größen. Den Boden könne man nicht aufwischen, weil kein Platz sei, um einen Stapel wegzurücken, auch die Bücherregale seien so voll, dass man nicht Staub wischen könne. Ein Besen im Zimmer bringe die Haufen durcheinander. Komme man zu Tal – da sei alles leer. Nur auf einem kleinen Regal überm Bett lägen ein, zwei Bücher. »Der Tal, det is een Schenie, der hat alles im Kopp. Nur auf'm Schreibtisch, da wimmelt es von tausenden dicker schwarzer Punkte. Wat det zu bedeuten hat, weiß nur der liebe Herrgott.«

Axel hingegen nahm an meiner Arbeit ein stark philosophisches Interesse. Der Turm zu Babel symbolisierte für ihn so viel aktuelles Geschehen, das auf seinen Lebensweg einwirkte. Ich wiederum war sehr vorsichtig – vermied selbst die geringsten Andeutungen zu jüdischen Problemen; denn gewiss waren das für ihn explosive Themen.

Doch wieder spult sich ein vermeintlicher »Zufall« ab, der – wenn man nicht an Wunder glaubt – irgendwo im Universum programmiert sein musste: Stationen auf den Lebenswegen zweier Menschen, die zunächst nicht das Geringste miteinander zu tun hatten und im Denken und Handeln weltenfern voneinander lebten, aber zur gleichen Zeit. Der eine war Axel Bussche, dessen adlige Abstammung ihn im Zweiten Weltkrieg auf einen hohen militärischen Posten beförderte. Als er dann Augenzeuge der systematischen und kaltblütigen Ermordung der jüdischen Bevölkerung einer nahe gelegenen Kleinstadt wurde, konnte er keinen Finger rühren, da er selbst beobachtet war. Dieses Erlebnis führte ihn in die Widerstandsbewegung und dann zur letzten Kriegsstation mit schwerer Verwundung.

Der andere Mensch: Das bin ich. Zuerst Auswanderung und völlige Veränderung des Lebensweges im Exil; dann Aufbau einer Berufslaufbahn und Verlust nächster Familienangehöriger durch Politik und Krieg.

Beide Lebenswege trafen sich nach über dreißig Jahren in Berlin am Wissenschaftskolleg, um gemeinsam über die Konsequenzen ihrer Stationen nachzudenken. Jeder war über die Vergangenheit des anderen gut informiert. Da es nicht um angesammeltes Wissen, sondern die jeweilige Denkweise ging, gab der Dialog im Turm zwischen Rabbiner und Wissenschaftler die ideale Vorlage zum Gedankenaustausch.

War es nun der »Zufall«, der schließlich in Aktion trat? Eines Tages kam Axel zurück von einer seiner vielen Reisen, diesmal aus der Schweiz. Er brachte mir ein großes Wandplakat in hervorragendem Farbdruck als Geschenk mit. Ich musste es an unserer gemeinsamen Wand aufhängen. Dargestellt war, teils als Fotografie, teils mit Graphik gemischt, der »Turm zu Babel«. Er erhob sich riesenhaft als einer der Brenntürme einer Raffinerieanlage der Ölindustrie. Die Krone des Turmes klaffte weit auseinander. Aus ihr quoll ein dünner bläulicher Rauchschwaden hoch in den Himmel. Das Gleichnis des alttestamentarischen babylonischen Turms forderte heraus zur Assoziation mit dem Schornstein der Verbrennungsöfen in Auschwitz. Ich ahnte, dass in Axels Seele etwas vorging.

Am nächsten Tag, beim Nachmittagskaffee, fragte Axel, ob der Sonnenpharao wohl an die Sonne glaubte als einen Gott oder als den Spender von Licht und Wärme. Damit sprang er mitten in die Rabbiner-Wissenschaftler-Szene meiner Oper »Der Turm«. Es stellte sich die Frage, ob Glaube und Wissenschaft widersprüchliche Begriffe sind. Ich kam nicht umhin, dabei an meinen Vater zu denken. Genau diese Berührungen mit der Nazizeit wollte ich verhindern. Aber ich spürte, dass Axel gerade auf diesen Punkt zielte. Denn er wusste, dass mein Vater im Vernichtungslager Auschwitz endete. Er wollte von mir wissen, wie Vater in dieser Lage über seinen Gott dachte. Ich erzählte ihm, dass er beim Abschied zu meiner Schwester sagte: »Wenn so etwas geschehen kann, dann gibt es keinen Gott«. Jesus weinte am Kreuz und rief: »Gott, mein Gott, warum hast Du mich verlassen?« Und die Juden der spanischen Inquisition, die auf dem Scheiterhaufen lebendig verbrannt wurden, schrieen in lodernden Flammen das Glaubensbekenntnis: »Höre Israel! Unser Herr, unser Gott, unser Herr ist Einer.« Aus welchen Quellen kommen diese Notrufe?

Da waren drei Notrufe in gleichermaßen tragischem Geschehen. Als ich zum ersten Mal von Vaters Verneinung der Existenz Gottes hörte, war es für mich menschlich verständlich aus momentaner Enttäuschung. Doch gab mir sein Abschied zu denken. Vater war nicht impulsiv. So sah ich später seinen Tod als Doppelmord: die ermordete Physis und der ermordete Geist – zwei untrennbare Seiten derselben Münze. Aber ich musste tiefer suchen. Vater war ein Talmudist. Nacht für Nacht waren es seine freien Stunden, die er dem Studium des Talmud widmete. An den Rand der großen Blätter schrieb er seine Kommentare. Im Jahre 1922/23 bereitete mich Vater zur Einsegnung vor. Ich hatte ein umfangreiches Gebetsprogramm zu bewältigen. In diesen Vorbereitungsstunden befasste ich mich mit Talmud-Zitaten und ihren ausführlichen Analysen. Es enthüllte sich mir ein reicher Schatz aus Rechtslehre, Naturwissenschaft, Sprachforschung und vielem mehr. Ich begann zu begreifen, in welcher Welt Vater die langen Nächte verbrachte. Hätte mich nicht die Musik und auch das Großstadtleben in Berlin so gefangen genommen – ich wäre vielleicht der Linie des Vaters gefolgt.

Ich bin lebender Teil einer historischen Kette. Welche Ereignisse und Vorgeschichten initiierten meine Reaktionen auf so existenziellen Fragen? Um hierauf zu antworten, musste ich für Axel meine Herkunft memorieren. Er saß auf meinem Bettrand und hörte gespannt zu. Meine Großmutter mütterlicherseits, die ich sehr liebte, aber als schwer Kranke nur bettlägerig kannte, stammte aus der Linie des berühmten Talmudisten Akiba Eger, von dem man sagte, dass er ein Nachkomme von König David gewesen sei! Der Großvater, den ich nicht mehr erlebte, war der Großrabbiner Bloch in Jarotchin, vor dem Ersten Weltkrieg zu Ostpreußen gehörend, aber stark polnisch orientiert. Dort war Regierungschef der Fürst Radolin, ein kultivierter, modern aufgeklärter Politiker seiner Zeit, und Großrabbiner Bloch war der hoch angesehene Kulturberater des Fürsten Radolin.

Von meinen Großeltern väterlicherseits weiß ich nur vom Großvater durch Erzählungen meines Vaters. Neben dem Schreibtisch meines Vaters hing an der Wand eine Daguerre-Fotografie des Großvaters in einem alten verblichenen Holzrahmen. Er hatte einen überaus starken Vollbart und trug eine prachtvolle Pelzmütze. Von ihm erzählte der Vater, dass er eine besonders schöne Stimme hatte, weshalb er in der Gemeinde als Kantor fungierte. Er sang aber niemals die Gesänge der traditionellen Liturgie, sondern nur seine eigenen Melodien. Besonders zu den hohen Feiertagen wurde er von weither eingeladen wegen seines berühmten Kol Nidre. Von dieser Begabung scheint auf meinen Vater nur wenig überkommen zu sein, doch weiß ich von meiner

Mutter, dass Vater die Geige spielte. Als verliebter Bräutigam spielte er ihr auf der Geige vor. Sie aber kritisierte sein »Gekratze«, worauf die Geige im Kasten verschwand und niemals mehr angerührt wurde. Ich bin sicher, dass da ein musikalisches Talent verloren gegangen war. Denn ich hörte in meiner Jugend viele Predigten, Vorträge und Reden meines Vaters. Sie waren alle ebenso vorzüglich aufgebaut, wie es wahrscheinlich die Gesänge des Großvaters waren, denn es besteht ein inniger Zusammenhang zwischen Sprache und Musik.

Es mussten noch fast sechs Jahrzehnte vergehen, bis sich mir als Gegenstück meiner talmudischen Einsegnung Gespräche mit Gershom Scholem das Wissen über Musik und Kabbala öffneten. Leider war Scholem schon sehr krank, und so musste manches Gespräch frühzeitig unterbrochen werden. Ich begann meines Vaters Zweifel an Gott zu begreifen.

Die Kabbala ist das Empfangstor zur Aufnahme in die übersinnliche Welt. Kabbalistik ist der fruchtbare Boden, in dem der Schöpfungsakt wurzelt, auf dem er blüht und gedeiht und sich in alle Ewigkeit erneuert und verwandelt. Dagegen ist die Heilige Lehre – die Thora, von Gott auf dem Berge Sinai verkündet – ein Ordnungs- und Gesetzesakt, an dem bis in alle Ewigkeit nichts geändert werden darf, um die Existenz des Geschaffenen nicht zu gefährden. Kabbala und Talmud sind die Plus-Minus-Pole des Gottesbegriffs. Nur wenn beide Pole offen arbeiten, ist der Begriff »Gott« ein geschlossenes Ganzes.

Vater – als Rabbiner – sprach im Sinne des unantastbaren Gesetzes und ex officio der streng gläubigen Orthodoxie. Als Prediger schuf er hingegen die Worte für die Metamorphosen der Schöpfung und den Wandel der Seele im physischen Akt. So hat Vater den Sinn der zwei Bücher, Thora (Lehre) und Sohar (Glanz- und Hauptwerk der Kabbala), zum Sinn des Begriffes »Ein Gott« vereint. Auf dem Scheiterhaufen wurde der Glaube vernichtet, am Kreuz wurde die Seele vernichtet, bei Vater wurde das Ganze vernichtet.

Der riesige Brennturm der Ölraffinerie begrüßte mich jeden Morgen beim Erwachen. Er arbeitete wie ein Souffleur auf der Theaterbühne. Im Laufe eines Tages flüsterte er mir Stichworte ins Ohr. Axel nahm beim Frühstück das unterbrochene Gespräch nicht wieder auf, und ich gab ihm keine Gelegenheit, sich zu erinnern. Viel banalere Komplikationen zwangen zu tatkräftigem Handeln. Denn sonntags war die Küche geschlossen. Da musste man sich selbst versorgen. Eines Sonntags – der Eisschrank war wie immer gut gefüllt und Axel spendierte eine Literflasche nummerierten schottischen Whisky, wovon er immer einen Vorrat parat hatte, saßen wir beide zusammen und begannen gerade mit unserem Mahl, als Axel versuchte, das Brot mit einem großen Messer zu schneiden. Dabei rutschte er ab und stieß sich die Schneide in den Mittelfinger. Das Blut spritzte und ich rannte in mein Zimmer und holte meine Erste-Hilfe-Reiseapotheke, die ich unterwegs immer mit mir führe. Axel wurde still und betrachtete das Szenarium mit amüsierter Miene, wie der Panzerkommandant Axel Freiherr von dem Bussche vom Komponisten Josef Tal verarztet wurde.

Mit gesundem Appetit begannen wir schließlich doch, unsere Delikatessen zu verspeisen. In der Whiskyflasche sank der Pegel beträchtlich. Gleichzeitig wurde Axels Gerede immer krauser und rutschte ganz plötzlich in den letzten Krieg mit Russland. Schon begann die Episode mit der großen Grube und dem deutschen Soldaten, der alle jüdischen Einwohner des Ortes in die Grube geschossen hat. Axel füllte sein Glas unentwegt nach. Seine Augen vermieden jeden Blick auf mich. Ich saß ihm gegenüber, völlig verstummt und hinreichend gewarnt, nie das Gespräch auf die Judenpogrome der Nazis zu bringen. Doch Axel erzählte fieberhaft bis ins kleinste Detail. Es war grausam, den verzweifelten Ton in seiner Stimme zu hören und den Reflex der Bilder in seiner sparsamen Gestik zu sehen. Ich konnte und wollte ihn nicht unterbrechen, denn ich spürte, dass es aus ihm heraus musste. Als der Whisky über drei Viertel geleert war, ging das Sprechen in ein Lallen über. Mitten in einem Satz fiel der Kopf nach vorne, und Axel schlief fest ein. Bald darauf verschwand er für einige Tage. Niemand wusste wohin.

Als der Wellenschlag der Ereignisse sich gelegt hatte, wurde mir klar, dass das Abendmahl eine planvolle Funktion im dramatischen Ablauf unseres Lebens in sich hatte. In den Tagen zuvor führten alle Wege Axels auf die Notwendigkeit hin, gleichsam verdorbenes Blut aus seinen Adern abzusaugen, in denen noch die erschütternden Erlebnisse des Krieges, vornehmlich als Augenzeuge der massenhaften Verbrechen in Russland, wie in einer chemischen Reaktion nachwirkten. Eine triviale und eine menschliche Hilfe entzündeten den entscheidenden Augenblick. Die triviale Hilfe war der Whisky, der die Zunge löste. Die menschliche Hilfe war der Adressat, der Jude Josef, der ihn nicht hassen wollte.

Später zog Axel nach Bad Godesberg. Wir blieben in telefonischem Kontakt. Als ich ihn eines Tages anrief, meldete sich eine fremde männliche Stimme, die eintönig und trocken mitteilte: »Axel von dem Bussche ist tot. Ich wohne jetzt hier.« In mir erlosch ein Licht.

Im Universum der Musik

*Handschriftliche Partiturseite – Konzert Nr. 2
für Klavier und Kammerorchester, Februar 1953*

Komponieren ist Forschen

Nach dem Studienjahr im Berliner Wissenschaftskolleg zurückgekehrt in mein Zuhause in Jerusalem verband ich meine Erfahrungen mit elektronischer Musik mit neuen Kompositionsaufträgen auf allen Gleisen der postmodernen Musik. In der Ouvertüre zur Oper »Ashmedai« verknüpfte ich die Musik mit visuellen Vorstellungen. Essenziell ist, dass die Musik zur ganzen Ouvertüre konsequent elektronisch konzipiert ist. Das Klangmaterial ist ein Basic Sound: ein perkussionsartig kurzer Schlag ohne Nachhall mit einer Frequenz von zirka tausend Hertz und gerade noch wahrnehmbarer Lautstärke – also ein weitgehend inhaltsarmer, aber doch Aufmerksamkeit fordernder Klang. Dieser vermehrt sich schnell in verschiedenen Tonhöhen und Lautstärken, nicht rhythmisch in Gruppen gegliedert, immer turbulenter werdend.

Diese Musik ist instrumental nicht ausführbar. Weder kann das chaotische Gewebe der Töne in einer traditionellen Notenschrift fixiert werden, noch ist der mengenmäßige Tumult in seinen Partikeln zeitgerecht auffassbar. Echtes Chaos muss sorgfältig durchorganisiert sein, wobei seiner Interpretation physische Grenzen gesetzt sind, die weit über das bislang erreichbare Maximum hinausgehen. Ich stand als Komponist vor einem Bündel neuer Erkenntnisse, die mich mangels Erfahrung zu improvisierenden Entscheidungen zwangen. In einem autodidaktischen Lernprozess musste ich mir selber Fragen und Aufgaben stellen sowie die Antworten und Lösungen suchen.

In der folgenden Oper »Die Versuchung« gibt es eine Szene, in welcher die erwachsene Tochter aus einer wohlhabenden Bürgerfamilie wegen politischer Opposition dem Elternhaus entflieht.

In entlegenen Bergwäldern findet sie einen primitiven Mann, unberührt von jeglicher Kultur und Zivilisation, den sie als »frisches Blut« in die Heimat zurückbringen will. Sie lehrt ihn den Eros. Verlangt ist also die Musik zu einer Liebesszene. Gesprochen wird nichts, denn er kennt keine Sprache. Also wie in der Ouvertüre zu »Ashmedai« – auch hier eine Pantomime, jedoch entgegen gesetzter Art: Tumult im Herzen, nicht in der Außenwelt. Ein Thema, welches schlüpfriger Phantasie viel Nahrung böte und durch das Instrumentarium des Opernorchesters leicht zum Kitsch neigte. Für diese Szene fiel die Entscheidung auf Elektronenmusik. In diesem Falle war nicht chaotische Mengeninformation zum Zwecke geistiger Verwirrung das kompositorische Thema, sondern eine leicht fassbare musikalische Sprache, die aus der traditionellen Musik bekannt ist, aber durch Elektronik weitergehende Formulierungen ermöglicht, die instrumental nicht spielbar wären.

Im selben Jahrzehnt (1973) ist die dritte Oper »Massada« bereits elektronisch durchkomponiert. Auf der Bühne sind Chor und Solisten, ein großer Apparat, der mit der automatisch ablaufenden Elektronik zusammengehalten werden muss. Dafür ist ein Notenschriftersatz notwendig, der sich gleichzeitig auf die Elektronik und die traditionell geschriebenen Gesangspartien bezieht. Eine melographische Aufzeichnung der Amplituden der Elektronik ermöglichte dem Dirigenten ein visuelles Koordinieren aller Teile.

Ich schrieb also sowohl elektronische als auch instrumentale Kompositionen. Was sie voneinander trennte, waren technologische Entwicklungen in der Elektronik; was sie verband, waren und sind bis auf den heutigen Tag musiksprachliche Abwandlungen aus wechselseitigen Einflüssen. Schon in den Siebzigerjahren vertreten nebeneinander zwei elektronische Instrumente die Elektronik in der Musik: der Synthesizer mit eingebauter Klaviertastatur zur einfachen Produktion leicht fasslicher Musik, daneben der high-tech-programmierte Computer, eine Herausforderung an die kreative Natur eines Komponisten.

Die Fähigkeit des Computers, große Informationsquantitäten zu speichern und gleichzeitig, bezüglich Musik, neue Klangmaterialqualitäten zu gewinnen, eröffnen dem Komponisten des drit-

*Bühnenauftritt von
Deborah Bertonoff
nach Kompositionen
von Josef Tal*

ten Millenniums eine neue Welt. Vor tausend Jahren stieg am Horizont der westlichen Musik eine ähnliche Erscheinung auf: die Polyphonie. Mit Beginn der Mehrstimmigkeit wuchs die Belastung der Auffassungsfähigkeit des Hörers, und die Kunstmusik hätte die jetzige Stufe der Entwicklung ohne die visuelle Hilfe einer Notenschrift nie erreicht. An der Kombination von Sehen und Hören trainierte der Mensch über die Jahrhunderte des zweiten Millenniums sein bewusstes Erkennen, Aufnehmen und Verarbeiten musikalischer Informationen.

Mit dem Einsatz des Computers erhöht sich die Quantität musikalischer Informationen um das Vielfache, was ohne befriedigende Aufzeichnung nicht mehr zu bewältigen ist. Denn jetzt ist eine Notation nicht mehr Vorlage für das instrumentale Reproduzieren eines Werkes, sondern technische Information für den Computer, der entsprechend seiner Eingeweide alle vom Komponisten eingegebenen Befehle unmittelbar in akustische Realität übersetzen kann.

Schon Jahre, bevor ich selber mit dem Computer bewusst zu arbeiten begann, verlief mein kompositorisches Denken auf zwei Gleisen: Musik und Technik. Mitte der Siebzigerjahre, als an die Ausstattung meines Studios für elektronische Musik mit einem Computer noch gar nicht zu denken war, bekam ich einen Kompositionsauftrag, der mein ganzes späteres Denken über dieses Gebiet der Musik entscheidend beeinflusste. Der Auftrag kam von der Tänzerin, Schauspielerin und Choreographin Deborah Bertonoff, Tochter des großen Habimah-Schauspielers Jehoshua Bertonoff. Sie wollte einen Solotanz über die Psalmenzeile »Aus tiefer Not ruf ich zu Dir« kreieren.

Dieser große Text ist in der Geschichte der westlichen Musik mit äquivalent großartigen Kompositionen bedacht worden. Musik zur visuellen und tänzerischen Deutung dieses Textes ist deshalb unvermeidlich mit starken Assoziationen vorbelastet. Die Vertonung des hochemotionellen Textes verlangt andersartige Ausdrucksmittel, die nicht auf der traditionellen Ästhetik basieren. Es lag also nahe, für die Komposition die Elektronik heranzuziehen, aber nicht als eine dem Menschen entgegengesetzte Materie, sondern als erweiternde Möglichkeit des Ausdrucks menschlicher Empfindungen – ein exzellentes Training für den kreativen Umgang mit dem Computer.

Der Bruder der Tänzerin Deborah, Shlomo Bertonoff, hatte eine selten obertonreiche Bass-Bariton-Stimme. Da er auch ein vorzüglicher Hebraist war, las er während vieler Jahre im Jerusalemer Radio den täglichen Thoraabschnitt. Ich lud ihn in mein Studio ein und bat ihn, den Psalm im originalen Hebräisch einige Male ins Mikrofon zu sprechen. Seine menschliche Stimme war sozusagen das Musikinstrument, auf dem der rezitierte Psalmentext gespielt wurde. Mit diesem Klangmaterial begann nun meine kompositorische Arbeit.

Zum besseren Verständnis notiere ich den Text in drei Versionen: a) die freie Übersetzung ins Deutsche von Martin Luther, b) das originale Hebräisch (in lateinische Buchstaben transkribiert), c) die wörtliche Übersetzung:

    a) AUS TIEFER NOT RUF ICH ZU DIR
    b) MIN HA MEZAR KARATI JAH
    c) AUS DER ENGE RIEF ICH (ZU) GOTT

Es lag auf der Hand, dass ich den originalen hebräischen Text vertonte. Den formalen Verlauf einer abstrakten Handlung bezog ich aus dem Textmaterial. Bis auf eine einzige Stelle sind alle akustischen Verarbeitungen mit speziellem elektronischem Instrumentarium ausgeführt, denn keine menschliche Stimme kann diese vokalen und konsonanten Entwicklungen produzieren. Es beginnt mit dem Artikel »Ha« des Wortes »Hamezar«. Es ist – hermeneutisch erklärt – die Luft, die aus der Enge strömt. Das »Min« (= aus) empfängt sie und führt in die Enge (»Mezar«). Nur dieses Wort ist gesprochen hörbar, wenn auch mit verlängertem rollenden »R«. Die folgenden drei Silben des Wortes »Karati« (KA-RA-TI) werden auf quasi drei Schlaginstrumente verteilt, wodurch ein polyphoner Satz entsteht als Höhepunkt eines emotionellen Widerstandes, den der Chorgesang mit dem Dank für die Befreiung (»Jah«) überwindet.

Das klanglich Neue in der elektronischen Vertonung des Psalmentextes bot dem Tanz reiche Nahrung zur visuellen Darstellung eines Themas. Schnell wechselnde Rhythmen und asymmetrische Formenbildungen verhinderten jegliche Stagnation im Ablauf der Choreographie.

Zur selben Zeit schrieb ich meine Dritte und Vierte Symphonie. Das verlangte von mir selbstkritische Distanz. Mit wurde bewusst, wie groß der Unterschied in der musikalischen Sprache beider Kompositionsverfahren ist. Der Reichtum an inneren Beziehungen, die Relationen zwischen Nähe und Ferne, zwischen kurzen und längeren Formationen, Wiederholungen und Abwandlungen schaffen vieldeutige Zusammenhänge im Gesamtorganismus einer Symphonie. Das Resultat meiner Auseinandersetzungen zwang zur Trennung zwischen Sound Effect und musikalischer Aussage. Der Sound Effect ist Ergebnis der Technologie, die Qualität der Aussage entspricht der Kraft des Denkens. Die intellektuelle Verknüpfung beider Prozesse benötigt spezifische Unterstützung.

Wenn Mehrstimmigkeit die Notenschrift erzwang, um wie viel mehr verlangt die enorm gesteigerte Quantität der elektronischen Information eine Notation. Als Komponist der Oper »Der Turm« stand ich zwischen zwei Epochen: der Erbschaft des zweiten Millenniums mit – wenn auch lückenhafter – Notenschrift, und der langsam heraufziehenden Elektronenmusik, die noch nicht aufgeschrieben und gelesen werden konnte. Das Nebeneinander beider Epochen wird im Finale der Oper »Der Turm« aufgerufen: Aus dem neuen Konzerthaus erklingen die elektronischen Sound Effects des Bruitismus, die übergehen in den Auftritt von vier Musikern, die das zur selben Zeit komponierte dritte Streichquartett spielen. Aus dieser Auseinandersetzung gewann ich die Überzeugung, dass das Komponieren elektronischer Musik einer Notation bedarf, um aus dem Stadium des Dilettantismus herauszukommen.

Während der Siebziger- und Anfang der Achtzigerjahre suchte ich im In- und Ausland intensiv nach Partnern für mein Projekt einer Notation für Elektronmusik. Fast überall stieß ich auf Ablehnung. Die Idee sei technisch undurchführbar. Mir wurde klar, dass es darauf ankommt, Technik und Musik miteinander zu versöhnen und in eine fruchtbare Beziehung zu bringen – so wie einst Johann Sebastian Bach und Gottfried Silbermann an der Hammermechanik des Klaviers zusammengewirkt haben.

Ich musste Menschen finden, die interdisziplinär denken konnten. In Eckhard Maronn, damals ordentlicher Professor für Akustik und Leiter des Studios für elektronische Musik an der Hochschule für Musik Hamburg, fand ich den idealen Gesprächspartner und einen Freund, der mich professionell und moralisch unterstützte.

Wir mussten dann noch eine finanzkräftige Stiftung finden, die an einem so unpopulären Projekt Interesse fand und bei der Sache blieb, selbst wenn kein unmittelbarer Erfolg zu verzeichnen war. Seinerzeit war es die Unesco, die mir den Eintritt in dieses Gebiet ermöglichte. Dreißig Jahre später war die Realisierung des Notationsgedankens um ein Vielfaches kostspieliger und umstrittener. Wir stießen allenthalben auf Skepsis.

Die Volkswagen-Stiftung reagierte positiv und erbat ein Memorandum. Zusätzliche Fragen wurden in Hannover mündlich besprochen. Nach monatelangem Briefwechsel und Beantwortung weiterer Rückfragen kam schließlich die Entscheidung der Stiftung, die für das Vorhaben ausgesetzte Finanzsumme der Technischen Universität Haifa zu überweisen, die ein Studio für elektronische Musik hat und für Forschungsarbeiten auf diesem Gebiet

frequency

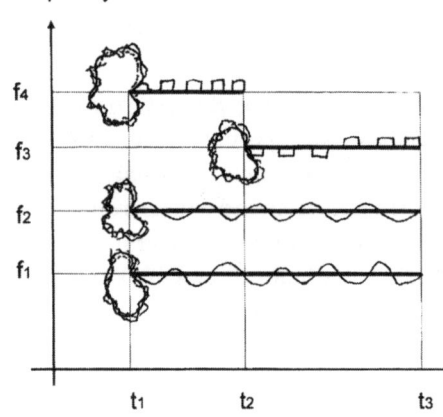

f_4
f_3
f_2
f_1

t_1 t_2 t_3

This is an example of a "complex chord" The duration of the chord is t3 minus t1. It is based on three "basic sounds" at all times. During the time between t1 and t2 the sounds are at frequencies f1, f2 & f4 and during the time between t2 to t3 the sounds are at frequencies f1, f2 (remain) but the sound at frequency f4 is replaced by a sound at f3. The two "sustain sounds" (at f1 & f2) have "micro melody" (pitch modulation) which is sinus like, whereas the third sound (at f3 and at f4) has a different kind of pitch modulation (more rectangular shape).

Beispiel für die Notation elektronischer Musik

ausgerüstet ist. Außerdem musste die Mitarbeit eines deutschen akademischen Instituts garantiert sein. Der Präsident der Hochschule für Musik in Hamburg und mein Vertrauter Eckhard Maronn gaben ihre Zustimmung, und damit konnte die systematische Arbeit am Forschungsprojekt »Notation für Computermusik« in der Technischen Universität Haifa beginnen.

Das Studio für elektronische Musik stand unter der Leitung eines Professors der Physik-Fakultät. Ich wurde sehr freundschaftlich aufgenommen und den Studenten als Musikberater vorgestellt. Ich brachte das Gespräch auf die Beziehung der Elektronik zur Musik, wobei sich bald herausstellte, dass keiner der Studenten auch nur eine blasse Ahnung davon hatte; wenigstens ihre Neugier wollte ich wecken in geduldiger, aber hartnäckiger Arbeit. Ich kam in Kontakt mit einem fortgeschrittenen Studenten, der speziell in der Elektronik forschte; über Musik wusste er nur, was man am Wochenende im Feuilleton einer guten Tageszeitung lesen kann. Aber er war offen, Neues und Ungewohntes aufzunehmen. Bald vertieften wir uns gemeinsam in die Problematik des Notationsprojektes für Computermusik. Es häuften sich Fragen technischer Durchführbarkeit; wie visuelle Graphik mit akustischer Information kommunizieren kann; oder wie verfestigte Ästhetik auch in der Graphik zu vermeiden ist. Uns interessierten die physiologischen, anthropologischen und biologischen Zusammenhänge. Kurz darauf beschloss der Student, seine Doktorarbeit über dieses Thema zu schreiben. Danach hieß er Dr. Shlomo Markel.

Währenddessen ging die kompositorische Arbeit für Instrumentalmusik weiter. Besonders wichtig waren mir solche Kompositionen, in denen der Geist beider Gebiete in Erscheinung treten konnte. In dieser Zeit entstanden außer kleineren Arbeiten die Fünfte und die Sechste Symphonie, Vokalkompositionen mit Kammerorchester, auch eine Komposition für Chor mit Elektronik.

Inmitten dieser faszinierenden Entdeckung einer neuen Welt erreichte mich die Aufforderung, eine weitere Oper zu komponieren. Die Oper von Tel Aviv wollte ihr zehnjähriges Jubiläum im neu errichteten Haus mit einer Uraufführung feiern und erteilte mir den Auftrag. Es entstand die Oper »Josef«, deren Titel aber nichts mit meinem Vornamen zu tun hat. Mein langjähriger Librettist Israel Eliraz war auch diesmal Mitschöpfer am neuen Werk. Wie alle vorigen Libretti bezog sich der Text direkt oder mittelbar auf gesellschaftspolitische und kulturelle Probleme der

»Die Komponisten sagen, ich sei ein Pianist, die Pianisten meinen, ich sei ein Komponist« – Bei der kompositorischen Arbeit in den Achtzigerjahren

Gegenwart. In einem Gespräch mit Eliraz stieg die Erinnerung an jene Episode aus meiner Jugendzeit auf, als Franz Kafka die Wohnung meiner Eltern besuchte. Ich erinnerte mich des schwarzäugigen tiefen Blicks und der hellweißen Haut seines Gesichts. Dieses Bild könnte auch in der Musik seinen viel sagenden Ausdruck finden. So bat ich den Librettisten Eliraz, in seine literarische Erfindung eine Hauptfigur einzubauen, die der ganzen Oper eine kafkaeske Entwicklung geben solle. Daraus entstand die Rolle des Josef Hermann, für einen dramatischen Tenor komponiert. Die Uraufführung fand 1995 statt unter der Leitung von Gary Bertini.

Als eines Tages ein Streichquartett bestellt wurde, hatte ich die Enfant-terrible-Idee, an der Heiligkeit der Vier-Streicher-Familie zu rütteln und die zweite Violine mit einem Tenorsaxophon zu vertauschen. Die erste Violine blieb zwar führend in der Gruppe, aber mit dem Eintritt des Saxophons überstrahlt sofort ein fremder Klang die drei Nachbarn. Je nach Register der angesprochenen Streicher vereint sich der Klang mit ihnen oder schafft Gegensätze.

Für die interpretierenden Musiker handelte es sich zunächst um eine konzertante Komposition für Tenorsaxophon und drei begleitende Streicher. Dies war verständlich aus der traditionellen Gewohnheit der Instrumentalbesetzung. Dann aber bat ich alle vier Spieler, die Position des Saxophons als zweite Violine zu hören und zu erkennen und entsprechend die eigene Stimme dynamisch zu gestalten. Das bei den Proben anwesende Publikum hatte es viel leichter, diesen Vorgang aufzunehmen, weil die Zuhörer nicht durch spieltechnische Schwierigkeiten abgelenkt wurden und der räumliche Abstand das Hören der akustischen Mischung erleichterte.

Zu dieser Zeit beschäftigte mich intensiv das eigene kritische Resultat meiner sechs Symphonien. Orchestration ist nicht mehr nur das Kolorieren eines Klavierauszuges, der den ganzen Plan der Komposition als erste Skizze enthält. Instrumente repräsentieren nicht eine Farbe, sondern eine spezifische Energie. Der Klang eines Instruments ist der wesentliche Gehalt eines Gedankens, den das Instrument mitteilt. Diese Maximen führen zu andersartiger Architektur einer Orchesterkomposition. Die Zweite bis Sechste Symphonie sind die Ergebnisse solcher Einsichten.

Der Weg zum Turm der Tonwelt

Der Kampf um das Lebensfinale hat mir schwere Opfer auferlegt. Eines Tages irritierten mich die vier Wände meines Zuhauses, deren gerade Linien zwischen Zimmerdecke und Wänden sich ungleichmäßig bogen. Ich wischte mir die Augen, was hier und da das Verbogene zu verändern vermochte, aber im Prinzip sich schnell wieder einstellte. Die Diagnose des Augenarztes: eine Erkrankung der Macula. Es war die Folge eines Unfalls, nachdem ich in meiner alten Heimatstadt Berlin gestürzt war.

So wurde meine professionelle Tätigkeit radikal eingeschränkt und zahlreiche Pläne mussten aufgeben werden. Denn die Notenschrift, ihre Punkte und Striche, kann ich nur noch in solcher Vergrößerung sehen, dass zusammenhängender Notentext einer Partitur nicht mehr lesbar ist – allenfalls kleinste Teile einer einstimmigen Linie. Nun, da schrieb ich eben eine Komposition für ein einzelnes Soloinstrument, wie z. B das Tabea Zimmermann gewidmete Stück »Perspektive« 1996 für Viola allein.

Auch das Lesen eines Computerschirms als Ganzes ist nicht mehr möglich. Die Konsequenz war der totale Abbruch der Arbeit am Projekt der Notation für Computermusik. Erhalten blieb das Weiterdenken auf diesen Gebieten, das Stabilisieren der noch vorhandenen Sehkraft und das technische Bemühen, mit optischer Hilfe das Nachdenken über Musik schriftlich dokumentieren zu können. Denn es schien mir, dass wir mit Beginn des dritten Millenniums zu einem musiksprachlichen Bewusstsein vorgedrungen sind, welches Intellekt und Emotion als untrennbares Ganzes fordert.

Es war das Missverhältnis der beiden Seiten dieser gleichen Münze, welches im 20. Jahrhundert zum kritischen Höhepunkt, zur Krise der modernen Musik des Westens geführt hat. Ich empfand die Notwendigkeit, dieser faszinierenden Metamorphose nachzuspüren und in den großen Bogen des Begriffs Kultur zu fassen. Das Ergebnis war die im Jahre 2002 erschienene kleine Schrift »Musica Nova im dritten Millennium«. So vergingen die Jahre des neuen Lebensabschnitts zwar in vermindertem Tempo, aber keineswegs mit nachlassender Intensität.

Fast ganze hundert Jahre sammelte sich in meinem Leben Gedankenmaterial aus eigenen Quellen der Beobachtung. Alles suchte und fand immer seinen Platz in meiner Musik. Die biografische Realität darf aber nicht annehmen, dass sich die Dinge – eins nach dem andern und eins aus dem anderen – entwickelten. Allein der Notationsgedanke brauchte Jahre, bevor er sich als Forschungsprojekt zu konkretisieren begann. Das Denken und Experimentieren war nicht isoliert der Computermusik vorbehalten. In der Instrumentalmusik, besonders in den groß angelegten Formen wie Symphonie oder Oper, wurde Computerdenken mit eingewebt.

Auf diese Weise ließ sich ein Disput zwischen einer Konstanten und einer Wende herstellen. Man bedenke, wie lange Jahrhunderte es brauchte, bis sich aus all den kontrapunktischen Stilwenden ein Konzept des Grundtones in der musikalischen Sprache kristallisiert hatte. Das 20. Jahrhundert alleine, wie nie zuvor in der Musikgeschichte, lief durch eine ganze Skala solcher Wendepunkte. Bin ich nun Anfang des 20. Jahrhunderts geboren worden und habe es über sein Ende hinaus als Komponist arbeitend erlebt, so musste ich mich mit all seinen Wandlungen auseinandersetzen.

Meine Autobiografie umfasst praktisch das ganze 20. Jahrhundert. Ich bin Zeitgenosse und Zeitzeuge einer Epoche, die als die turbulenteste Zeit in der Geschichte der westlichen Tonsprache gelten kann. Ich musste mehrere Male eine neue Sprache der Musik erlernen. Aufgewachsen bin ich in der Literatur der klassischen Musik – musiktheoretisch gesprochen: mit der Grammatik der tonalen Musik. Mit ihr lernte ich, wann die Musiksprache »richtig« oder »falsch« ist. Jede Melodie hatte das Rückgrat einer Skala, und jede Skala war aufgebaut auf einem Grundton, auf den sich alle anderen Töne beziehen mussten. Man war also diszipliniert im Sprechen und besaß eine Moral.

In dieser Sprache gut bewandert, wurde ich als Musikstudent in die Hochschule für Musik Berlin aufgenommen. Aber schon während der verschiedenen Prüfungen zur Aufnahme bemerkte ich, dass man mich als »Mauerblümchen« behandelte – ein junges Blümlein, das gerne eine prachtvolle Blume werden möchte, aber nicht weiß, auf welchem Boden es wachsen sollte. Sehr schnell wurden mir Augen und Ohren geöffnet. Da ich an pädagogischen Fächern sehr interessiert war, kam ich in diesem Zusammenhang mit Paul Hindemith in Kontakt. Mit ihm schritt ich durch das Tor der Atonalität. Die neue Klanglandschaft und die ganze Atmosphäre um die starke Persönlichkeit dieses Mannes faszinierten mich. Bald fühlte ich mich in der Atonalität zuhause. Etwa eine Landmeile entfernt wehte ein anderer Wind in der Akademie der Künste. Dort wurde Arnold Schönberg als Mitglied gewählt. Mit ihm kam die These der Zwölftonmusik nach Berlin, der Wurf einer neuen Organisation der Töne. Dem A=Nein der Atonalität wurde ein Z=Ja der Zwölftontheorie gegenübergestellt. Es entspann sich ein Kulturkampf zwischen beiden Ideologien, an dem die traditionstreue Tonalität sehr aktiv teilnahm. Ähnlich wie in der Politik wurde auch der Komponist abgestempelt als Parteigenosse dieser oder jener ideologischen Richtung. Übersehen wurde, dass auch die Technologie an diesem alles umfassenden Prozess geistiger Entwicklung mitwirkte.

Als in der Physik Isaac Newton das Gravitationsgesetz für den Planeten Erde aufstellte, schrieb gleichzeitig der Komponist Jean Philippe Rameau sein »Traité de l'Harmonie«, in welchem die Funktion des Grundtones etabliert wurde, der alle anderen Stufen auf sich bezog. Im frühen 20. Jahrhundert war es Einsteins Relativitätstheorie, die zum Durchbruch in die Stratosphäre führte; ihr entsprach in der Musik Arnold Schönbergs Zwölftontheorie, die radikaler noch als Hindemiths Atonalität die Aufhebung des Grundtonkonzepts demonstrierte. Zu alledem fügte die Technologie der Musik die Elektronik hinzu, zwar noch ganz in ihren Anfängen, aber vom Lauf der Welt nicht mehr wegzudenken.

Es war nur ein halbes Jahrzehnt, in dem ich diese Umwandlungen der Tonsprache beherrschen lernte. Dann kam Hitler; die Erlernung der Fotografie als Erwerbsquelle, um auswandern zu können, dann die Isolierung von der Außenwelt bis zum Ende des Zweiten Weltkrieges, also knapp zwanzig verlorene Jahre. Unmittelbar nach Beendigung des Weltkriegs musste ich das Versäumte nachholen.

Die nach Amerika verbannte Zwölftonmusik kam zurück nach Europa und wurde zum Vorbild kreativen Fortschritts. Das leicht fassbare »Vorbildliche« konnte leicht nachgeahmt werden, und dem Original wurden noch andere »Vorbilder« vorgeschoben. Das Organisationsgesetz, das nur der Zwölftonreihe galt, wurde auf alle musikalischen Elemente erweitert, sodass unter dem Namen »Serielle Musik« die Ideologie des Totalitarismus durch alle Türen und Ritzen ringsum wieder eindrang. Logische Reaktion auf das missverstandene Original des Zwölftongesetzes war seine Umkehrung: die Chance-Musik, Aleatorik, der Zufall als Prinzip. Im Schüttelfrost dieser Entwicklung wuchs die Elektronenmusik – von der Technologie kräftig unterstützt – zur Computermusik heran.

Trotz wiederholter Vernichtungen setzt die Menschheit ihren Rhythmus zwischen Leben und Tod fort. Die Generationen lösen sich ab und überkreuzen sich; mit Hilfe der Erinnerung übertragen sie Gewesenes und verschmelzen es mit Gegenwärtigem. Je nach geistigem Erbe reagiert jeder auf von außen Zugefügtes. Zwei bewusst erlebte Weltkriege des 20. Jahrhunderts und anhaltende nicht mindere kriegerische Konflikte bewirkten logischerweise tiefe Veränderungen in Sprache und Geste. Innere Empfindungen und äußeres Verhalten werden vom Tempo der Technik mitgerissen. Intellekt und Emotion signalisieren unaufhörliche Veränderungen der Lebenswelten.

Der Hochblüte des Individuums stand das System der Vermassung gegenüber. Einerseits erlebten wir just in der »leichten« Musik das Ensemble der Beatles – ein Gipfel madrigaler Gesangskunst und kompositorischer Satzkunst. Andererseits scheint es Ziel der Musikwirtschaft zu sein, die jugendliche Hörerschaft zu entmündigen. Um das zerrissene Netzgewebe der Überlieferungen wiederherzustellen, müssen nun die Lehrer erfinderisch neue Wege finden.

Im dritten Millennium erwarten wir wieder eine Renaissance in der Musik, zwar keine Wiedergeburt der Antike, aber doch eine Korrektur der Fehlentwicklungen des 20. Jahrhunderts. Zwei Schwerpunkte einer kommenden Erneuerung können sein: die freie Sicht im stufenweise zu entdeckenden Neuland theoretischer Erkenntnisse sowie die Aufhebung des Missverhältnisses zwischen dem Geist der Technik und dem der Musik im noch unkultivierten Gebiet der Elektronenwelt. Für Intellekt und Emotion bietet sich ein fruchtbarer Boden ganzheitlichen Lebens.

*»Komponieren
und Forschen
sind simultane
Tätigkeiten«*

An der Jahrtausendwende zeigt sich im Rückblick, dass durch die musiktheoretischen Ereignisse während des ganzen 20. Jahrhunderts jede musiksprachliche Systematik schließlich am Nullpunkt der Erschöpfung angekommen ist.

Tief unter der Oberfläche der musikalischen Gegenwart keimen neue Samen, die in geduldiger Inkubationszeit ihre Fühler in viele Richtungen ausstrecken. Und es brodelt in einem Schmelztiegel neuer akustischer Kräfte und Energien, aus denen die Bausteine künftiger Strukturen entstehen werden.

Es ist Aufgabe musikalischer Forschung, dieser Entwicklung nachzuspüren. Komponieren und Forschen sind simultane Tätigkeiten gleich dem Fortschreiten auf zwei Beinen: Während das eine Bein nach dem Neuland strebt, stabilisiert das andere Bein mit den Erfahrungen aus der Vergangenheit. Auch künftige Musikerziehung wird diese intime Dualität zum Ausgangspunkt für Pflege kreativer Selbstbestimmung des komponierenden Individuums bestimmen.

Da die Frage nach musikalischen Zusammenhängen oft vieldimensional ist, hilft auch das begriffliche Wort dem Komponisten zu seiner Positionsbestimmung und Selbstbefragung. Musiker wie Schenker, Schönberg und Hindemith sahen sich gezwungen, das ganze theoretische Arsenal noch einmal zu durchdenken, bevor sie eigene neue Erkenntnisse formulierten. So mögen wohl auch

Bach und Buxtehude im Gespräch manche offene Frage begrifflich diskutiert haben.

Eine scheinbar harmlose Begebenheit ereignete sich gleich zu Beginn meines Musikstudiums. Ich wurde vom zweiten Kapellmeister der Städtischen Oper Charlottenburg zur Aufnahmeprüfung in die Staatliche Hochschule für Musik Berlin vorbereitet. Zu den üblichen Theoriefächern gehörte auch das Partiturspielen und Instrumentieren für Orchester. Ich musste ein – von Mozart für Klavier geschriebenes – Menuett in drei Fassungen instrumentieren: für Streichorchester, für Holzbläser- und für Blechbläserensemble. Die umfangreiche Instrumentationslehre von Richard Strauss war das Lehrbuch für diesen Zweck. Noch während ich an diesen Übungen arbeitete und in mir die Klangvorstellungen realisierte, kamen mir Zweifel: ob Mozart wohl dieselbe Melodie des Menuetts für alle drei Gruppen genau so geschrieben hätte? Oder gibt es einen geheimnisvollen Zusammenhang zwischen Klangfarbe und musikalischer Aussage, so dass jeder Farbwechsel die Botschaft verändert?

Was Forschung für die musikalische Komposition bedeuten kann, war mir damals noch nicht bewusst. In der Musikgeschichte finden sich parallele Erscheinungen zu den musiktheoretischen Konflikten der Gegenwart. Für Bach gab es nicht die Frage, ob tonal oder atonal – mit all ihren Konsequenzen. Das vergleichbare große Neuland war damals die Welt des Zusammenstoßes von Kontrapunkt und Harmonie. Zur Kulmination dieses Konflikts äußerte sich Bach in den zwei Bänden des »Wohltemperierten Klaviers«. Das Thema der 2. Fuge in c-Moll, 1. Band, ist zweistimmig in der Melodie disponiert, entsprechend vielen ähnlichen Formulierungen in den Solokompositionen für Violine und Gambe. Durch Verschiebung der Akzente werden die Wiederholungen der 16tel-Figuren in symmetrische und asymmetrische Zusammenhänge gebracht. Zur Imitation des Fugenthemas in der zweiten Stimme ist ein Kontrapunkt im Generalbass-Stil geschrieben (siehe Johann Sebastian Bach: Fuge in c-Moll aus dem Wohltemperierten Klavier, Band 1).

Und so könnten wir in jeder Fuge dieser beiden Bände eine neue musikalische Konstellation finden. Sie sind nicht das Resultat neuer Regeln und Gesetze oder neuer Systematik. Sie sind das

Ergebnis individueller Forschung im neuen Klangmaterial. Nicht nur die Vereinigung harmonischer Funktionen mit kontrapunktischen Bedingungen erforschte Bach, er berührte auch die offene Frage der Klangfarbe. So können die Brandenburgischen Konzerte als Vorgänger des Konzerts für Orchester von Bela Bartók gehört werden. Auch die Aufteilung der Oktave in zwölf gleich gestimmte Halbtöne ist nicht nur Vorbedingung für die Chromatische Fantasie und Fuge, sie ist auch Urahne der Dodekaphonie des 20. Jahrhunderts. Die musiktheoretischen Überlegungen Bachs fanden nicht am Schreibtisch statt, sondern dienten der Erforschung kreativer Gedanken in Klängen. Beethovens Diabelli-Variationen sind nicht figurativer Kleiderwechsel ums Thema herum, sondern Erforschung verborgener Potenzen kleiner Organismen in der Tiefe. Aus jedem dieser Teilchen konnte unter dem Namen Variation ein neues Werk entstehen.

Im ersten Jahrzehnt des 20. Jahrhunderts sind in Wien zwei musiktheoretische Schriften von weittragender Bedeutung erschienen: Heinrich Schenkers »Neue Musikalische Theorien und Phantasien« (1906) und Arnold Schönbergs »Harmonielehre« (1910). In jener Zeit des Aufbruchs in die Atonalität und der Erschütterung aller musikästhetischen Auffassungen wäre eigentlich von zwei so großen Musikdenkern wie Schenker und Schönberg eine erste theoretische Fundierung eben dieser neuen Musikentwicklung zu erwarten gewesen. Stattdessen haben beide an der Schwelle zur »Modernen Musik« innegehalten. Aber dieser vermeintliche Schlusspunkt war in Wirklichkeit der provokative Auftakt zu nachfolgenden Akzentsetzungen. Beiden Komponisten wurde eine kritische Revision der musiktheoretischen Tradition zur Notwendigkeit, um alsdann mit mehr Gewissheit das Neuland zu betreten.

Solch forschendem Geist geht der Drang zur Erkenntnis voraus. Was mag beide Forscher zu gleicher Zeit und am selben Ort gedrängt haben, nach den Quellen zu suchen? Wo und wie haben sie angesetzt? Jeder von ihnen war sich der tödlichen Freiheit von jeglicher Bindung bewusst. Hinter dem Ausdruck »atonal« lauerte der Totalverlust disziplinierten Denkens.

Disziplin in der Musik ist die Bindung an ein Beziehungsnetz zwischen den Tönen. Ein solches Netz ist das willkürliche Produkt des professionellen Intellekts. In diesem Sinne ist zu begreifen, was Schenker und Schönberg gedrängt hat, nach Regenerierung musikalischer Bindungen zu forschen, denn vieles war inzwischen mechanisiert und der Vitalität beraubt worden.

Schon im frühen Mittelalter, lange Zeit vor dem Ausatmen der Tonalität, erwachte im Musiker, dem Denker in unfassbaren Tönen, ein neues Bewusstsein der Gleichzeitigkeit. Die Polyphonie des Abendlands postulierte die Mehrstimmigkeit melodischer Linien mit selbstständigem Inhalt in der Gleichzeitigkeit. Das bewusste Hören polyphoner Musik bezieht aus der Erinnerung an vergangene Teile den Gesamtinhalt.

Der musikalische Verlauf ist begleitet von Erwartungen und Überraschungen – ähnlich dem kontinuierlichen Vor und Zurück in der Sprachkommunikation. Mit dem Einsatz der inhaltlichen Selbstständigkeit in der Mehrstimmigkeit vervielfachen sich die Anforderungen an die Aufnahmefähigkeit. Von nun an leben Komponist und Hörer in einer planvollen musikalischen Architektur, in welcher sich Vergangenheit, Gegenwart und Zukunft überschneiden und verschiedene Akzente mit Hilfe der akustischen Stimmregister gesetzt werden, z. B. wenn zwei Phrasen zusammentreffen: die eine im mittleren und tiefen Altregister, die andere im hohen Tenorregister.

Es bereiten sich hier weit größere Perzeptionsfähigkeiten für die Zukunft vor. Denn das Vielfache in der Gleichzeitigkeit ist die Vorbereitung auf die harmonische Kombination der Klänge in der Gegenwart.

Der kombinative Klang, den wir in der Instrumentalpraxis als »Akkord« bezeichnen, hat einen anderen musikalischen Willen als der Einzelton einer melischen Linie. Das Zusammenwirken der Akkorde erzeugt eine harmonische Energie, die technisch nicht messbar ist und in der subjektiven Wahrnehmung als Konsonanz und Dissonanz bezeichnet wird.

Seitdem Polyphonie und Harmonie zu Grundpfeilern des kompositorischen Handwerks im Abendland wurden, rangen sie miteinander um das Primat – nicht im Sinne einer ideologischen Auseinandersetzung, sondern als geistiger Diskurs zwischen sinnlicher Reaktion und analytischem Denken. Faszinierend zu beobachten ist das Gegenspiel dieser Kräfte.

Schon im 16. Jahrhundert war durch Zarlino das Klangphänomen des Dreiklanges theoretisch fundiert und bereits bei Josquin des Prés finden wir um 1500 in den Motetten vierstimmigen Chorsatz aus reinen Akkordfolgen unterhalb einer melodischen Oberstimme, ein krasser Gegensatz zu polyphoner Denkart. Die flämische Schule koordinierte harmonische Zusammenklänge mit dem Verlauf der Mehrstimmigkeit, Palestrina setzte die Entwicklung fort und führte diesen Stil zu einem Höhepunkt. Die ›moderne‹ Musik jener Zeit des 16. Jahrhunderts ist gekennzeichnet durch die faszinierende Klangwirkung in der Abfolge harmonischer Akkorde, die jedoch zunächst auch verwirrten und vom musikalischen und textlichen Inhalt des melischen Verlaufs ablenkten. Dieser geistige Konflikt war der Auslöser eines kulturpolitischen Prozesses im Rahmen des Tridentinischen Konzils 1562, in welchem die Musik in ihre Schranken verwiesen werden sollte. Hauptargument der Kirchenväter war, die Musik habe sich zu einem so dichten Klanggewebe der Vielstimmigkeit entwickelt, dass die heiligen Worte des Textes nicht mehr verständlich seien und demzufolge die Musik nicht mehr als Dienerin des Ritus fungiere. Der berühmte Palestrina wurde als Musikautorität herangezogen und vom Gremium des Konzils beauftragt, das Verhältnis von Musik zu heiligem Text zu restaurieren. Schaut man sich die Partituren der letzten Messen Palestrinas an, so zeigt er sich als dankbarer Jünger seines Vorbilds Arcadelt, eines prominenten Protagonisten jener angegriffenen modernen Schule.

Es war die Harmonie, welche die volle Aufmerksamkeit der Hörer auf sich zog. Der Einzelton für sich – ohne Beziehungen in einem melodischen Satz oder auch als Teil in einer Akkordkombination – blieb noch für geraume Zeit ein elementares Naturereignis. In Anlehnung an visuelle Wahrnehmung verlieh man ihm die Eigenschaft einer Klangfarbe. Alle menschlichen Stimmen, alle Musikinstrumente sind Träger spezifischer Klangfarben. Wird ein Harmoniegebilde von Chor oder Orchester zum Klingen gebracht, wird unmittelbar eine nervöse Affektwirkung auf den Hörer ausgelöst. Diese ist natürlich subjektiv; aber allen Hörern gemeinsam ist ein relativ geringer Aufwand intellektueller Anstrengung, um die Affekte wirksam werden zu lassen. Der Verzicht auf den Genuss geistigen Nachvollzugs der polyphonen

Verbindungen zugunsten unverstellter sinnlicher Reizwirkung und der dadurch angeblich drohende intellektuelle Niveauverlust waren wohl mehr oder weniger die instinktiv gespürten Motive im Konzil von Trient. Dabei haben die musikalisch hoch gebildeten Kirchenväter die späteren Folgen dieser musikalischen Entwicklung nicht einmal erahnen können. Allmählich wurde das melodische Denken vom Dreiklang abhängig. Der melische Gestus blieb gewahrt durch diatonische Verbindungstöne zwischen den gebrochenen Intervallen. Das hoch entwickelte Skalensystem des Altertums und Mittelalters wurde vereinfacht auf zwei Typen: Dur und Moll – positiv und negativ. Folgerichtig war die Zeit reif für ein Harmonielehrbuch, das dieser Entwicklung entsprach: 1722 erschien »Traité de l'harmonie« des Komponisten Jean-Philippe Rameau.

Im Jahr 1725 folgte das Vorbild aller späterer Kontrapunktlehrbücher, der »Gradus ad Parnassum« von Johann Joseph Fux – nahezu zeitgleich auf demselben kulturellen Nährboden Johann Sebastian Bachs »Chromatische Fantasie und Fuge«, eine virtuose Komposition, in der eine unerhörte geistige Kraft die entgegengesetzten Willenskräfte zu einer Einheit bändigte. Die Polyphonie lebte auf der Basis der jahrhundertealten Erbrechte melischer Konstruktionen; dagegen war die tonale Harmonie und ihre schon voll entwickelte Chromatik ein gefährlicher Eingriff in die Rechte des autonomen Melos, dem prolongierende funktionale Chromatik zuvor wesensfremd war. Polyphonie und Harmonie zielten im Raum der Musik nach entgegen gesetzten Richtungen. Erst der Einmaligkeit des Genies Johann Sebastian Bach gelang die Bindung der einen an die andere Kraft.

Das Gerüst des »Gradus ad Parnassum« ähnelt einer polyphonen Architektonik. Der Cantus firmus ist Ausgangspunkt. Ihm werden seine melischen Rechte gewahrt, wenngleich auf ein Minimum konzentriert. Schon die erste Gattung: Note gegen Note, wahrt dieselben melischen Rechte in der Gegenstimme, kontrolliert aber gleichzeitig die Intervalle im Miteinander auf Grund der schon angenommenen harmonischen Ästhetik. Damit waren traditionelle Mehrstimmigkeit und moderne Harmonie in einen Zusammenhang gebracht, der konträren Klanginhalten im horizontalen und vertikalen Verlauf gerecht wird. Im »Gradus ad

Parnassum« sollten durch kluge Systematisierung beide Ideale miteinander in Einklang gebracht werden.

Der starke Einfluss der Harmonie brachte erhebliche Veränderungen in die musikalische Sprache. Die Vereinfachung einerseits und der schnell reagierende sinnliche Genuss auf das Klangliche andererseits kamen der neuen Gesellschaftsstruktur entgegen und wurden die musikalische Grundlage für Lieder des Volkes – nicht mehr verfeinerte Melodien der Troubadours oder Minnesänger, sondern Volkslieder aus dem Gemüt der Masse. Ursprüngliches und Echtes kam zusammen mit flacher Schablone und äußerlicher Typisierung im »Lied mit Begleitung«. Die begleitende Musik wurde zur harmonischen Untermalung, die ihre musikalische Substanz aus der Melodie gewinnt. (Im Kunstlied sind Bindung und Beziehung zur Melodie auf andere Art vollzogen.)

Die »ernste« Musik holte den Verlust des echten Kontrapunktes durch die allmählich gleichwertige Rolle aller Musikparameter in der Komposition auf. Aus diesem überaus reichen Klangmaterial erwuchs die Hochblüte der abendländischen Musik.

Eine ähnliche Rolle wie Johann Joseph Fux mit seinem »Gradus ad parnassum« im 18. Jahrhundert spielte Heinrich Schenker für das 20. Jahrhundert. Für ihn war die Tonalität noch nicht erschöpft. Er hat mit seiner »Urlinie« Riemanns Funktionstheorie in idealer Weise korrigiert und in graphischen Analysen gezeigt, dass in der »Urlinie« die harmonischen Grundpfeiler der Gesamtarchitektur angelegt sind. Zwischen den Skalenstufen spielt sich ein musikalisches Geschehen ab, das nicht nur Melodie und Harmonie und weitere Elemente enthält. Das Verhältnis von Urlinie zu den Zwischenabläufen ist nicht gleich Haupt- und Nebenstimme. Nicht Mehrstimmigkeit wird analysiert, sondern Vielschichtigkeit (wie Schenker es selbst bezeichnete). Jede Einzelheit steht im Dienst der Urlinie. Selbst die Tonika ist nicht nur Grundton, denn in der Modulation muss sie auch zu anderen Funktionen bereit sein. Die vollständige »Ursatz«-Analyse zeigt die Musik im Raum, weshalb Schenker die verschiedenen Schichten perspektivisch in Hinter-, Mittel- und Vordergrund aufteilt. Ein in einem bestimmten Raum erklingender Tonika-Akkord hat nicht nur seine festgelegte Funktion als Grundklang, sondern auch seine singuläre Wirksamkeit für die jeweilige Komposition.

»Neugier auf eine Zukunft leitet mich am Anfang einer Komposition«

Es ist der Raumgedanke, der in der Akustik das Strahlen in prismatischen Brechungen realisiert. Damit experimentierte schon Giovanni Gabrieli in seinen mehrchörigen und mehrorchestralen Kompositionen durch Raumausnutzung der großen Markuskirche in Venedig, um zur Bereicherung des Sinnes der Komposition Klangfarben und akustische Iteration zu erzielen. Bei Schenker ist der Raum nicht vorgegebener baulicher Rahmen, sondern er wächst organisch im Vollzug des Werkes.

Der Raum wird gegen Ende des 20. Jahrhunderts wieder eine herausragende Bedeutung gewinnen, von der Schenker noch nichts ahnen konnte: die Vorbereitung auf den Sprung in die Elektronenmusik. Ein Sprungbrett war der fälschlich so genannte »Bruitismus«. Aber zur gleichen Zeit mit dem die forschende Aufmerksamkeit fordernden »Geräusch« als neu entdecktem musikalischen Element begab sich Arnold Schönberg auf einen anderen Weg.

Ähnlich wie bei Schenker ist auch Schönbergs 1911 in Wien erschienene Harmonielehre eine rückblickende Neuformulierung der traditionellen Funktionsharmonie. Sie zeigt einen deutlichen Kontext mit der um die Jahrhundertwende heftig diskutierten Neudeutschen Schule, personifiziert in Wagner-Liszt contra Brahms. Auch diese Polemik erwies sich in der geschichtlichen Distanz als Behauptung ohne Beweis, da bereits in den Voraussetzungen der eine vom anderen profitierte. Obgleich das harmonische Material in Schönbergs Harmonielehre noch zu keinen endgültigen atonalen Überlegungen führte, rumorte es doch schon im Inneren.

Die Musiktheorie reagierte schon seit langem auf die angekränkelte Moral im tonalen System, indem sie die übermäßige Quarte (in der siebten Stufe in ihrer Umkehrung als verminderte Quinte) mit der Charakterbezeichnung »diabolus in musica« bedachte. Ein Intervall, welches einen abwärts führenden und einen aufwärts führenden Halbtonschritt erzwingt, ist ein teuflisches Zerrbild. Aber es war der Halbtonschritt überhaupt, der von Anbeginn in das tonale System ein sowohl willkommenes als auch gleichzeitig unlösbares Problem pflanzte. Ebenso wie der harmonische Akkord gegenüber dem einzelnen Melodieton einen sinnlichen Faktor postulierte, wurden die zwei Halbtonschritte in der Skala für »natürliche« Schritte hingenommen, während alle anderen Halbtöne »chromatische« Veränderungen ihrer Nachbartöne waren. Mit dem Wort »chromos« wurde die visuelle Farbe als sinnlicher Reiz in die Akustik eingeführt. Von Gesualdo da Venosas Motetten bis zu Wagners Vorspiel zu »Tristan und Isolde« wird dieser Reiz konsequent verstärkt. Indessen entfaltet die Chromatik mehr und mehr ihre Wirkung auf die Dekadenz des tonalen Systems.

Auch diese Entwicklung bringt Schönberg in seiner Harmonielehre kritisch zur Sprache. Die Modulation bedient sich auf vielfache Weise der Chromatik: zur Schwächung einer alten Tonika und zur Stärkung einer neuen Tonika. Ein Musikstudent im ersten Drittel des 20. Jahrhunderts lernte noch, bei der Modulation in eine entfernte Tonika im Quintenzirkel zur Verkürzung des Weges die Chromatik sparsam und mit Vorsicht einzufädeln. Es galt, eine Modulation als dramatischen Weg zu gestalten und die Technik des Übergangs zu dem neuen Tonikabereich zu variieren. Aber die Chromatik stand bereits in ihrer Hochblüte. Also stand dem dargestellten Ideal des Modulierens ein entgegengesetztes Ideal gegenüber: nämlich in eine noch so entfernte Tonika auf dem kürzesten Wege mit möglichst wenigen Akkorden und schärfster Chromatik zu gelangen – ein virtuoses Spiel mit Tonalität.

Der technische Begriff »Chromatik« für die Veränderung der Klangfarbe im Halbtonschritt ist aufgeladen mit sinnlicher Reizwirkung; man sprach von »Alteration« im Sinne einer zersetzenden inneren Veränderung der Ausgangstöne, wodurch die Abhängigkeit vom Leitton geschwächt und die Klangbeziehung zwischen den Akkordtönen bewusst ins Dissonante verschärft wurde. Das Resultat war eine labile und unzuverlässige Tonalität, eine deutliche, ungeschminkte Demoralisierung des tonalen Systems. Üppiges Alterieren als Mittel zum Modulieren in entfernte Tonarten auf sensationell kürzestem Wege wurde ein musik-rhetorischer Sport im Theorieunterricht. Schlimmer noch als die Alteration war in dieser Hinsicht die »enharmonische Verwechslung«. Der verminderte Septakkord, ohnehin ein Schwächling, nur aus kleinen Terzen bestehend, immer bereit, sich dem Genuss einer enharmonischen Verwechslung hinzugeben, gaukelte mit ein, zwei Schritten das nah erreichte Ziel vor. Mein Kompositionslehrer Heinz Tiessen sagte in einer Unterrichtsstunde über das Thema Modulation: »Zeig mir, wie Du modulierst, und ich sage Dir, wer Du bist.«

Welche Rolle die Moral im musikalischen Handwerk spielt, ist mit Regeln nicht zu erfassen. Schönberg sparte nicht, in seiner Harmonielehre auf sie hinzuweisen. Sie beschäftigte ihn von der ersten Seite seines Buches an. Sie zwang ihn, den Inhalt des Wortes alterierend zu verschärfen und über eine moralisierende Mahnung hinaus in eine reale Disziplin zu verwandeln. Um dieses Ziel zu erreichen, musste er die traditionelle Harmonielehre kritisch wiederholen, die Vergangenheit in die lebende Gegenwart transponieren und dann im letzten Kapitel in die Zukunft einsteigen.

In diesem Kapitel beginnt die erste Aktivität im Verschmelzungsprozess tonaler Hochblüte und ihrer Dekadenz im Fin de Siècle mit der stürmisch sich entwickelnden naturwissenschaftlichen Technik und ihrer Industrialisierung vor dem Ersten Weltkrieg. Damit war für die Geistesgeschichte der westlichen Zivilisation entschieden, das alle gewohnte Ästhetik umwerfende Kapitel »Moderne Kunst« zu eröffnen. Es türmte sich schnell eine Fülle von Konfliktstoff auf, nicht nur zwischen Verbraucher und Erzeuger, sondern auch in pseudo-philosophischen Theorien und ideologischen Spaltungen. Intellektuelle Konflikte bedrängen das ganze 20. Jahrhundert hindurch die kreativen Kräfte im geistigen Kampf mit dem Material, bis schließlich in Zukunft der Vogel Phoenix aus der Asche aufsteigen kann. Und was ist nun Inhalt des geistigen Kampfs mit dem Material? Seit langem kennt der Musiker empirisch die Existenz von Obertönen; aber erst seit Helmholtz und Fourier können wir diese Naturerscheinung in all ihren Einzelheiten physikalisch genau berechnen. Trotzdem ist schwer zu definieren, was die Obertonreihe eines Grundtones emotionell aussagt. In Anlehnung an das Farbspektrum des Lichts gab man dem Zusammenwirken der Obertöne einen Farbinhalt und prägte das Wort »Klangfarbe«. Nur assoziativ kann man einem Klang eine Farbe zuteilen, und auch dies bleibt in jedem Fall eine individuell subjektive Entscheidung. Falsch oder richtig – die Klangfarbe ist ein wesentlicher initiativer Impuls im Denken des Komponisten.

»Neue Theorien und Phantasien«, neue Etiketten und Schlagwörter werden aufgetürmt, um eine neue, noch unverständliche Klangwelt begreiflich zu machen. So ist auch das letzte Kapitel in Schönbergs Harmonielehre zu verstehen – eigentlich eine Diskussion des Autors mit sich selbst, um denkschwimmend das für ihn schon sichtbare Ufer zu erreichen. Gleich das erste Notenbeispiel im Schlusskapitel ist ein elfstimmiger Akkord aus seinem Monodrama »Erwartung«. Die Basis eines solchen Klangturmes rüttelt bedenkenlos an der inneren Konsonanz-Dissonanz-Beziehung der Intervalle. Je enger die Lage, desto schärfer die dissonante Kollision. Schönberg zeigt sich rücksichtsvoll dem Hörer gegenüber. Er zeigt, wie die Darstellung des Akkordes in weiter Lage, in zarter Instrumentierung, in niedriger Dynamik – alles zusammen das Potenzial der Dissonanz dem Hörer erträglich macht. Dieser Gesichtspunkt zeigt deutlich die Prognose des Komponisten in Beziehung zu seinem Hörerpublikum. Der so rücksichtsvoll notierte elfstimmige Akkord ist trotz allem im tonalen System nicht mehr zuhause. Der elfstimmige Akkord (die Takte 382-383 in Arnold Schönbergs »Erwartung«) symbolisiert und markiert tatsächlich den Schnittpunkt der Überschneidung von Tonalität und Atonalität.

Die Entstehung der Tonalität spiegelte die Offenheit ihrer Zeitgenossen für Erkenntnisse der Wissenschaft und Kunst wider, das hohe intellektuelle Niveau ihrer geistigen Führung, die um einen überzeugenden theoretischen Unterbau bemüht war. Es liegt also eine Logik in der Tatsache, dass Männer wie Schenker und Schönberg mit Einbruch der Atonalität auf traditionelle Lehrbücher des Kontrapunktes und der Harmonie zurückgriffen, nicht nur, um den Stoff kritisch zu revidieren, sondern auch, um aus den ungeklärten Problemen und fehlerhaften Lösungen zu lernen. Es lag in der Luft, dass der erste stürmische Angriff der Atonalität auf die Grundtonmentalität und die Negierung der Tonikakonsequenzen sehr bald zum Vakuum eines theorielosen Zustandes führen müsse.

In dieser Situation wird das Missverhältnis zwischen Freiheit und Disziplin eklatant. Schönbergs kompositorischer Lebenslauf ging durch Tonalität und Atonalität, und er konnte sich mit dem Präfix »A« alleine nicht zufrieden geben. Seine Ethik zwang ihn, einer moralischen Wildnis ungezügelter Freiheit eine neue Disziplin entgegenzustellen. Der entscheidende Schritt einer Neuorientierung war Schönbergs Formulierung: »Komposition mit zwölf, nur aufeinander bezogenen Tönen«.

Damit erreichte Schönberg das Auslöschen der alles dominierenden Tonika – plus Grundtongravitiation, und setzte dafür die Zwölfton-Reihe willkürlich ausgewählter Intervalle, in welcher kein Ton wiederholt werden darf, um jede dominierende Funktion zu vermeiden. Vehement erhob sogleich eine laute Gegnerschaft ihre Stimme gegen die Unnatur solcher Konstruktion, denn keine Kadenz könne nun zu einem Schlusspunkt streben. Ein leicht gefundenes Beispiel für »Entartete Kunst«, wie sie nach 1933 verfolgt wurde.

Was geschah aber in Wirklichkeit?

Die Mutation des Tones als musikalisches Ereignis wird im dritten Millennium alle kreativen Kräfte herausfordern. Bisher war der Ton in seiner Tonhöhe, gleich innerhalb welchen Skalensystems, eindeutig definiert, enthielt aber von Anbeginn das vieldeutige Kriterium der so genannten Klangfarbe als bedeutende Funktion in der Musik. Physikalische Schwingungsverhältnisse einer Tonhöhe waren für die kommunikative Umgangssprache numerisch erfassbar; hingegen wurden erklärende Worte über Klangfarben der Mystik oder angenommenen Gewohnheiten entlehnt. Wissenschaftliche Erkenntnisse führten zur Analysierbarkeit des Obertonspektrums und ermöglichten die definitive Kalkulierbarkeit der Klangfarbe eines Tones.

Theorie und Praxis klafften zunächst auseinander, bis durch die technologische Entwicklung während der Dreißiger- und Vierzigerjahre die Elektronik der Klangfarbenmusik ein äquivalentes Instrumentarium bereitzustellen begann. Für die neue »elektronische Musik« ist die technische Beherrschung des Obertonspektrums elementar. Von nun an ist das Obertonspektrum eines Tones nicht mehr abhängig vom Bau und der physischen Materie eines Musikinstruments, sondern kann vom Komponisten mit elektronischem Instrumentarium willkürlich zusammengesetzt werden. Das bedeutet, dass bereits der einzelne Ton komponiert wird, dass er Aufbau und Gestaltung erfährt. Der Begriff »Farbe« reicht zur Beschreibung seines Inhalt oder seiner Aussage nicht mehr aus. Durch die technische Beherrschung der Obertöne wird auch ihr spektrales Zusammenwirken bewusst gemacht, sodass nicht der singulare Ton, sondern ein pluraler Klang wahrzunehmen ist. Gestalten wir dann auch noch die drei Zeiten eines Tonspektrums, attack – sustain – decay, so haben wir ein Klangprofil mit hochgradig individuellem Informationsreichtum geschaffen. Der Computer macht die Beherrschung unermesslicher Quantitäten von Informationen technologisch möglich. Ein neues weites Feld der Musik wird geöffnet – die »Computermusik«.

Wird ein reiches und sorgfältig durchhörtes Spektrum eines Dauertones mit dem Computer aufgebaut, so wird ein strahlkräftiger Klang mit assoziativer Wirkung komponiert, der den Hörer an Vergangenes aus seinem Leben erinnern und dies mit Träumen und Fantasievorstellungen verknüpfen kann. Solche Klänge, mit naturalistischen Klängen durchsetzt, sind heute als »sonorities« bekannt und beliebt, die in freier Natur in Sommernächten das überlieferte Konzept romantischer Idylle verkörpern.

Könnte man nicht auch in den »sonorities« forschen, deren überaus reich zusammengesetztes Klangspektrum vornehmlich nur für illusorisch assoziative Erregungen eingesetzt wird? Im Stil der »sonorities« erfolgen keine melischen Abläufe präzis definierter Tonhöhen, deren Intervalle aus der Tradition her mit Konsonanz oder Dissonanz ästhetisch gewertet werden. Sie fließen ineinander über. Dominante Tonhöhen sind isolierte, nicht melisch bezogene Erscheinungen. Die Bezeichnungen Konsonanz und Dissonanz haben in dieser total freien Klangwelt keine Gültigkeit mehr. Und Zusammen- oder Auseinanderklingen lässt sich für den Computer nicht programmieren – es sei denn, der Programmierer bestimmt das musikalische Handwerk.

Lange vor der Erfindung des Computers hat Johann Sebastian Bach die »sonority« erforscht, als er mit Gottfried Silbermann an der Hammermechanik des Klaviers arbeitete. Mit dem Hammerflügel entstand der charakteristische Klavierton mit obertonreichem »attack« und verlängertem »decay« bei Freigabe der schwingenden Saite. Die zu Bachs Zeiten voll entwickelte Harmonie der tonalen Musik benötigte ein Instrument, das deren Klangqualität voll zur Geltung bringen konnte. Bachs Umsetzung der technischen Novität in die Aussage der Komposition wurde zur Grundlage für Beethovens Forschen im musikalischen Raum.

Eine noch nicht messbare Energie, die Spannung erzeugt, wird das Erbe von Konsonanz und Dissonanz antreten. In diesem Zusammenhang ist auf ein dominantes Detail in der total freien Musik unserer Tage aufmerksam zu machen: der Gebrauch der Wiederholung. Wiederholungen und ebenso die Vermeidung von

»Ein Ton sucht Spuren seines Nachbarn. Und langsam kommen sie ins Gespräch ...«

Wiederholungen gehören zur tektonischen Planung einer Komposition und ihrer analysierbaren äußeren Form. Diese Form ist kein Modell, in welches ein Inhalt gegossen wird, sondern umgekehrt: Sie ist das äußere Gesicht des zur Form drängenden Inhalts und trägt dessen einzigartige Energie. Also ist Kraft oder Schwäche der Wiederholung ein Ergebnis des Forschens im Inhalt vor oder während des Kompositionsprozesses. Jede Wiederholung eines musikalischen Gedankens kann für die Festigung des rezipierenden Gedächtnisses hilfreich sein.

Zur »total freien« Musik gehört die »chance music«.Wie ein »Zufall« entsteht oder geschieht, ist nicht erklärbar; mit der Terminologie »Zufall« fliehen wir in die Mystik, bekennen wir unser Nichtwissen und unseren eng begrenzten Verstand. Jedenfalls hat der Zufall keinerlei Unterstützung durch erworbene Kenntnisse und infolgedessen auch keine theoretische Grundlage. Mit der Existenz der »chance music« haben wir das Maximum einer theorielosen Situation in der Musik erreicht.

Man könnte meinen, der Zwölftongedanke Schönbergs sei vielleicht ein notwendiges, aber unzureichendes Experiment der jüngsten Vergangenheit gewesen – womit sein relativ kurzes Leben zu erklären wäre. Das Gegenteil ist der Fall. Die Zwölfton-Reihe hat das erste Positivum in die Atonalität gebracht, womit der Stein ins Rollen kam. Die Dynamik der Zwölfton-Reihe setzte sich naturgemäß gegen Hindernisse und Widerstände durch. Um die zwölf Töne der Reihe zu meistern, wurden sie numerisch diszipliniert, damit keiner aus der Reihe tanzen kann. Mit dieser numerischen Relation zwischen den einzelnen Intervallen erreichte Schönberg außer der Überwindung der Gravitation auch die der traditionellen Gefühlsdeutung von Intervallfolgen.

Alsbald begann eine neue Phase der Zwölfton-Musik – die Überwindung der numerischen Disziplin. Das Gedächtnis, seine enorme Fähigkeit zu speichern, seine virtuose Lust, Fäden zu spinnen – all dies kommt wieder zur Geltung, aber nunmehr von der Natur mit zweiter Disziplin ausgestattet. Der Prozess ist noch im vollen Gange: Noch entscheidet die ästhetische Betrachtung zwischen primären und sekundären Elementen. Noch kennt die Notenschrift präzise Graphik nur für die traditionell primären Elemente: Melodie, Harmonie, Rhythmus, während alle sekundären Elemente verbal ausgedrückt werden. All dies in einer Zeit fundamentaler Neuorientierung der Ästhetik.

Nach dem Zweiten Weltkrieg stehen in der postmodernen Musiklandschaft der westlichen Welt gleichberechtigt nebeneinander avancierte tonale oder atonale Musik, Zwölfton- oder serielle Musik, total freie Musik, chance music, Elektronenmusik und – nun noch hinzutretend – die Computermusik.

Die Entwicklung des Computers im Dienst der Musik wird im Laufe des dritten Millenniums dessen Potenzial um das Vielfache steigern. Das Mengenmäßige erzeugt dabei auch neue Qualitäten. Schon heute lenkt der Computer die Aufmerksamkeit des Komponisten auf eine problemgeladene Grenzstelle zwischen menschlicher und mechanischer Fähigkeit. Und wenn wir sagen »menschlich«, so meinen wir geistige Fähigkeiten, deren Funktionieren Gegenstand der wissenschaftlichen Forschung ist. In der Tonsprache haben Geist und Mechanik einen Kompromiss geschlossen: Der Geist im Gehirn verlangt von den Gliedmaßen der Physis nur diejenigen Töne zu produzieren, die der Mechanismus seines Körpers maximal ausführen kann. Dies gilt auch für den Gesang. Die geistig-musikalischen Fähigkeiten des Menschen wurden an der physischen Grenzstelle gestoppt.

Jetzt übernimmt der Computer den physischen Mechanismus des Interpreten. Die Grenze des Computers ist veränderbar. Sie ist abhängig vom Grad der geistigen Potenz des informierenden Komponisten. Wie zu Zeiten Newtons und Einsteins wird wieder ein Durchbruch erfolgen, an dem Technologie und Musikpraxis – abstrakt und konkret – als Partner mitwirken.

Der Komponist kann dem Computer eine musikalische Konstellation programmieren, die gar nicht spielbar wäre, dennoch erfassbar ist und erinnert werden kann. Der Musiksprache wird eine neue Welt eröffnet. Sobald die Computermusik eine graphische Notierung haben wird, die visuell dem akustischen Gedächtnis eine zuverlässige Stütze ist, kann der Komponist Forschung und Imagination in dieser neuen Welt vereinen.

Dann wird der Computer nicht nur ein zusätzliches Experimentiermodell für elektronische Klangverbindungen sein, sondern der Übersetzer einer neuen Musiksprache, mit der die Geschichte der Musik in das dritte Millennium hineinführt. Damit wird keine Vergangenheit gelöscht. Denn Beziehung und Bindung gehören zur persönlichen Disziplin jedes Einzelnen. Beziehung wird gewoben, und Bindung ist die Pflege des Netzes. Es ist das Netz jeder Basis, auch der schwebenden Basis im Raum. Keine Regel und kein Gesetz entspricht diesem Netz. Später, wenn in den neuen Sprachentdeckungen ein Gebrauch sich geregelt haben wird, kann auch wieder eine Theorie aus der Summe dieser Erfahrungen formuliert werden. Bis dahin ist jeder Komponist sein eigener Theoretiker.

Um zu verstehen, wo die Musik am Beginn des dritten Millenniums praktisch und theoretisch steht, ist ein Blick zurück in die Antike erhellend, als der griechische Philosoph Pythagoras aus Samos (6. Jahrhundert vor unser Zeitrechnung) und der griechische Naturforscher und Astronom Ptolemaios (im 2. Jahrhundert unserer Zeit) das Wesen der faszinierenden Klänge im Universum erforschten und erkannten. Auf Pythagoras beruft sich die Lehre von der Sphärenharmonie und die Überzeugung, dass das Wesen der Dinge sich in Zahlen ausdrückt. Als Erbe der pythagoreischen Musiktheorie vertritt Ptolemaios die These, dass mathematische Vernunft und Psychologie des Gehörs übereinstimmen müssen.

Die Zahl misst den Abstand zwischen zwei benachbarten Tönen (Intervall), die im Nacheinander oder in der Gleichzeitigkeit erklingen können. Nehmen wir als Beispiel die Sekunde: Sie ist – ob groß oder klein – im diatonisch horizontalen Durchgang ein idealer Repräsentant der Ratio. Jedoch verursacht sie, wenn sie gleichzeitig erklingt, irrational eine spontane Verwirrung. Die Messbarkeit physikalischer Erscheinungen ist Ausgangspunkt, um die Welt der Töne intellektuell zu erfassen. Aber die unmittelbaren Auswirkungen auf das Nervensystem des subjektiv hörenden Empfängers können nicht von der objektiven Messbarkeit getrennt werden. Diese Kehrseite des Erfassbaren heißt in der Umgangssprache Gefühl oder Empfindung – bis heute nicht objektiv messbare Vorgänge. Sie versetzen den Hörer in verstärkte oder erschlaffende Energiereaktionen.

Ptolemaios bemühte sich um die Erkenntnis, wie der Mensch auf Einzeltöne und Intervalle reagiert. Da eine Messung in Zahlen nicht möglich ist, wird der Gefühlsinhalt mit Worten umschrieben. So etwa qualifiziert er die Quarte als »schön«. Das hängt natürlich mit den pythagoreischen Messungen zusammen und den daraus folgenden geraden und ungeraden Zahlen, die das intellektuelle Hören zwischen einfachen und komplizierten Verhältnissen unterscheiden lassen.

Noch einen anderen Punkt mit großen Auswirkungen berührte Ptolemaios: die Auseinandersetzung mit dem »pythagoreischen Komma«. Eine exakte Messung würde in das Gebiet der Mikrointervalle und damit an die Grenzen der Aufnahmefähigkeit des Gehörsinnes führen. Schon lange gab es bei der Intonation der Saiteninstrumente Schwierigkeiten, weil die geraden Zahlen in den Tonbeziehungen durch das »Komma« irritiert sind. Daher sprach Ptolemaios von der »Vernunft des Ohrs«. Damit sind Kompromissentscheidungen gemeint, was später zur »wohltemperierten« Stimmung führte. Mit den Begriffen von der »Schönheit'« des Klanges und der »Vernunft des Ohrs« legte Ptolemaios die Wurzeln für die Musikästhetik und Tonpsychologie des Abendlandes. Beide entwickelten sich in der Neuzeit zu selbstständigen musikwissenschaftlichen Zweigen der Forschung.

Wie kam Ptolemaios von der exakten Mathematik zur ästhetisierenden Musikbeschreibung? Hier trennt sich der Osten vom Westen. Und es war gerade der Naturforscher, der neue Erkenntnisse in der Tonwelt aufspürte. Die Genetik des musikalischen Intellekts enthält das empirisch und methodisch erworbene Objekt des Wissens und seine unmittelbare Wirkung auf das subjektive Gefühl, abhängig vom Grad der Sensibilität des Subjekts für Sinneseindrücke. Verstand und Gefühl haben ihr eigenes Potenzial. Die Art ihres Zusammenwirkens bestimmt die kreative Qualität. Also muss für die Pflege des Gefühls ebenso gesorgt werden wie für die Schärfung des Verstands.

Die unendliche Variabilität der musikalischen Emotionalität wird sprachlich übersetzt und reduziert durch Wortbegriffe, die der sprachlichen Kommunikation dienen, annähernd äquivalent den messbaren Eigenschaften des Klanges. Solche Terminologien erreichten wenig später den Rang von ästhetisierenden Termini technici. Im Laufe der Jahrhunderte entstand hieraus eine umfangreiche musiktheoretische Literatur als eine Basis des kompositorischen Handwerks. Mit Regeln und Gesetzen sollte das Berechenbare und das Gefühlsmäßige systematisiert und außerdem

moralisch oder ethisch fundiert werden. Zwischen Konsonanz und Dissonanz zu unterscheiden lag demnach auf derselben Linie wie die Differenz zwischen Schön und Hässlich zu kultivieren. Gefühl und Verstand in der Musik auf einen Nenner zu bringen war das ständige Bemühen des professionellen Intellekts.
Es musste der Tag kommen, an dem neue Kenntnisse eruptiv die Grenzen des gewohnten Systems sprengten. Musikalische Revolutionen des 20. Jahrhunderts heißen Atonalität, Zwölftonmusik, Aleatorik, elektronische und Computermusik. Auf diese schnell und unvorbereitet hereinbrechenden Neuerungen konnten sich traditionsgeprägte Hörer zunächst nicht einstellen. Die von Ptolemaios eingepflanzte Musikästhetik wurde als Naturereignis empfunden, die »Unnatürlichkeit« atonaler Musik aus der Helmholtzschen Obertonreihe abgeleitet und »bewiesen«. Der durchschnittliche Musikliebhaber zieht aus der professionellen Intellektualität wenig Nutzen; die fest etablierte Ästhetik dagegen bestärkt Gefühl und Genuss.
Jetzt hat sich die Situation der Musik grundlegend geändert. Wo Ptolemaios noch an die »Vernunft des Ohrs« appellierte, richtet sich der Aufruf an die »Vernunft des Verstands«. Eine alles normierende Ästhetik hat den professionellen Intellekt lahm gelegt. Wenn es früher möglich war, mit messbaren Intervallen den ästhetischen Unterschied von Konsonanz und Dissonanz zu fixieren, ist heute die Ästhetik hilflos, wenn es darum geht, zwischen Klang und Geräusch zu unterscheiden. Sie kann auch nicht Ordnung und Chaos als Gegensätze definieren, denn sie hat keinen Ansatzpunkt für chaotisches Geschehen. Ein historischer Blick auf Arnold Schönbergs Zwölftonordnung zeigt, dass die strengen Bedingungen der Reihe den für melodischen und harmonischen Ablauf gelten, während alle anderen musikalischen Elemente Freiheit von der Bindung genießen. Für ihn war Selbstdisziplin innerhalb von Freiheit das balancierende Gegengewicht zur strengen Ordnung. So verstandene Freiheit war eben nicht chaotisch, sondern diente dem Zusammenwirken von Gefühl und Intellekt.

Musik im dritten Millennium

Die Angst vor ungezügeltem Chaos war dann der Grund, die Zwölftonordnung anders als ihr Schöpfer total anzuwenden. Und damit beginnen entscheidende Richtungsänderungen auf dem Weg ins dritte Millennium. Elektronik und Computer schaffen grundlegende Veränderungen in der Erzeugung von Klängen für die weitere Entwicklung der Musiksprache.

Ist der Computer überhaupt ein Musikinstrument? Jedenfalls erscheint er als Begleiter disziplinierten freien Denkens zum zentralen Ereignis musikalischen Schaffens im 21. Jahrhundert zu werden. Die Entwicklung in der musikalischen Komposition war stets initiiert oder verbunden mit dem Fortschritt im Bau von Musikinstrumenten, die Forderungen teils mechanischer, teils ästhetischer Art zu erfüllen hatten. Auf den ersten Blick scheint es beim Computer umgekehrt zu sein: Es ist der Komponist, der die technischen Forderungen des Computers erfüllen muss. Oder ist eine gegenseitige Beeinflussung im Spiel? Der Bau des Instrumentariums und seine Belebung durch den Komponisten gehen Hand in Hand, an gewissen Punkten muss beides zusammentreffen, um neue Ideen zu realisieren.

Ich gehe aus von der Kenntnis der Obertöne in der Physik des Tones und beziehe sie auf ihre Funktion in der Computermusik. Die Natur hat jeden Ton zum dominierenden Grundton einer Obertonreihe gemacht. Damit erhält der Ton einen sinnlichen Ausdruck, ähnlich der Funktion des Gesichtsausdrucks eines Menschen. Das zum Ton mitschwingende Material des Ton erzeugenden Instruments beeinflusst das Volumen der einzelnen Obertöne auf verschiedene Weise, wobei sich der Ausdruck des Tones verändert, was wir leihweise als Klangfarbe bezeichnen. Analog zum Tizian-Rot wäre dann sozusagen die Klangfarbe eines bestimmten Instrumentes. Die Natur hat außerdem eine grundsätzliche Anordnung der Intervalle in der Obertonreihe festgelegt, nämlich von weiten zu immer engeren Intervallabständen. Diese musikästhetische Entscheidung der Natur findet ihr Spiegelbild in der traditionellen Harmonielehre bei der Darstellung eines Akkordes in weiter und enger Lage.

Zudem ist die zweimalige Wiederholung des Grundtones im Abstand von zwei Oktaven ein früher Hinweis auf Bedeutung und Gebrauch der Wiederholung, während die Teilung der Oktave in Quinten und Quarten harmonische Ausgangspunkte postuliert. Bedenkt man, dass jeder Oberton wiederum seine eigene Obertonreihe nach gleicher Anordnung mitbringt, diese Reihen aber stetig schwächeres Volumen haben, sodass unsere Hörkapazität nur in Ausnahmefällen davon überhaupt noch Kenntnis nehmen kann, so dokumentiert diese Schwäche des Ohres eine möglicherweise von der Natur beabsichtigte Reduzierung unserer Hörfähigkeit aus Gründen weiser Ökonomie. Wir sehen also, dass schon in der Obertonreihe, die beim Spielen der Musikinstrumente entsteht, eine starke Herausforderung an unsere Sinneskraft liegt. Mit dem Computer sind wir jetzt in der Lage, diese Herausforderung anzunehmen.

Neugier auf eine Zukunft, die viel verlangt und viel verspricht, leitet mich am Anfang einer Komposition. Meine erste Anstrengung ist nicht, ein musikalisches Thema kondensiert oder breit zu formulieren, sondern zunächst ein Klangmaterial zu komponieren, aus dessen Energiepotenzial ich Anregungen für weitere Aussagen bekommen werde. Ich beschließe beispielsweise, eine Komposition für drei Töne unterschiedlichen Charakters zu schreiben. Der entsprechend programmierte Computer gibt mir eine lange Obertonreihe, die der normalen Hörkapazität entspricht. Statt mit einem Synthesizer imitierte Instrumentalcharaktere zu verwenden, komponiere ich aus experimenteller Neigung und Erfahrung jeden Ton unter Anwendung subjektiver Kriterien. Es liegt mir an einer Mischung der Volumina der Obertöne, um eine starke Energieausstrahlung zu erreichen. Sie kann zwar technisch noch nicht gemessen, jedoch sinnlich empfangen werden und einen so hochgradigen Inhalt senden, dass die Idee der gesamten Komposition realisiert wird. Bei der anschließenden Ausarbeitung darf sein Charakter nicht verzerrt oder gar zerstört werden.

Ein feinsinniges Abhören des entstehenden musikalischen Lebewesens ist die Voraussetzung für eine kongeniale Zusammenarbeit mit dem Computer. Mit der Obertonreihe als Teil akustischen Daseins ist dieses Lebewesen alleine noch nicht gekennzeichnet; noch ist es nicht geboren. Erst in der Geburt liegen alle die Urstoffe, die dann sein Wesen zur Reife bringen und seinem individuellen Leben ein charaktervolles Ende geben. Diese drei Lebensepochen eines Tones heißen »attack«, »sustain«, »release«. Die Zeitdauer jedes Teils macht das Charakteristikum jedes Tones in seiner Gesamtheit aus. Hat der Komponist nun die drei Töne komponiert, so kann er mit ihnen die Darstellung seiner Komposition beginnen. Die drei Töne sind im Computer gespeichert; jede Veränderung, sei es Tonhöhe, Tondauer, Tonstärke, Obertonverhältnis – attack und decay – alles genau fixierbar, wird vom Computer präzise realisiert und gespeichert. Nun folgt der Vollzug der Komposition mit diesem sehr flexiblen Rohmaterial.

Vergleichsweise sind diese drei Einzeltöne Vertreter von Instrumenten. Sie sind nicht aus konkretem Material gebaut – sie sind komponiert. Die Beziehungen zwischen den Obertönen mit ihrem Grundton sind in zahllosen Varianten veränderbar. Jede dieser Varianten hat ihre akustische und auch ihre visuelle Tektonik, die auf dem Bildschirm des Computers sichtbar ist. Auge und Ohr helfen sich gegenseitig, die innere Spannung eines Tons zu erfassen – ein wichtiges Moment für die nun folgende Ausarbeitung der Komposition. Natürlich geht der Darstellung der drei Töne der Wille zu einer Aussage voraus, für die die drei Toncharaktere geschaffen wurden.

Jetzt eine Anregung zur Formung der Komposition. Aus Mangel an technischen Mitteln gebe ich nur eine verbale Beschreibung des Anfangs: Ein Ton sucht Spuren eines Nachbarn. Er findet ihn und langsam kommen sie ins Gespräch. Ein dritter Ton schließt sich ihnen an. Sie bilden Strukturen, die sich kaleidoskopartig verändern, geraten in emotionelle Erregung, die sie auf einen dramatischen Höhepunkt führt. Es stößt auf sie in krassem Gegensatz die Verwandlung der Töne durch andere Parameter. Am Punkt des Zusammenstoßes ist das Thema beendet. Es ist kein Thema in herkömmlicher melodischer Darstellung, sondern lebt als Larve, bevor sie eine Raupe wird.

Keinesfalls will ich eine Komposition dieser Art verbal beschreiben. Es soll nur eine Andeutung für die Wandlung von Form sein. Es zeigt aber deutlich die Auswirkung des Schönbergschen Gedankens durch Aufdeckung seines Kernes nach Abfall der welken Schale. Nichts mehr von System und Methode, aber intensive Verknüpfung von Beziehung und Zusammenhang. Noch ist die soeben beschriebene Komposition in konventioneller Notenschrift notierbar. Sie ist auch im Rahmen des Interpretierbaren konzipiert. Die Fantasietätigkeit des menschlichen Gehirns steht aber nicht still. Und bald werden die Gliedmaßen seines Körpers an die Grenzen des Spielbaren gelangen. Damit rückt die Funktion des Computers in den Vordergrund. Es ist leicht zu erahnen, wie sprunghaft sich musikalische Informationen vermehren werden.

Reicht unser Gedächtnisvermögen noch aus, um die Forderungen dieser Entwicklung zu erfüllen? Am Zusammenwirken von Auge und Ohr konnte sich der professionelle Intellekt der Musik hochranken und auch der ptolemäischen Ästhetik ein neues weites Feld korrespondierender Gefühle eröffnen. Folgerichtig kommen wir zu der Einsicht, dass Komponieren ein Forschungsvorgang ist.

Dazu fügt sich noch ein anderer Punkt. Bis auf den heutigen Tag teilt sich die Realisierung der Musik in zwei Tätigkeiten: das Tun des Schaffenden und das Tun des Interpretierenden – Letzterer ähnlich dem Schauspieler im Drama auf der Bühne. Der Hörer genießt beide Arten der Realisierung, wobei Verstand und Gefühl sich wechselseitig potenzieren. Da die Notenschrift sehr lückenhaft ist, gibt sie dem Interpreten reiche Gelegenheit, seinen eigenen Beitrag als Kommentar zu bringen. Das hat seinen Reiz und seine Gefahren.

Nun aber tritt der Computer in Funktion. Das Tun des Schaffenden kann sich nicht in einer Computer-Notenschrift dokumentieren, denn der Computer ist kein Musikinstrument, auf dem der Interpret das Geschriebene in akustisches Leben verwandelt. Also hat die Computermusik des dritten Millenniums für die ererbte Notenschrift keinerlei Verwendung.

In nicht ferner Zukunft wird unser musikalisches Weltbild mehrdimensional konzipiert sein. Für diesen Blick ins Weite der künftigen Tonwelt ist es notwendig, eine entsprechende Ordnung vorzubereiten. Noch kennen wir nicht die Natur der um das Vielfache gesteigerten Informationsquanten. Aber wir müssen diese Welt planmäßig erforschen.

*Konzertprobe mit dem Vogler Quartett
in der Berliner Akademie der Künste im Jahr 2004*

Gleich den Theoretikern der Antike richtet sich mein Interesse auf die Physis des Einzeltones, dem spezifische musikalische Reaktionen beigesellt sind.

Die Agogik der Verschmelzung aller Obertöne zu einem Ton ist nur am komplexen Endresultat zu erkennen. Die Erfindung klanglicher Mixturen am Computer ist die Eröffnung eines fruchtbaren theoretischen Felds und gleichzeitig ein guter Ansatzpunkt, um die Individualisierung des Musikdenkens zu regenerieren.

In verändertem Kontext taucht das Problem der »Stimmung« auf. Die »wohl«-temperierte Stimmung nimmt Rücksicht auf die »saubere« Intonation der komplexen Harmonie. Im Gegensatz dazu verlangt der Computer keine Notwendigkeit zu solcher Rücksichtnahme; und es wäre auch ganz gegen seine Natur, das »pythagoreische Komma« zu eliminieren. Denn genau dieses Komma eröffnet uns die Mikrowelt der Töne. Wir begnügen uns auch nicht mit der Teilung des Halbtones in zwei Vierteltöne; wir wollen das ganze weite, freie Gelände zwischen Ton und Nachbarton in feinsten noch erfassbaren Verästelungen erkunden. Dies ist keine Irrealität mehr, sondern wird zur Wirklichkeit, weil der Computer uns das Hören von Mikrointervallen lehrt. Die feinste Aufteilung des Intervallgeländes korrespondiert mit dem Überspringen großer Flächen, wodurch das Verhältnis zwischen Mikro- und Makrostrukturen im Kleinen wie im Großen zum Ausdruck kommt.

Der »Untergang des Abendlandes« wird zum Aufgang der globalen Musik auf dem Planeten Erde. Ethnologische Differenzierungen werden durch die jeweilige Umwelt der Komponisten bestimmt. Es gehört zu den Herausforderungen an jeden professionellen Musiker und auch an die ernsthaften Hörer, den gewaltigen Prozess der geistigen Umwandlung durch aktives Forschen und Reflektieren zu stabilisieren.

Gemeinsam leben wir im Bewusstsein, dass wir von nun an Baumeister an einem Turm der Tonwelt sind, der Verständnis beherbergt und dessen abstrakte Architektur kultiviertes Denken symbolisiert.

Der gleich bleibende Ton

Der Wert der Zeit, auch wenn die geformte Melodie verstummt, kam mir an einem ganz anderen Ende der Welt zu vollem Bewusstsein. Auf einer Japanreise, es war in den Sechzigerjahren, erlaubte mir der Hohepriester einer shintoistischen Glaubensgemeinschaft in Kyoto während eines großen Feiertages, einer Gebetszeremonie beizuwohnen unter der Bedingung, dass ich mich in einer nachtdunklen Ecke des Gebetsraums während der langen Stunden unbemerkt verhielte.

Fünf Mönche saßen mit überkreuzten Beinen vor der offenen Gartentür eines Gartens, in dem keinerlei Pflanzen wuchsen. Seine Blumen waren Steine unterschiedlichster Art und Größe, im feinsten gartenarchitektonischen Sinne angeordnet. Die Mönche murmelten fast unhörbar Gebete, die sie aus einem Buch lasen, das in ihrem Schoß lag. Von irgendwoher war der Ton eines Streichinstruments zu hören, ohne jedes Vibrato, nur vom Bogenstrich über eine Saite belebt. Die Tonhöhe blieb konstant, die Lautstärke ebenso, keine noch so kleine Pause trennte zwischen zwei Tönen. Mein Wissen um die vergangene Zeit war bald erloschen. Eine andere Zeit trat an ihre Stelle, die Zeit völliger Hingabe ohne jede Aufgabe. Es gab keinen Anfang und kein Ende, kein Meditieren in Gedankenwelten, es war ein Zustand reiner Abstraktion von jeder Realität.

Ich kann nicht sagen, wie viele Stunden ich dort verbracht habe; gewiss hätte ich die Zahl mit Hilfe einer Uhr rekonstruieren können, damit wäre aber die Zeit des Gebetes zerstört worden.

Behutsam führte man mich irgendwann wieder auf die Straße, wo ich mich im Gewimmel des japanischen Millionenverkehrs wieder fand und mich auf einem anderen Planeten glaubte. Der wilde Betrieb berührte mich überhaupt nicht.

Der gleich bleibende, unaufhörliche Ton, der das Gebet der Mönche begleitete, war wie der dünne, akustische Faden, gespannt wie ein Regenbogen von einer Stelle des Himmels zur anderen, an dem entlang die trunkene Hingabe zum befreiten Denken volle Zeugungskraft erreichen konnte – Urzustand jeder kreativen Tätigkeit, der durch Selbsterziehung erreichbar ist. Würde heute jemand fragen, bei wem ich Komposition studiert habe, so würde ich antworten: Bei fünf japanischen Mönchen während einer Stunde, die auf keiner Uhr notiert ist.

***

So sah ich, dass es nichts Besseres gibt,
als dass der Mensch sich freue an seinen Werken,
denn das ist sein Anteil.
Prediger 3, 22

וראיתי כי אין טוב
מאשר ישמח האדם במעשיו
כי־הוא חלקו

קהלת ג׳ כ״ב

Josef Tal – Werkverzeichnis
(Auswahl)

Opern

SAUL IN EN DOR (Saul at Ein Dor). Konzertante Oper für Mezzosopran, Tenor, Bassbariton, Erzähler und Kammerorchester (1955; IMI 6617). Text: Samuel I

AMNON UND TAMAR (Amnon and Tamar). Oper in einem Akt für Mezzosopran, Tenor, Bariton, Bass, Männerchor und Orchester (1961; IMI 6618). Text: Recha Freier nach Samuel II, 13

ASHMEDAI Oper in zwei Akten für Solisten, Chor, Tonband und Sinfonieorchester (1968; IMI 109). Libretto: Israel Eliraz

MASSADA 967. Oper in 15 Szenen für Solisten, Chor und elektronische Musik (1972; IMI 240). Libretto: Israel Eliraz

DIE VERSUCHUNG (The Temptation). Oper in zwei Akten für Solisten, Chor, Tonband und Sinfonieorchester (1975; IMI 292). Libretto: Israel Eliraz

SZENE (Scene). Monodrama für Sopran (oder Tenor) solo (1978; IMI 6164). Text: Franz Kafka, Tagebücher

DIE HAND (The Hand). Spielszene für Sopran und Violoncello (1987; IMI 6659). Text: Israel Eliraz

DER TURM (The Tower). Oper in zwei Akten für Solisten, Chor, Tonband und Sinfonieorchester (1983; IMI 6453). Libretto: Hans Keller

DER GARTEN (The Garden). Kammeroper in sieben Szenen, Prolog und Intermezzo für Sopran, Tenor, Erzähler und Instrumentalensemble (1987; IMI 6582). Libretto: Israel Eliraz

JOSEF. Oper in zwei Akten für Solisten, Kinderchor, gemischten Chor und Sinfonieorchester (1993-95; IMI 6970). Libretto: Israel Eliraz

Kantaten – Vokalmusik

KANTATE ZU SUKKOT (Succoth Cantata) für Solisten, Chor und Kammerorchester (1955; IMI 008). Text: Elazar Hakalir

DER TOD MOSES' (The Death of Moses). Requiem für Solisten, Chor, Tonband und Kammerorchester (1967; IMI 127). Text: Yehuda Ya'ari

PARADE DER GEFALLENEN (Parade of the Fallen). Kantate für Sopran, Bariton, Chor und Sinfonieorchester (1968; IMI 135). Text: Haim Hefer

ELSE, Hommage für Else Lasker-Schüler für Mezzosopran, Erzähler, Horn, Viola, Violoncello und Klavier (1975; IMI 383). Text: Israel Eliraz

Das hölzerne Pferd. Für vier Solisten, Chor und Tonband (1976; IMI 330). Text: Nathan Zach

Mit Deiner ganzen Seele (With All Thy Soul). Kantate für drei Soprane, Bariton, Knabenstimme, gemischten Chor, Blechbläser und Streichorchester (1978; IMI 6162). Text: Apokryphen

Traum der Kreise (Dream of the Circles). Für Bariton, Chor, Bassklarinette, Horn, Tenorsaxofon und Viola (1985; IMI 6528). Text: Rabbi Nachman aus Bratzlaw, übertragen von Michal Govrin

Kammermusik – Vokalmusik

Schlichtheit. Für Bariton Solo (1997; IMI 7134). Text: Jorge Luis Borghes

Sonette an Orpheus. Für Bariton Solo (2000; IMI 7266). Text: Rainer Maria Rilke

Drei Lieder der Ruhe (Three Songs of Serenity) für Sopran und Klavier (1936; IMI 6655). Texte: Paul Verlaine, Georg Heym, Christian Morgenstern

Lied (Song) für Bariton (oder Alt), Horn, zwei Tom-Toms und Klavier (1971; IMI 222). Textcollage nach Heinrich Heine

Mein Kind (My Child) für Mezzosopran und Klarinette (1975; IMI 364). Text: Nathan Yonathan

Kriege fegten hier hinweg (Wars Swept Through Here) für Bariton und kleines Instrumentalensemble (1991; IMI 6885). Text: Israel Eliraz

Schmerzliche Zeile (Bitter Line) für Bariton und kleines Instrumentalensemble (1991; IMI 6900). Text: Israel Eliraz

Mein blaues Klavier (My Blue Piano) für Sopran und Klavier (1993; IMI 6990). Text: Else Lasker-Schüler

Musik für A-cappella-Chor

Drei Lieder (Three Songs) für gemischten Chor (1953)

Tasten (Touch a Place) für Solo-Stimme und A-cappella-Chor für 3 gleiche Stimmen (1987; IMI 6583). Text: Israel Eliraz

Orchesterwerke

Spiegelungen (Reflections) für Streichorchester (1950; Universal Edition)

Sinfonie Nr. 1 (1953; IMI 6613)

Festliche Vision (Festive Vision) für Sinfonieorchester (1959; IMI 6624)

Sinfonie Nr. 2 für Sinfonieorchester (1960; IMI 6614)

Form (Shape) für Kammerorchester (1975; IMI 432)

Sinfonie Nr. 3 (1978; IMI 6172)

TANZ DER EREIGNISSE (Dance of the Events) für Sinfonieorchester (1981/86; IMI 6324)
IMAGO für Kammerorchester (1982; IMI 6383)
SINFONIE NR. 4 »Jubiläum« (1985; IMI 6558)
SYMPHONISCHE FANFAREN (Symphonic Fanfares) für Sinfonieorchester (1986; IMI 6573)
SINFONIE NR. 5 (1991; IMI 6875)
SINFONIE NR. 6 (1991; IMI 6910)

Konzerte

KONZERT NR. 1 für Klavier und Orchester (1944; IMI 6615)
KONZERT NR. 2 für Klavier und Kammerorchester (1953; IMI 6577)
KONZERT für Viola und Kammerorchester (1954; IMI 6631)
KONZERT NR. 3 für Tenor, Klavier und Kammerorchester (1956; IMI 6616). Text: Elazar Hakalir
KONZERT für Violoncello und Streichorchester (1961; IMI 007)
KONZERT NR. 5 für Klavier und Elektronik (1964; IMI 068)
KONZERT für Cembalo und Elektronik (1964/77; IMI 069)
DOPPELKONZERT für Violine, Violoncello und Kammerorchester (1970; IMI 158)
KONZERT NR. 6 für Klavier und Elektronik (1970; IMI 164)
KONZERT für Harfe und Elektronik (1971/80; IMI 192)
KONZERT für Flöte und Kammerorchester (1977; IMI 6082)
KONZERT für Klarinette und Kammerorchester (1977; IMI 6273)
KONZERT für zwei Klaviere und Sinfonieorchester (1980; IMI 6201)

Kammermusik

KLAGE (Lament) für Violoncello und Harfe (1950; IMI 6619)
SONATE für Oboe und Klavier (1952; IMI 6608)
SATZ (Movement) für Tuba und Klavier (1980; IMI 6274)
DUO für Flöten (1953; IMI 6623)
STREICHQUARTETT NR. 1 (1959; IMI 6621)
SONATE für Viola und Klavier (1960; IMI 6622)
STREICHQUARTETT NR. 2 (1964; IMI 052)
DUO für Viola und Klavier (1965; IMI 079)
QUINTETT für Holzbläser (1966; IMI 110)
FANFARE für drei Posaunen und drei Trompeten (1968; IMI 6609)
TRIO für Violine, Violoncello und Klavier (1974; IMI 275)
STREICHQUARTETT NR. 3 (1976; IMI 6068)
HINTERHOF (Backyard). Tanzszene für Flöte/Piccolo, Horn, Schlagwerk, Klavier, Viola, Violoncello und Tonband (1977; IMI 6093)

KLAVIERQUARTETT (1982; IMI 6349)
KAMMERMUSIK (Chamber Music) für Sopran-Blockflöte, Marimba und Cembalo
(1983; IMI 6490)
DUO für Posaune und Harfe (1989; IMI 6795)
DUO für Oboe und Englisch Horn (1992; IMI 6956)
QUARTETT für Tenorsaxofon, Violine, Viola und Violoncello (1994; IMI 6993)

Klaviermusik

CUM MORTUIS IN LINGUA MORTUA. Variationen für Klavier (1945; IMI 6607)
SECHS SONETTE für Klavier (1946; IMI 6625)
SONATE für Klavier (1950; IMI 6626)
FÜNF INVENTIONEN (Five Inventions) für Klavier (1956; IMI 6627)
ZWÖLFTONIGE EPISODEN Fünf Studienstücke für Klavier mit einer Übersicht der Reihentabellen und Analysen des Komponisten (Dodecaphonic Episodes: Five methodical piano pieces in dodecaphonic technique (including a chart of note-rows and analysis by the composer) (1962; IMI 040))
FÜNF VERDICHTUNGEN (Five Densities) für Klavier (1975; IMI 449)
EINE GESCHICHTE FÜR KINDER IN VIER TEILEN (A Tale in Four Parts) für Klavier vierhändig (1988; IMI 6711)
FÜNF ESSAYS für Klavier (1986-2000; IMI 7096)

Solo ohne Begleitung für Streichinstrumente

FESTLICHES PRÄLUDIUM (Festive Prelude) für Violoncello Solo (1949; IMI 6629)
TRAKTAT (Treatise) für Violoncello Solo (1973; IMI 285)
IM GEDENKEN EINES LIEBEN FREUNDES (In Memoriam of a Dear Friend) für Violoncello Solo (1985; IMI 6561)
PERSPEKTIVE (Perspective) für Viola (1996; IMI 7066)
SUITE für Viola Solo (1940; IMI 6525)

Musik für Harfe

INTRADA für Harfe (1959; IMI 6628)
STRUKTUR (Structure) für Harfe (1962; IMI 019)
DISPUT (Dispute) für Harfe (1989; IMI 6820)

Musik für Orgel

SALVE VENIA für Orgel (1983; IMI 6489)

Folgende CDs sind derzeit in Deutschland lieferbar:

Josef Tal
»Else« (Hommage)
Catherine Gayer, Sopran, Joachim Bliese, Sprecher,
Heidrun Ganz, Bratsche, Götz Teutsch, Violoncello,
Norbert Hauptmann, Horn, Klaus Hellwig, Klavier,
Josef Tal, Dirigent

Josef Tal
3 Essays for Piano
Jeffrey Burns, Klavier

Aufnahmen des RIAS Berlin
Akademy / edel company
(P) © 1992 Akademy
Akademie der Künste, Berlin

Josef Tal
Symphonies 1-3
Festive Vision
NDR Radiophilharmonie
Leitung: Israel Yinon
Co-Production: cpo / Norddeutscher Rundfunk
© publisher: 1992 & 1997 by Israel Music Institute
(P) 2003

Josef Tal
Symphonies 4-6
NDR Radiophilharmonie
Leitung: Israel Yinon
Co-Production: cpo / Norddeutscher Rundfunk
© publisher: 1992 & 1997 by Israel Music Institute
(P) 2004

Personenregister

A
Abdulla, Emir 121
Albert, Eugen d' 80, 118 f.
Arcadelt, Jakob 243

B
Babbitt, Milton 184
Bach, Johann Sebastian 59, 62 f., 77, 118, 231, 240 f., 244, 252
Balan, Benno 153
Barsch (Mathematiklehrer) 27
Bartók, Bela 147, 241
Beatles 238
Becker, Antoinette 209, 211
Becker, Hellmut 209 ff.
Beethoven, Ludwig van 34, 55, 64, 117 f., 129, 156, 198, 216, 241, 252
Beinum, Eduard von 169
Ben-Chaim, Paul 169, 193
Berg, Bengt 81
Bernadotte, Folke Graf 86
Bertini, Gary 206, 234
Bertonoff, Deborah 153 f., 194, 228 f.
Bertonoff, Jehoshua 229
Bertonoff, Shlomo 229
Bialik, Nachman 114
Bisping, Ernst 23
Blacher, Boris 192 f., 197, 211
Bloch (Familie eines Freundes) 35 f.
Bloch (Großrabbiner) 25, 221
Bloch, Jetka (Tante) 94
Borris, Siegfried 77
Boscowicz, Uri 169
Brahms, Johannes 204, 246
Brenner, Friedel (Vetter) 29, 41, 94
Brenner, Hertha (Cousine) 24 f.
Busoni, Ferruccio 71, 118
Bussche-Streithorst, Axel Freiherr von dem 209 ff., 218 ff.
Buxtehude, Dietrich 240

C
Cagan, Helene 136
Carmi, Moshe 120 f.

Chaplin, Charlie 81, 189
Chopin, Frédéric 113, 172 f.
Churi, Jussuf 141, 204
Cosman, Milein 216, 218

D
Dallapiccola, Luigi 193
Dante Alighieri 111
David (König) 119, 221
Dietrich, Marlene 81
Döblin, Alfred 47
Dreiermann 90, 92

E
Eger, Akiba 221
Einstein, Albert 237, 254
Eliraz, Israel 204, 206, 233 f.
Evangelisti, Franco 183 f.

F
Fischer, Susanne 31, 35, 54 f., 66
Fischer, Walter 31
Fleischhauer, Dietrich 199
Fleming (Professor) 65 f.
Fourier, Jean Baptiste Joseph 249
Freier, Recha 175
Freier, Shalhevet 175, 180 f.
Freud, Sigmund 46
Friedrich der Große 77
Friedrich, Götz 206
Furtwängler, Wilhelm 54
Fux, Johann Joseph 62, 244 f.

G
Gabrieli, Giovanni 246
Genzmer, Harald 88, 141
Gert, Valeska 74
Gindler, Elsa 73 f., 78, 90, 141
Glanz, Leib 177
Gmeindl, Walter 77
Goethe, Johann Wolfgang 207
Goldschmidt, Rahel 25 f., 28, 50
Göring, Hermann 96
Großmann, Hedwig 94

Grünthal (Großvater) 40, 221
Grünthal, Julius (Vater) 7 ff., 13 ff., 20 f.,
  23 f., 31 f., 34, 38 f., 41 ff., 45 ff.,
  52 ff., 57 ff., 61, 64, 70, 75, 91, 94 f.,
  97, 107, 135, 143, 151 f., 171, 220 ff.
Grünthal, Ottilie (Mutter) 8 ff., 13 ff.,
  21, 23 ff., 27, 37 ff., 41 ff., 46 ff., 50,
  54, 59, 64, 107, 135, 222

H
Händel, Georg Friedrich 86, 149
Hauser, Emil 135 f., 139
Helmholtz, Hermann Ludwig Ferdinand
  von 249, 257
Herzog, Gerty 192 f., 197, 211
Hiller, Lejaren 185
Hindemith, Paul 64, 70 ff., 88 ff., 141,
  237, 239
Hitler, Adolf 39, 73, 86, 91, 97, 210, 237
Huberman, Bronislav 130, 135

I
Idelsohn, Abraham Zebi 169

J
Jacobson, Fritz 151 f.
Jacobson, Grete, geb. Grünthal (Schwester) 10, 13, 17 ff., 23, 41, 58, 94,
  107 f., 151, 185 f., 199
Jacobson, Heini 151
Jaffa, Max 75

K
Kaelter, David 44
Kafka, Franz 43 f., 234
Kaplan, Elishewa 147
Keith-Roach 148
Keller, Hans 214 ff.
Kestenberg, Leo 71 ff.
Kleyff, Alex 96 f.
Kleyff, Bruno 97
Kraus, Karl 41
Kreutzer, Leonid 70, 175
Krüger (Professor) 66

L
Laban, Rudolf 74
Lasker-Schüler, Else 151, 159
Le Caine, Hugh 187 ff., 193, 196, 199
Lehmann, Rudi 94

Lessing, Gotthold Ephraim 36
Levy, Emil 38 f., 64, 135
Liebermann, Rolf 174, 199 ff.
Lindtberg, Leopold 205
Liszt, Franz 246
Loebenstein, Frieda 70 ff., 90
Louis, Rudolf 59
Luther, Martin 229

M
Marcus, Alfred 146
Marcuse (Sanitätsrat) 47 f.
Marcuse, Ulla 47
Markel, Shlomo Dr. 233
Maronn, Eckhard 231 f.
Marx, Karl 75
Mehta, Zubin 197
Mendelssohn-Bartholdy, Felix 84
Meroz, Yohanan 154
Molinari, Bernardino 154 ff.
Moog, Robert A. 185, 196
Moses 105, 204
Mozart, Wolfgang Amadeus 60, 84, 92,
  117, 143, 216, 240
Müller (Chordirigent) 26 ff.
Mussorgski, Modest 152

N
Nabokov, Nicolas 191 f.
Newton, Isaac 237, 254

O
Ochs, Siegfried 63
Offenbach, Jacques 41

P
Paganini, Niccolò 85
Palestrina, Giovanni Pierluigi da 243
Pallenberg, Max 47
Palucca, Gret 74
Peel, Lord Robert 146
Pfeffer, Charlotte 65, 77
Pinchas (Pini) 113 ff.
Prés, Josquin des 243
Prüwer, Julius 54 ff., 62, 64, 78
Ptolemaios 255 ff.
Pythagoras 255

Q
Quantz, Johann Joachim 77

R

Rachmaninow, Sergej 172, 174
Radolin (Fürst) 25, 221
Rameau, Jean-Philippe 237, 244
Reinhardt, Max 45, 47
Riemann, Hugo 245
Rilke, Rainer Maria 91
Ringart, Noah 90, 94
Ringart, Rachel 116 f., 119
Romberg, Andreas Jakob 27
Ronly-Riklis, Shalom 192 f., 197
Rotenstein (Brüder aus Gesher) 133
Rotter (Rotter Bühnen) 147

S

S'wulon, Nehemiah 146
Saal, Max 67 ff., 83 f., 94, 118, 169
Sachs, Curt 47, 65, 77
Sachs, Hilde (Cousine) 29, 41, 94
Sachs, Ida (Tante) 30
Sala, Oskar 88
Salomon, Karl 139, 156, 158, 160
Schenker, Heinrich 239, 241 f., 245 f., 250
Scherchen, Hermann 181, 183
Schiller, Friedrich 27, 146
Schlusnus, Heinrich 67
Schmidt, Helmut 154
Schnapp, Lotte 53
Schocken, Salman 95
Scholem, Gershom 59, 172, 208, 211, 222
Schönberg, Arnold 65, 153, 237, 239, 241 f., 24 f., 253, 257, 260
Schreker, Franz 55, 62, 64
Schubert, Franz 67, 84, 113, 129
Schumann, Robert 31
Schünemann, Georg 64 f., 77, 87, 89
Seal, Sidney 141
Shakespeare, William 97
Sharon, Usi 191
Sichel (Caféhausbesitzer) 150 f.
Silbermann, Gottfried 231, 252
Singer, Kurt 79 f., 175
Spighel, Dr. (Hausarzt) 170
Springer, Leo (Vetter) 21, 42, 46
Stanislawski, Konstantin 84
Steinhardt, Jacob 134, 141
Steinhardt, Mimi 134
Sternberg, Erich Walter 141
Strauss, Richard 68, 240
Streicher, Julius 78

Sullivan, Arthur 47
Szarvas, Klari 135

T

Tal, Etan 167, 202
Tal, Irit 170
Tal, Pola 142 f., 156, 161, 164, 167, 170, 181 ff., 202, 208, 211 f.
Tal, Re'uwen/Rainer 91, 95, 100, 102 ff., 127 f., 133, 141, 170 f., 182, 202 ff.
Tal, Rosie 45, 60 ff., 73 f., 76, 78, 80, 84 ff., 89 ff., 93, 95 f., 100, 102 ff., 106 ff., 111, 127 f., 141 f., 170 f., 182
Taube, Michael 175
Teichmann, Kurt 56, 59, 63
Thuille, Ludwig 59
Tiessen, Heinz 65, 248
Tizian 258
Trapp, Max 65 f., 79
Trautwein, Friedrich 88
Trümpy, Berthe 74
Türk, Hede 135

V

Valentin, Karl 179
Varèse, Edgar 189
Veit (Choreograph) 74
Venosas, Gesualdo da 247
Vogler Quartett 262

W

Wagner, Richard 59 f., 171, 200, 246 f.
Walter, Bruno 60
Wapnewski, Peter 210
Wauchope, Arthur Sir 135
Weiner, Matatiahu 129 f.
Westphal, Dr. (Lehrer) 32 f.
Wigman, Mary 74
Winawer 15
Wolffenstein, Bertel 106
Wolpe, Irma 136
Wolpe, Stefan 74, 136 ff.

Y

Ya'ari, Yehudah 204

Z

Zadek, Hilde 149
Zarlino, Gioseffo 243
Zernik (Schuldirektor) 28
Zimmermann, Tabea 235